高等教育工程管理与工程造价"十三五"规划教材

刘亚臣　主编

工程经济学

刘宁　主编

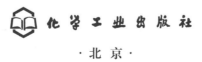

·北京·

本书包括9章内容，介绍了资金的时间价值原理、经济评价方法、方案优化与选择、风险分析、建设工程可行性研究、设备更新、价值工程、建设工程投资社会和环境影响评价、Excel在建设工程投资分析中的应用等内容。采用案例融合的方式编写，突出了基本理论和方法在工程实践中的应用。

本书可作为高等院校工程管理、工程造价、土木工程等专业的教材使用，还可供从事相关工程设计和施工工作的人员参考阅读，也可作为准备造价师、建造师、监理师等考试的参考资料。

图书在版编目（CIP）数据

工程经济学/刘宁主编. —北京：化学工业出版社，2017.2（2022.1重印）
高等教育工程管理与工程造价"十三五"规划教材
ISBN 978-7-122-25871-7

Ⅰ.①工⋯　Ⅱ.①刘⋯　Ⅲ.①工程经济学-高等学校-教材　Ⅳ.①F062.4

中国版本图书馆CIP数据核字（2015）第299166号

责任编辑：满悦芝　石　磊　　　文字编辑：颜克俭
责任校对：王素芹　　　　　　　装帧设计：尹琳琳

出版发行：化学工业出版社（北京市东城区青年湖南街13号　邮政编码100011）
印　　装：天津盛通数码科技有限公司
787mm×1092mm　1/16　印张15　字数363千字　2022年1月北京第1版第3次印刷

购书咨询：010-64518888　　　　　售后服务：010-64518899
网　　址：http://www.cip.com.cn

凡购买本书，如有缺损质量问题，本社销售中心负责调换。

定　　价：36.00元　　　　　　　　　　　　　　　　　　　　版权所有　违者必究

序

  本系列教材是在《全国高等学校工程管理专业本科教育培养目标和培养方案及主干课程教学基本要求》和《全国高等学校工程造价专业本科教育培养目标和培养方案及主干课程教学基本要求》的基础上，根据《高等学校工程管理本科指导性专业规范》和《高等学校工程造价本科指导性专业规范》，并结合工程管理和工程造价专业发展实践编制的。

  当前，我国正处于新型工业化、信息化、城镇化、农业现代化快速发展进程时期，工程建设范围广、规模大、领域多，各领域的工程出现了规模大型化、技术复杂化、产业分工专业化和技术一体化的趋势。工程由传统的技术密集型向资本密集型、知识密集型领域延伸。这些发展趋势，要求工程管理和造价人才必须具备工程技术与现代管理知识深度融合的能力，同时具备技术创新和管理创新的综合能力。

  根据2012年新的本科专业目录，原工程管理专业已分拆为工程管理、工程造价、房地产开发与管理三个专业，根据专业发展规律和新制定的本科指导性专业规范，工程管理专业和工程造价专业的理论体系和知识结构具有较高的重合性和相似性，本系列教材可以兼顾工程管理和工程造价专业的教学需求。

  编委会在编写过程中开展了专业调查研究与专题研讨，总结了近年来国内外工程管理和工程造价专业发展的经验，吸收了新的教学研究成果，考虑了国内高校工程管理和工程造价专业建设与发展的实际情况，并征求了相关高校、企业、行业协会的意见，经反复讨论、修改、充实、完善，最后编写和审查完成本系列教材。

  系列教材注重跟踪学科和行业发展的前沿，力争将新的理论、新的技能、新的方法充实到课程体系中，培养出具有创新能力，能服务于工程实践的专业管理人才，教材主要基于工程管理和工程造价的核心知识结构体系，首批设计出版了8本教材，主要包括《工程经济学》《安装工程计量与计价》《工程项目管理》《建筑与装饰工程计量》《建筑与装饰工程计价》《工程招投标与合同管理》《工程建设法》和《项目融资》，涵盖了工程管理和工程造价专业的主要的知识体系、知识领域、知识单元与知识点。系列教材贯穿工程技术、工程经济、管理和法律四大知识领域，并在内容上强调这四大知识领域的深度融合。

  系列教材还兼顾了毕业生在工作岗位参加一二级建造师、造价师等执业资格考试的需求，教材知识体系涵盖了相关资格考试的命题大纲要求，确保了教材内容的先进性和可持续性，使学生能将所学知识运用于工程实际，着力培养学生的工程和管理素养，培养学生的工程管理实践能力和工程技术创新能力。

  系列教材在编写过程中参考了国内外一些已出版和发表了的著作和文献，吸取和采纳了一些经典的和最新的实践及研究成果，在此一并表示衷心感谢！

  由于我们水平及视野的限制，不足和疏漏之处在所难免，诚恳希望广大专家和读者提出指正和建议，以便今后更加完善和提高。

刘亚臣

2017年2月

前言

随着社会生产力的发展，作为国民经济支柱产业的建筑业水平也在不断提高。脱离经济的工程技术是缺少生命力的，而经济的发展又离不开工程技术的进步。本书应用市场经济理论、分析方法和技术手段，研究建设工程领域的经济规律与经济决策问题。

本书依据工程管理、工程造价指导性专业规范，主要面向工程管理类专业在本科阶段对学生进行建设工程经济的基础知识和专业素质的基本训练，符合工程管理、工程造价专业学生的发展和成长需求，使学生适应毕业后从事工程管理、考取各类执业资格，为建筑业从业人员的素质结构完善提供重要的知识保障和结构支撑。依据专业规范中规定的专业知识体系及其中的知识领域、单元和知识点的相关要求，根据学生掌握工程管理和技术经济分析的基本方法的基本需要，教材把建设工程经济的基础内容和学科涌现的新成果进行了有机结合，力求使基础理论不断丰富、知识重点更加突出、专业内涵进一步拓展。

本书共分9章。建设工程经济的原理部分包括资金的实践价值、建设工程的评价方法等，并引进了不断发展的现代理论，如风险分析、价值工程中的综合评价法等内容。另外，本书还从建设工程投资角度对建设工程经济进行分析，如对建设工程投资社会和环境影响进行评价，并介绍了Excel在建设工程投资分析中的应用。本书既保持知识系统化，又在整体结构和内容上有别于传统的技术经济学和工程经济学教材，突出了基本理论和方法在工程实践中的应用。

本书具有三个特点：①侧重于应用能力的培养，列举了工程的大量案例，具有较强的实用性，通过工程实例分析，阐述工程经济的基本理论、方法，培养学生的实践能力和创造能力；②在内容上注重理论与实践的结合，用简明精炼和深入浅出的文字，系统阐述建设项目决策的基本理论，综合和概括我国建设项目综合评价的方法和技术；③着眼于应用型高层次专业人才培养，立足于工程管理、工程造价人才专业素质和终身学习观的引导。在编写过程中区别于经济管理类《工程经济学》《技术经济学》教材的知识体系，本书重点强调财务效益与费用估算的内容，侧重于对建设工程宏观角度的理解与把握，且有别于工程估价，使学生对建设工程投资有一个直观的了解；增加工程融资方面的知识，使学生在毕业后不仅能够从事工程设计和施工工作，还能为从事造价师、建造师、监理师等职位提供知识储备；加入了基于价值工程原理的工程方案优化内容，要求学生在进行工程设计和施工工作时，不只要关注质量，同时要关注成本，以最大限度提高建设工程的整体效益；引入设备更新内容，特别对于在从事施工现场管理工作的毕业生，设备管理是一项重要的内容，合理对设备进行更新有助于提高施工项目的经济效益。

本书由沈阳建筑大学刘宁主编，焦红超、周秀丽、李瑶、郭宝荣参编。本书可作为高等院校工程管理、工程造价等相关本专科专业的教材，并可以作为参加注册造价工程师、注册一级建造师、注册投资咨询师等执业资格考试参考书，还可供工程管理技术人员参考使用。

笔者在编写过程中参考了国内外一些已出版和发表了的著作与文献，吸取和采纳了一些经典的、新的实践及研究成果，在此对资料文献的作者表示衷心感谢！

由于我们水平及视野的限制，书中定有不足和疏漏之处，诚恳希望广大专家和读者指正与提出建议，以便今后修订和提高。

编者

2017 年 2 月

目录

第 1 章　资金的时间价值原理　　1

1.1　资金的时间价值 ……………………………………………………… 1
  1.1.1　资金时间价值概念 ………………………………………… 1
  1.1.2　资金时间价值产生的原因 ………………………………… 1
  1.1.3　资金时间价值的影响因素 ………………………………… 2
  1.1.4　衡量资金时间价值的尺度 ………………………………… 2
1.2　现金流量与现金流量图 ……………………………………………… 3
  1.2.1　现金流量与现金流量图 …………………………………… 3
  1.2.2　项目现金流量分析 ………………………………………… 4
1.3　单利与复利 …………………………………………………………… 6
  1.3.1　与资金时间价值有关的概念 ……………………………… 6
  1.3.2　单利法 ……………………………………………………… 6
  1.3.3　复利法 ……………………………………………………… 7
1.4　资金等值计算的基本公式 …………………………………………… 9
  1.4.1　一次支付类型 ……………………………………………… 9
  1.4.2　等额支付类型 ……………………………………………… 11
  1.4.3　基本公式小结及注意事项 ………………………………… 16
1.5　名义利率和实际利率 ………………………………………………… 17
  1.5.1　名义利率 …………………………………………………… 17
  1.5.2　实际利率 …………………………………………………… 17
  1.5.3　涉及名义利率和实际利率的等值计算 …………………… 19
课后习题 ……………………………………………………………………… 21

第 2 章　经济评价方法　　22

2.1　财务分析指标体系 …………………………………………………… 22
  2.1.1　按是否考虑资金的时间价值分类 ………………………… 23
  2.1.2　按建设项目经济评价指标的性质分类 …………………… 24
  2.1.3　按建设项目经济评价的内容分类 ………………………… 24
2.2　时间性指标与评价方法 ……………………………………………… 25
  2.2.1　投资回收期 ………………………………………………… 25
  2.2.2　借款偿还期 ………………………………………………… 27

2.3 价值性指标与评价方法 ·· 28
　　2.3.1 净现值 ·· 28
　　2.3.2 净年值 ·· 31
2.4 比率性指标与评价方法 ·· 32
　　2.4.1 内部收益率 ·· 32
　　2.4.2 净现值率 ·· 35
　　2.4.3 投资收益率 ·· 35
　　2.4.4 利息备付率 ·· 36
　　2.4.5 偿债备付率 ·· 37
　　2.4.6 财务比率 ·· 38
2.5 财务分析相关报表 ·· 38
　　2.5.1 现金流量表 ·· 38
　　2.5.2 利润与利润分配表 ··· 40
　　2.5.3 资金来源与运用表 ··· 41
　　2.5.4 资产负债表 ·· 42
课后习题 ·· 43

第 3 章　方案优化与选择　　45

3.1 投资方案之间的关系 ·· 45
　　3.1.1 方案之间的可比性 ··· 45
　　3.1.2 方案优化和选择的注意事项 ······························· 46
　　3.1.3 方案之间的经济关系类型 ·································· 46
3.2 互斥型方案的选择 ·· 49
　　3.2.1 寿命期不同的互斥方案的比较与选择 ················ 49
　　3.2.2 寿命无限的互斥方案的比选 ······························ 55
3.3 独立方案的选择 ·· 56
　　3.3.1 无资源限制的情况 ··· 56
　　3.3.2 有资源限制的情况 ··· 56
3.4 混合方案的比选 ·· 58
　　3.4.1 先独立后互斥混合方案的比选 ··························· 58
　　3.4.2 先互斥后独立混合方案的比选 ··························· 59
3.5 方案选择的其他方法 ·· 60
　　3.5.1 现金流量相关型方案的选择 ······························ 60
　　3.5.2 其他静态比选方法 ··· 61
课后习题 ·· 62

第 4 章　风险分析　　65

4.1 建设工程风险识别 ·· 65
　　4.1.1 风险识别的特点和原则 ······································ 65

  4.1.2 风险识别的方法 ·· 66
 4.2 盈亏平衡分析 ··· 67
  4.2.1 总成本与固定成本、可变成本 ······································· 68
  4.2.2 盈亏平衡分析的定义 ·· 68
  4.2.3 线性盈亏平衡分析 ·· 68
  4.2.4 多方案优劣平衡点分析 ·· 70
 4.3 敏感性分析 ··· 72
  4.3.1 敏感性分析的含义 ·· 72
  4.3.2 敏感性分析的步骤 ·· 73
  4.3.3 敏感性分析的应用 ·· 74
  4.3.4 敏感性分析的局限性 ·· 76
 4.4 概率分析 ··· 77
  4.4.1 概率分析的含义及分析方法 ·· 77
  4.4.2 概率分析的步骤 ·· 77
  4.4.3 概率分析的方法 ·· 79
  4.4.4 概率分析的应用 ·· 81
 课后习题 ··· 84

第 5 章　建设工程可行性研究　87

 5.1 建设工程可行性研究概述 ··· 87
  5.1.1 建设工程可行性研究的含义和目的 ·································· 87
  5.1.2 建设工程可行性研究的作用 ·· 88
  5.1.3 可行性研究的依据 ·· 88
  5.1.4 可行性研究的工作阶段 ·· 89
  5.1.5 可行性研究的工作程序 ·· 90
 5.2 建设工程可行性研究的内容 ··· 90
  5.2.1 项目背景和历史 ·· 90
  5.2.2 市场研究与建设规模的确定 ·· 91
  5.2.3 场区及场址的选择 ·· 91
  5.2.4 建设方案、设备方案和工程方案 ···································· 92
  5.2.5 原材料供应 ·· 92
  5.2.6 投资估算 ·· 93
  5.2.7 融资方案 ·· 93
  5.2.8 项目的财务评价 ·· 94
  5.2.9 项目的国民经济评价 ·· 94
 5.3 案例 ··· 95
  5.3.1 概论 ·· 95
  5.3.2 项目选址及建设条件 ·· 97
  5.3.3 市场分析 ·· 98
  5.3.4 项目建设方案 ··· 100

- 5.3.5 专篇设计（略） ... 103
- 5.3.6 项目组织机构与进度计划 ... 103
- 5.3.7 投资估算与资金筹措 ... 104
- 5.3.8 经济效益分析 ... 106
- 5.3.9 风险分析 ... 109
- 5.3.10 综合评价及结论建议 ... 111

课后习题 ... 111

第 6 章　设备更新　112

- 6.1 设备的磨损及其补偿 ... 112
  - 6.1.1 设备磨损的类型 ... 112
  - 6.1.2 设备磨损的补偿方式 ... 113
  - 6.1.3 设备维修 ... 113
  - 6.1.4 设备现代化改装及其技术经济分析 ... 115
- 6.2 设备更新的方案比选原则 ... 116
  - 6.2.1 设备更新的概念 ... 116
  - 6.2.2 设备更新的客观必然性 ... 116
  - 6.2.3 设备寿命期的类型 ... 117
  - 6.2.4 设备经济寿命的估算 ... 118
  - 6.2.5 设备更新方案的比选 ... 120
  - 6.2.6 设备费用要素的确定 ... 121
  - 6.2.7 设备投资的确定 ... 121
  - 6.2.8 设备折旧费的计算 ... 121
- 6.3 设备租赁 ... 124
  - 6.3.1 设备租赁的概念 ... 124
  - 6.3.2 影响设备租赁与购买的主要因素 ... 125
  - 6.3.3 掌握设备租赁与购买力方案的分析方法 ... 126
- 6.4 案例分析 ... 129
  - 6.4.1 原型设备更新分析 ... 129
  - 6.4.2 新设备与现有设备的比较 ... 130

课后习题 ... 132

第 7 章　价值工程　133

- 7.1 价值工程的基本原理 ... 133
  - 7.1.1 价值工程的产生和发展 ... 133
  - 7.1.2 价值工程的基本概念 ... 134
  - 7.1.3 提高产品价值的途径 ... 135
  - 7.1.4 价值工程的特点和作用 ... 135
- 7.2 价值工程的组织与对象选择 ... 136

  7.2.1　价值工程的组织 ………………………………………………… 136
  7.2.2　价值工程对象选择的原则和方法 ……………………………… 138
  7.2.3　情报收集的方法 …………………………………………………… 140
 7.3　功能分析与评价 ……………………………………………………………… 141
  7.3.1　功能定义 …………………………………………………………… 141
  7.3.2　功能整理 …………………………………………………………… 142
  7.3.3　功能评价 …………………………………………………………… 142
 7.4　方案创造 ……………………………………………………………………… 150
  7.4.1　头脑风暴法 ………………………………………………………… 150
  7.4.2　抽象提前法 ………………………………………………………… 150
  7.4.3　专家意见法 ………………………………………………………… 150
  7.4.4　检查提问法 ………………………………………………………… 150
  7.4.5　特性列举法 ………………………………………………………… 151
  7.4.6　缺点列举法 ………………………………………………………… 151
 7.5　方案评价与实施效果 ………………………………………………………… 151
  7.5.1　方案的评价 ………………………………………………………… 151
  7.5.2　方案的实施效果 …………………………………………………… 154
 7.6　案例分析 ……………………………………………………………………… 155
  7.6.1　对象选择 …………………………………………………………… 155
  7.6.2　功能分析 …………………………………………………………… 155
  7.6.3　功能评价和方案创造 ……………………………………………… 155
  7.6.4　施工方案评价 ……………………………………………………… 156
  7.6.5　效果总评 …………………………………………………………… 157
 课后习题 ……………………………………………………………………………… 158

第 8 章　建设工程投资社会和环境影响评价　162

 8.1　建设工程投资社会影响评价 ………………………………………………… 162
  8.1.1　建设工程投资社会的概念与特点 ………………………………… 162
  8.1.2　建设工程投资社会影响评价的作用与范围 ……………………… 163
  8.1.3　社会影响评价的步骤 ……………………………………………… 165
  8.1.4　建设工程投资社会影响评价的内容与方法 ……………………… 166
  8.1.5　建设工程投资社会影响评价信息调查 …………………………… 173
  8.1.6　利益相关者分析 …………………………………………………… 177
 8.2　社会评价报告的编写规范 …………………………………………………… 178
  8.2.1　编写要求 …………………………………………………………… 178
  8.2.2　编写要点 …………………………………………………………… 179
 8.3　建设工程投资项目环境影响评价 …………………………………………… 181
  8.3.1　建设工程投资项目环境影响评价的概念 ………………………… 181
  8.3.2　环境影响评价的进展 ……………………………………………… 182
  8.3.3　建设工程投资项目环境影响评价的意义 ………………………… 183

  8.3.4　我国建设工程投资项目环境影响评价进展 …………………………………… 184
 8.4　环境影响评价的法规体系与资质管理 ………………………………………………… 185
  8.4.1　环境影响评价的法规体系 …………………………………………………………… 185
  8.4.2　环境影响评价的技术导则 …………………………………………………………… 187
  8.4.3　环境影响评价的资质管理 …………………………………………………………… 188
 8.5　环境影响评价的要求与技术方法 ……………………………………………………… 190
  8.5.1　建设项目环境影响评价 ……………………………………………………………… 190
  8.5.2　规划环境影响评价 …………………………………………………………………… 194
  8.5.3　我国建设项目环境影响评价技术方法 ……………………………………………… 196
  8.5.4　环境影响的经济损益分析 …………………………………………………………… 198
 课后习题 ……………………………………………………………………………………… 201

第 9 章　Excel 在建设工程投资分析中的应用　202

 9.1　Excel 的简介与基本操作 ……………………………………………………………… 202
  9.1.1　Excel 的简介 ………………………………………………………………………… 202
  9.1.2　Excel 的基本知识与基本操作 ……………………………………………………… 202
 9.2　常用公式与函数 ………………………………………………………………………… 204
  9.2.1　公式 …………………………………………………………………………………… 204
  9.2.2　函数 …………………………………………………………………………………… 206
  9.2.3　建设工程投资分析常用函数 ………………………………………………………… 208
 9.3　建设工程投资分析 Excel 计算演示 …………………………………………………… 210
  9.3.1　财务指标 ……………………………………………………………………………… 210
  9.3.2　风险分析 ……………………………………………………………………………… 213
  9.3.3　项目预测与决策分析 ………………………………………………………………… 215

参考文献　227

第1章 资金的时间价值原理

【知识点】
利息、利率与复利，资金的时间价值，现金流量及其构成要素，资金等值计算及计算公式，项目现金流和资金的时间价值的特殊性。

【重点与难点】
名义利率与实际利率，资金的等值计算。

1.1 资金的时间价值

1.1.1 资金时间价值概念

资金时间价值是指资金随着时间的推移而发生的增值，是资金周转使用后的增值额，也称为货币时间价值，其表现就是资金的利息或纯收益。资金的时间价值就是指当前所持有的一定量货币比未来获得的等量货币具有更高的价值。

对于资金的时间价值，可以从两个方面理解。

一方面，资金随着时间的推移，其价值会增加，这种现象叫做资金增值。增值的原因是由于资金的投资和再投资。1元钱今年到手和明年到手是不一样的，先到手的资金可以用来投资而产生新的价值，因此，今年的1元钱比明年的1元钱更值钱。从投资者的角度来看，资金的增值特性使资金具有时间价值。

另一方面，从经济学的角度而言，现在的一单位货币与未来的一单位货币的购买力之所以不同，是因为要节省现在的一单位货币不消费而改在未来消费，则在未来消费时必须有大于一单位的货币可供消费，作为弥补延迟消费的补偿。

1.1.2 资金时间价值产生的原因

（1）资金增值

将资金投入到生产或流通领域，经过一段时间之后可以获得一定的收益或利润，从而资金会随着时间的推移而产生增值。

（2）机会成本

机会成本（其他投资机会的相对吸引力）是指在互斥的选择中，选择其中一个而非另一个时所放弃的收益。一种放弃的收益就如同一种成本一样。或者说，稀缺的资源被用于某一种用途意味着它不能被用于其他用途。因此，当我们考虑使用某一资源时，应当考虑它的第二种最好的用途。从这第二种最好的用途中可以获得的益处，是机会成本的度量。资金是一种稀缺的资源，根据机会成本的概念，资金被占用之后就失去了获得其他收益的机会。因此，占用资金时要考虑资金获得其他收益的可能，显而易见的一种可能是将资金存入银行获取利息。

（3）承担风险

收到资金的不确定性通常随着收款日期的推远而增加，即未来得到钱不如现在就立即得到钱保险，俗话说"多得不如现得"就是其反映。

1.1.3 资金时间价值的影响因素

影响资金时间价值的因素很多，主要有以下几点。

（1）资金的使用时间

在单位时间的资金增值率一定的条件下，资金使用时间越长，则资金的时间价值越大；使用时间越短，则资金的时间价值越小。

（2）资金数量的大小

在其他条件不变的情况下，资金数量越大，资金的时间价值就越大；反之，资金的时间价值则越小。

（3）资金投入和回收的特点

在总资金一定的情况下，前期投入的资金越多，资金的负效益越大；反之，后期投入的资金越多，资金的负效益越小。在资金回收额一定的情况下，离现在越近的时间回收的资金越多，资金的时间价值就越大；反之，离现在越远的时间回收的资金越多，资金的时间价值就越小。

（4）资金周转的速度

资金周转越快，在一定的时间内等量资金的时间价值越大；反之，资金的时间价值越小。

在工程经济活动中，时间就是经济效益。因为经济效益是在一定的时间内创造的，不讲时间，也就谈不上效益。例如，一百万元的利润，是一个月创造的，还是一年创造的，其效果是大不一样的。因此，重视时间因素的研究，对工程经济分析有着重要意义。

资金的时间价值原理在生产实践过程中有广泛的作用。其最大的作用在于使资金的流向更加合理和易于控制，从而使有限的资金发挥更大的作用。在基本建设投资过程中，必须充分考虑资金的时间价值，千方百计缩短建设周期，加速资金周转，提高建设资金的使用效益。

1.1.4 衡量资金时间价值的尺度

资金时间价值是社会劳动创造能力的一种表现形式。资金时间价值的尺度有两种：其一为绝对尺度，即利息、盈利或收益；其二为相对尺度，即利率、盈利率或收益率。

（1）利息

利息是货币资金借贷关系中借方支付给贷方的报酬。即：

$$I = F - P \tag{1-1}$$

式中 I——利息；

F——目前债务人应付（或债权人应收）总金额，即还本付息总额；

P——原借贷金额，常称为本金。

利息是劳动者为全社会创造的剩余价值（即社会纯收入）的再分配部分。借贷双方的关系是国家通过银行，在国家、企业、个人之间调节资金余缺的相互协作关系，所以贷款要计算利息，固定资金和流动资金的使用也采取有偿和付息的办法，其目的都是为了鼓励企业改善经营管理，鼓励节约资金，提高投资的经济效果。在工程经济分析中，利息常常是指占用资金所付的代价或者是放弃使用资金所得的补偿。

(2) 利率

利率是指在一定时间所得利息额与投入资金的比例，也称为使用资金的报酬率，它反映了资金随时间变化的增值率，是衡量资金时间价值的相对尺度，通常用百分数表示，即：

$$i = \frac{I_t}{P} \times 100\% \tag{1-2}$$

式中　i——利率；

　　　I_t——第 t 个计息周期的利息额。

用于表示计算利息的时间单位，称为计息周期，有年、季、月或日等不同的计息长度。因为计息周期不同，表示利率时应该注明时间单位，单说利息为多少是没有意义的。年息通常以"％"表示，月息以"‰"表示。

【例 1-1】 某公司年初借本金 1000 万元，一年后付息 80 万元，试求这笔借款的年利率。

解　根据式 (1-2) 计算年利率为：

$$(80/1000) \times 100\% = 8\%$$

(3) 影响利率的主要因素

利率是各国发展国民经济的重要杠杆之一，利率的高低由以下因素决定。

① 利率的高低首先取决于社会平均利润率的高低，并随之变动。在通常情况下，平均利润率是利率的最高界限。因为如果利率高于利润率，无利可图就不会去借款。

② 在平均利润率不变的情况下，利率高低取决于金融市场上借贷资本的供求情况。借贷资本供过于求，利率便下降；反之，求过于供，利率便上升。

③ 借出资本要承担一定的风险，风险越大，利率也就越高。

④ 通货膨胀对利息额波动有直接影响，资金贬值往往会使利息无形中成为负值。

⑤ 借出资本的期限长短。贷款期限长，不可预见因素多，风险大，利率就高；反之利率就低。

1.2　现金流量与现金流量图

1.2.1　现金流量与现金流量图

(1) 现金流量的概念

在进行工程经济分析时，可把所考察的对象视为一个系统，这个系统可以是一个建设项目、一个企业，也可以是一个地区、一个国家。而投入的资金、花费的成本、获取的收益，均可看成是以资金形式发生的资金流入或资金流出，这种考察对象在整个期间各时点 t 上实际发生的资金流出或资金流入称为现金流量（CF, Cash Flow）。其中流出系统的资金称为现金流出（Cash Outflow），用符号 $(CO)_t$ 表示；流入系统的资金称为现金流入（Cash Inflow），用符号 $(CI)_t$ 表示；现金流入与现金流出之差称为净现金流量，用符号 $(CI-CO)_t$

表示。

现金流量一般以计息期（年、季、月等）为时间计量的单位。

（2）现金流量图

为了能清楚地描述一个项目或经济系统的现金流量情况，可以通过一个二维坐标矢量图来表示，这就是现金流量图。现金流量图是描述现金流量作为时间函数的图形，它能表示资金在不同时点上实际所发生的现金流入与流出的情况，如图1-1所示。运用现金流量图，可以全面、形象、直观地表达经济系统的资金运动状态。

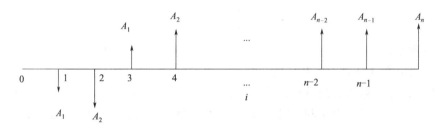

图 1-1 现金流量图

现金流量图由一个带有时间刻度的横轴和一系列垂直于横轴的长短不一的箭头组成，现金流量图能反映出现金流量的三大要素：大小、流向、时间点。其中现金流量的数额大小通过箭头的长短表示；现金流量的方向通过箭头的方向表示，向上表示现金流入，向下表示现金流出；时间点是指现金流入或现金流出所发生的时刻。

现以图1-1说明现金流量图的作图方法和规则。

① 横轴表示时间标度，时间自左向右推移，每一刻度代表一个时间单位（年、季度、月等）。零表示时间序列的起点，标度上的数字表示该期的期末数。如1表示第1年末。第 n 期的终点是第 $n+1$ 期的始点，如2表示第2年末第3年初。

各个时间点称为节点，第一个计息期的起点为零点，表示投资起始点或评价时刻点。

② 箭头表示现金流动的方向，向上的箭头表示现金流入，流入为正现金流量；向下的箭头表示现金流出，流出为负现金流量。箭线的长度与流入或流出的金额成正比，金额越大，其相应的箭线长度就越长。

③ 现金流量图与立脚点有关。

例如：借入一笔资金1000元，规定年利率为6%，借期为4年，从借款人和贷款人的角度，其现金流量图是不同的，分别见图1-2、图1-3。

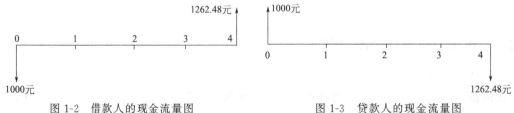

图 1-2 借款人的现金流量图　　　　图 1-3 贷款人的现金流量图

1.2.2 项目现金流量分析

（1）概述

现金流量分析过程就是合理估算现金流量构成要素的过程，一般而言，对于一个建设项目，其现金流出主要包括建设投资、流动资金投资、成本费用开支和各种税金；现金流入主要包括销售收入或营业收入，以及项目寿命结束时回收的固定资产余值和回收的流动资金。

根据建设项目各阶段现金流动的特点，可把一个项目分为四个期间：建设期、投产期、达产期和回收处理期，如图 1-4 所示。建设期是指项目开始投资至项目开始投产获得收益之间的一段时间；投产期是指项目投产开始至项目达到预定的生产能力的时间；达产期是指项目达到生产能力后持续发挥生产能力的阶段；回收处理期是指项目完成预计的寿命周期后停产并进行善后处理的时期。

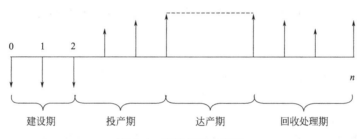

图 1-4 项目的现金流量

如前所述，在不同阶段，建设项目的现金流量有不同的特点：建设期主要为投资过程，因此现金流量图上反映出来只有现金流出居于主要地位；在投产期和达产期，通过项目的经营生产产品或提供劳务，从而获得销售收入或营业收入，因此在这一阶段既存在现金流入，又存在形成产品或劳务成本费用的现金流出；在项目的回收处理期还要考虑固定资产净残值和流动资金的回收。

（2）项目现金流量时间点的确定

由于在项目评价中，一般以一年为一个时间单位来考察项目的现金流量情况，而实际上项目的现金流量不会发生在一个时间点上，而可能会发生在投资期间的任何时点，例如一个项目建设投资 2000 万元，分两年投资，第一年投资 1300 万元，第二年投资 700 万元，第一年的 1300 万元和第二年的 700 万元都不会是在年初或年末的某一个时刻发生的，而是分散在全年的 365 天中。因此，在大多数情况下，为了方便地计算和汇集现金流量，按各年归集现金流量时，常假定现金流量发生在年初或年末。一般情况下，经营成本、投资放在期初，销售收入放在期末。

【例 1-2】 某工厂计划在 2 年之后投资建一车间，需投资金额 P；从第 3 年末之后的 5 年中，每年可获利 A，年利率为 10%，试绘制现金流量图。

解 现金流量图见图 1-5。

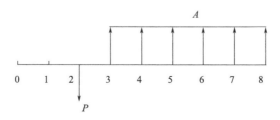

图 1-5 现金流量图

1.3 单利与复利

利息和利率、净收益和收益率是衡量资金时间价值的尺度,计算利息是计算资金的时间价值的基本方法。计算利息的方法有两种,即单利法和复利法。

1.3.1 与资金时间价值有关的概念

为了计算资金的时间价值,利用现金流量图对现金流量进行分析和计算,需掌握资金时间价值的相关概念。

(1) 时值(Time value)与时点

资金的数值由于计算利息和随着时间的延长而增值,在每个计息期期末的数值是不同的。在某个资金时间节点上的数值称为时值。现金流量图上,时间轴上的某一点称为时点。

(2) 现值(P:Present value)

现值又称期初值,是指发生在时间序列起点处的资金值。时间序列的起点通常是评价时刻的点,即现金流量图的零点处。

(3) 折现

将时点处资金的时值折算为现值的过程称为折现。实际上,折现是求资金等值的一种方法。

(4) 年金(A:Annuity)

年金是指一定时期内每期有相等金额的收付款项,如折旧、租金、利息、保险金、养老金等通常都采取年金形式。年金有普通年金、预付年金和延期年金之分。

年金的收款、付款方式有多种。

① 每期期末收款、付款的年金称为后付年金,即普通年金。

② 每期期初收款、付款的年金称为预付年金,或先付年金。

③ 距今若干期以后发生的每期期末收款、付款的年金称为延期年金。

(5) 终值(F:Future value)

即资金发生在(或折算为)某一特定时间序列终点的价值。

1.3.2 单利法

单利法是以本金为基数计算资金的时间价值(即利息),不将利息计入本金,利息不再生息,所获得利息与时间成正比。

单利计息的利息公式为:

$$I_n = i \times F_{n-1} \tag{1-3}$$

单利计息的本利和公式为:

$$F = P(1 + n \times i) \tag{1-4}$$

式中 i——利率;

n——计息期数;

P——本金;

I——利息；

F——本利和，即本金和利息之和。

注：后续章节中，I，n，P，i，F 符号的意义同此处。

【例 1-3】 有一笔 50000 元的借款，借期 3 年，按每年 8% 的单利率计息，试求到期应归还的本利和。

解 用单利法计算，根据式 (1-4) 有：
$$F = P(1+n \times i) = 50000 \times (1+3 \times 8\%) = 62000(\text{元})$$

即到期应归还的本利和为 62000 元。

【例 1-4】 假如某公司以单利方式在第 1 年初借入 1000 万元，年利率 8%，第 4 年末偿还，试计算各年利息与本利和。

解 计算过程和计算结果列于表 1-1。

表 1-1 各年单利利息与本利和计算表　　　　　　　　　单位：万元

使用期	计息本金	利　　息	年末本利和	偿还额
1	1000	1000×8%=80	1080	0
2	1000	80	1160	0
3	1000	80	1240	0
4	1000	80	1320	1320

由例 1-4 可见，单利的年利息额仅由本金所产生，其新生利息，不再加入本金产生利息，此即"利不生利"。由于没有反映资金随时都在"增值"的规律，即没有完全反映资金的时间价值，因此，在工程经济分析中较少使用单利。

1.3.3 复利法

复利法是在单利法的基础上发展起来的，它克服了单利法存在的缺点，其基本思想是：将前一期的本金与利息之和（本利和）作为下一期的本金来计算下一期的利息，也就是利上加利的方法。其利息计算公式为：

$$I_n = i \times F_{n-1} \tag{1-5}$$

式中 F_{n-1}——第 $n-1$ 期期末的本利和。

其本利和的计算公式为：

$$F_n = P(1+i)^n \tag{1-6}$$

式 (1-6) 的推导过程如表 1-2 所示。

表 1-2 采用复利法计算本利和的推导过程

计息期数	期初本金	期末利息	期末本利和
1	P	$P \cdot i$	$F_1 = P + P \cdot i = P(1+i)$
2	$P(1+i)$	$P(1+i) \cdot i$	$F_2 = P(1+i) + P(1+i) \cdot i = P(1+i)^2$
3	$P(1+i)^2$	$P(1+i)^2 \cdot i$	$F_3 = P(1+i)^2 + P(1+i)^2 \cdot i = P(1+i)^3$
⋮	⋮	⋮	⋮
$n-1$	$P(1+i)^{n-2}$	$P(1+i)^{n-2} \cdot i$	$F_{n-1} = P(1+i)^{n-2} + P(1+i)^{n-2} \cdot i = P(1+i)^{n-1}$
n	$P(1+i)^{n-1}$	$P(1+i)^{n-1} \cdot i$	$F_n = P(1+i)^{n-1} + P(1+i)^{n-1} \cdot i = P(1+i)^n$

【例1-5】 在例1-3中,若年利率仍为8%,按复利计息,则到期应归还的本利和是多少?

解 用复利法计算,根据式(1-6)有:
$$F = P(1+i)^n = 50000 \times (1+8\%)^3 = 62985.60(元)$$

与采用单利法计算的结果相比增加了985.60元,这个差额所反映的就是利息的资金时间价值。

【例1-6】 数据同例1-4,试按复利计算各年的利息和本利和。

解 按复利计算时,计算结果见表1-3。

表1-3 各年复利利息与本利和计算表　　　　　　　　　单位:万元

使用期	计息本金	利息	年末本利和	偿还额
1	1000	1000×8%=80	1080	0
2	1080	1080×8%=86.4	1166.40	0
3	1166.4	1166.4×8%=93.312	1259.712	0
4	1259.712	1259.712×8%=100.777	1360.489	1360.489

比较表1-1和表1-2可以看出,同一笔借款,在利率和计息期均相同的情况下,用复利计算出的利息金额比用单利计算出的利息金额大。本金越大、利率越高、年数越多时,两者差距就越大。复利反映利息的本质特征,比较符合资金在社会生产过程中运动的实际状况。因此,在工程经济分析中,一般采用复利计算。

复利系数在建设工程投资分析与评估中的应用非常普遍,尤其是在建设工程抵押贷款、建设工程开发项目融资活动中,经常涉及利息计算、月还款额计算等问题。下面通过例题,来介绍复利系数在建设工程投资分析中的应用情况。

【例1-7】 某开发企业以15%的年利率取得了一笔开发贷款,借贷双方约定按季度计息,问该笔贷款的实际年利率是多少?

解 该笔贷款的实际利率
$$i = \left(1+\frac{r}{m}\right)^m - 1 = \left(1+\frac{15\%}{4}\right)^4 - 1 = 15.87\%$$

【例1-8】 某家庭预计在今后10年内的月收入为16000元,如果其中的30%可用于支付住房抵押贷款的月还款额,年贷款利率为12%,问该家庭有偿还能力的最大抵押贷款额是多少?

解 已知该家庭可用于支付抵押贷款的月还款额 $A = 16000 \times 30\% = 4800(元)$

月利率 = 12%/12 = 1%

计息周期数 $n = 10 \times 12 = 120(月)$

则该家庭有偿还能力的最大抵押贷款额
$$P = A \cdot \frac{(1+i)^n - 1}{i(1+i)^n}$$
$$= 4800 \times \frac{(1+1\%)^{12\times10} - 1}{1\% \times (1+1\%)^{12\times10}} = 69.70(万元)$$

【例1-9】 某家庭欲购买一套面积为80m²的经济适用住宅,单价3500元/m²,首付款为房价的25%,其余申请公积金和商业组合抵押贷款。已知公积金和商业贷款的年利率分别为4.2%和6.6%,期限均为15年,公积金贷款最高限额10万元。问该家庭申请组合贷款后的最低月还款额是多少？

解 已知贷款总额度 $P=3500\times80\times(1-25\%)=210000(元)=21(万元)$

公积金月贷款利率 $i_1=4.2\%/12=0.35\%$；商业贷款月利率 $i_2=6.6\%/12=0.55\%$

计息周期数 $n=15\times12=180(个月)$

商业贷款额 $=21-10=11(万元)$

公积金贷款月还款额：

$$A_1=P\cdot\frac{i(1+i)^n}{(1+i)^n-1}=100000\times\frac{0.35\%\times(1+0.35\%)^{15\times12}}{(1+0.35\%)^{15\times12}-1}=749.75(元)$$

商业贷款月还款额：

$$A_2=P\cdot\frac{i(1+i)^n}{(1+i)^n-1}=110000\times\frac{0.55\%\times(1+0.55\%)^{15\times12}}{(1+0.55\%)^{15\times12}-1}=964.28(元)$$

组合贷款的最低月还款额 $A=A_1+A_2=749.75+964.28=1714.03(元)$

复利计算有间断复利和连续复利之分。按期（年、半年、季、月、周、日）计算复利的方法称为间断复利（即普通复利）；按瞬时计算复利的方法称为连续复利。在实际应用中，一般均采用间断复利。

1.4 资金等值计算的基本公式

根据支付方式和等值换算点的不同，资金等值计算公式可分为一次支付类型、等额支付类型和变额支付类型。本节主要介绍一次支付类型和等额支付类型，对于变额支付类型主要介绍一下均匀梯度类型。

1.4.1 一次支付类型

（1）一次支付终值公式（已知 P，求 F）

假设在某一时间点上，有一笔资金 P，计息期利率为 i，复利计息，则到 n 期末的本利和为多少？其现金流量图如图 1-6 所示。

根据式 (1-6)，应为：

$$F_n=P(1+i)^n$$

因此，该公式又称作一次支付终值公式，可以表示为 $F_n=P(F/P,i,n)$，其中，$(1+i)^n$ 或 $(F/P,i,n)$ 称作一次支付终值系数。

公式中的系数 $(F/P,i,n)$ 可以从复利系数表中查出。

图 1-6 一次支付终值现金流量图

【例 1-10】 现在把 1000 元存入银行，银行年利率为 10%，计算 5 年后该笔资金的实际价值。

解 已知 $P=1000$，$i=10\%$，$n=5$，求 F。

由式 (1-6) 得：

$$F_n=P(1+i)^n=1000\times(1+10\%)^5=1610.51(元)$$

即 1000 元资金在年利率为 10% 时，经过 5 年以后变为 1610.51 元，增值 610.51 元。

【例1-11】 甲公司向乙公司借款100万元，借期2年，年利20%，到期一次还清，计复利，问到期甲公司向乙公司偿还本利和多少？

解 已知 $P=100$，$i=20\%$，$n=2$，求 F。

由式（1-6）得：

$$F_n=P(1+i)^n=100\times(1+20\%)^2=144(万元)$$

【例1-12】 某建筑公司进行技术改造，2008年初贷款100万元，2009年初贷款200万元，年利率8%，2011年末一次偿还，问共还款多少元？

解 先画现金流量图，见图1-7所示。

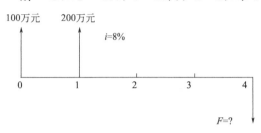

图1-7 现金流量图

则

$$F_n=P(1+i)^n=P(F/P,I,n)$$
$$=100(F/P,8\%,4)+200(F/P,8\%,3)$$
$$=100\times1.3605+200\times1.2597$$
$$=387.99(万元)$$

所以，4年后应还款387.99万元。

（2）一次支付现值公式（已知 F，求 P）

如果计划 n 年后积累一笔资金 F，利率为 i，问现在一次投资 P 应为多少？这个问题相当于已知终值 F，利率为 i 和计算期数 n，求现值 P。即将某一时点（非零点）的资金价值换算成资金的现值（零点处的值）。其现金流量图如图1-8所示。

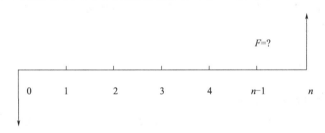

图1-8 一次支付终现值现金流量图

由式（1-6）可求出：

$$P=F(1+i)^{-n} \tag{1-7}$$

式（1-7）可以表示为 $P=F(P/F,i,n)$，其中 $(1+i)^{-n}$ 和 $(P/F,i,n)$ 称作一次支付现值系数。

公式中的系数 $(P/F,i,n)$ 也可在复利系数表中查出。

【例1-13】 假使你希望第4年末得到800元的存款本息，银行每年按5%利率付息，现在你应当存入多少本金？

解 $P=F(1+i)^{-n}=800(1+0.05)^{-4}=800\times0.8227=658.16(元)$

【例1-14】 某企业2年后需要资金5万元（2年后一次支付），现应存入多少钱，银行的年利率为10%。

解 $P=F(1+i)^{-n}=5(1+10\%)^{-2}=4.13(万元)$

【例1-15】 某公司对收益率为15%的项目进行投资，希望8年后能得到1000万元，计算现在需要投资多少?

解 先画现金流量图,如图1-9所示。
$$P = F(1+i)^{-n} = 1000(1+15\%)^{-8} = 327(万元)$$

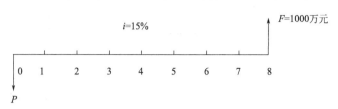

图1-9 现金流量图

1.4.2 等额支付类型

等额支付是指所分析的系统中现金流入与现金流出可在多个时间点上发生,而不是集中在某一个时间点,即形成一个序列现金流量,并且这个序列现金流量数额的大小是相等的。它包括以下四个基本公式。

(1) 等额支付序列年金终值公式(已知A,求F)

等额支付序列年金终值涉及的问题是:在一个时间序列中,在利率为i的情况下连续在每个计息期的期末支付一笔等额的资金A,求n年后由各年的本利和累积而成的总值F,也即已知A,i,n,求F。类似于我们平常储蓄中的零存整取。其现金流量图如图1-10所示。

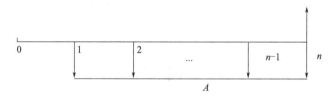

图1-10 等额支付序列年金终值现金流量图

由图根据一次支付终值公式可得:
$$F = A + A(1+i)^1 + A(1+i)^2 + \cdots + A(1+i)^{n-1}$$

根据等比数列求和公式,可得:
$$F = A \cdot \left[\frac{(1+i)^n - 1}{i}\right] \tag{1-8}$$

式(1-8)即为年金终值(未来值)公式,也可表示为$F = A(F/A, i, n)$,其中$\frac{(1+i)^n - 1}{i}$或$(F/A, i, n)$称作年金终值系数。

【例1-16】 某夫妇每月末存入银行20元,月利率为8‰,求一年期本利和多少。

解 已知$A = 20$元,$i = 8‰$,$n = 2$。
$$F = A \cdot \left[\frac{(1+i)^n - 1}{i}\right] = 20 \times 12.542 = 251(元)$$

【例1-17】 某公路工程总投资10亿元,5年建成,每年末投资2亿元,年利率为7%,求5年末的实际累计总投资额。

解 已知$A = 2$,$i = 7\%$,$n = 5$,求F。

此项目资金现金流量图见图1-11。第5年虚线表示需要收入多少才能与总投资相持平。

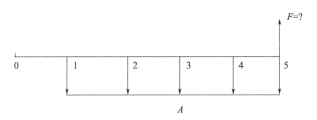

图 1-11 资金现金流量图

$$F=A(F/A,i,n)=2\times(F/A,7\%,5)=2\times 5.7507=11.5(亿元)$$

此题表示若全部资金是贷款得来，需要支付 1.5 亿元的利息。

(2) 偿债基金公式（已知 F，求 A）

其含义是为了筹集未来 n 年后所需要的一笔资金，在利率为 i 的情况下，求每个计息期末应等额存入的资金额，即已知 F,i,n，求 A，类似于我们日常商业活动中的分期付款业务，其现金流量图如图 1-12 所示。

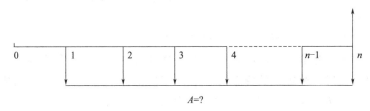

图 1-12 偿债基金公式现金流量图

由式（1-8）可得

$$A=F\cdot\frac{i}{(1+i)^n-1} \tag{1-9}$$

式（1-9）即为偿债基金公式，也可表示为 $A=F\cdot(A/F,i,n)$，公式中，系数 $\frac{i}{(1+i)^n-1}$ 或 $(A/F,i,n)$ 称为偿债基金系数，它与年金终值系数互为倒数。

【例 1-18】若要在 8 年以后得到包括利息在内的 300 万元的资金，利率为 8% 的情况下，每年应投入（或存储）的基金为多少？

解 已知 $F=300$，$i=8\%$，$n=8$，求 $A=?$

则 $$A=F\cdot\frac{i}{(1+i)^n-1}=300\times\frac{8\%}{(1+8\%)^8-1}=28.20(万元)$$

【例 1-19】某企业打算五年后兴建一幢 $5000m^2$ 的住宅楼以改善职工居住条件，按测算每平方米造价为 800 元。若银行利率为 8%，问现在起每年末应存入多少金额，才能满足需要？

解 已知 $F=5000\times 800=400(万元)$，$i=8\%$，$n=5$，求 $A=?$

$$A=F\cdot(A/F,i,n)=400\times(A/F,8\%,5)=400\times 0.17046=68.184(万元)$$

所以，该企业每年末应等额存入 68.184 万元。

① 年金现值公式（已知 A，求 P） 其含义是在 n 年内每年等额收支一笔资金 A，在利率为 i 的情况下，求此等额年金收支的现值总额，即已知 A,i,n，求 P，类似于实际商务活动中的整存零取。其现金流量图如图 1-13 所示。

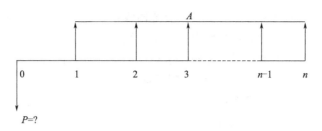

图 1-13 年金现值公式现金流量图

类似于年金终值公式的计算推导，年金现值的计算可以利用数列求和得出，也可以利用年金终值公式与折现的概念，直接由年金终值公式推导得出。

由式（1-7）以及式（1-8）可得：

$$P=A \cdot \frac{(1+i)^n-1}{i} \cdot \frac{1}{(1+i)^n}=A \cdot \frac{(1+i)^n-1}{i(1+i)^n} \tag{1-10}$$

式（1-10）为年金现值公式，也可表示为 $P=A \cdot (P/A,i,n)$，其中，系数 $(P/A,i,n)$ 或 $\frac{(1+i)^n-1}{i(1+i)^n}$ 称作年金现值系数。

【例 1-20】 在未来的 15 年中的每年末取回 8 万元，现需以 8% 的利率向银行存入现金多少呢？

解 已知 $A=8$ 万元，$i=8\%$，$n=15$，求 $P=?$

则

$$P=A \cdot \frac{(1+i)^n-1}{i(1+i)^n}=8 \cdot \frac{(1+8\%)^{15}-1}{8\%(1+8\%)^{15}}=68.48(万元)$$

【例 1-21】 某建筑公司打算贷款购买一部 10 万元的建筑机械，利率为 10%。据预测此机械使用年限 10 年，每年平均可获净利润 2 万元。问所得净利润是否足以偿还银行贷款？

解 已知 $A=2$ 万元，$i=10\%$，$n=10$，求 P 是否大于或等于 10 万元？

$P=A \cdot (P/A,i,n)=2 \cdot (P/A,10\%,10)=2 \times 6.1445=12.289(万元)>10$ 万元

② 资金回收公式（已知 P，求 A） 其含义是指在期初一次投入资金数额为 P，欲在 n 年内全部回收，则在年利率为 i 的情况下，求每年年末应该等额回收的资金，即已知 P，i，n，求 A。其现金流量图如图 1-14 所示。

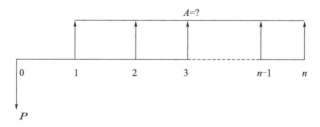

图 1-14 资金回收公式现金流量图

资金回收公式可由偿债基金公式与一次支付终值公式推导得出：

$$A=F \cdot \frac{i}{(1+i)^n-1}=P(1+i)^n \frac{i}{(1+i)^n-1}=P \cdot \frac{i(1+i)^n}{(1+i)^n-1} \tag{1-11}$$

式（1-11）称作资金回收公式，可表示为 $A=P(A/P,i,n)$，式中，系数 $\frac{i(1+i)^n}{(1+i)^n-1}$ 或 $(A/P,i,n)$ 称作资金回收系数。

资金回收系数是年金现值系数的倒数。资金回收系数是一个重要的系数。其含义是对应于工程方案的初始投资,在方案寿命期内每年至少要回收的金额。在工程方案经济分析中,如果对应于单位投资的每年实际回收金额小于相应的预计资金回收金额,就表示在给定利率 i 的情况下,在方案的寿命期内不可能将全部投资回收。

【例 1-22】 某华侨为支持家乡办厂,一次投资 100 万美元,商定分 5 年等额回收,利率定为年利 10%,求每年回收多少美元。

解 已知 $P=100$ 万美元,$i=10\%$,$n=5$,求 $A=?$

$$A = P \cdot \frac{i(1+i)^n}{(1+i)^n - 1} = 100 \times 0.2638 = 26.38 (万美元)$$

【例 1-23】 某人要购买一处新居,一家银行提供 20 年期年利率为 6% 的贷款 30 万元,该人每年要支付多少?

解 已知 $P=30$ 万元,$i=6\%$,$n=20$,求 $A=?$

$$A = P(A/P, i, n) = 30(A/P, 6\%, 20) = 30 \times 0.0872 = 2.62 (万元)$$

【例 1-24】 某建设项目的投资打算用国外贷款,贷款方式为商业信贷,年利率 20%,据测算投资额为 1000 万元,项目服务年限 20 年,期末无残值。问该项目年平均收益为多少时不至于亏本?

解 已知 $P=1000$ 万元,$i=20\%$,$n=20$,求 $A=?$

$$A = P(A/P, i, n) = 1000(A/P, 20\%, 20) = 1000 \times 0.2054 = 205.4 (万元)$$

所以,该项目年平均收益至少应为 205.4 万元。

(3) 均匀梯度支付类型

均匀梯度支付系列的问题是属于这样一种情况,即每年以一固定的数值(等差)递增(或递减)的现金支付情况。如机械设备由于老化而每年的维修费以固定的增量支付等。这种情况的现金流量图如图 1-15 所示。

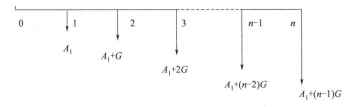

图 1-15 均匀梯度支付系列现金流量图

第一年末的支付是 A_1,第二年末的支付是 A_1+G,第三年末的支付是 A_1+2G,…,第 n 年末的支付是 $A_1+(n-1)G$。我们把图 1-15 的均匀梯度支付系列现金流量图分解成由两个系列组成的现金流量图:一个是等额支付系列,年金为 A_1(如图 1-16 所示);另一个是 0,G,$2G$,…,$(n-1)G$ 组成的梯度系列(如图 1-17 所示)。

上述第一种情况是我们熟悉的,于是,剩下的就是寻求图 1-17 梯度系列的解决途径了。设等额支付系列的终值为 F_1,梯度系列的终值为 F_2,根据图 1-17,梯度系列的终值 F_2 为

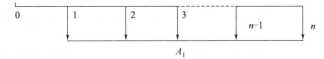

图 1-16 等额支付系列

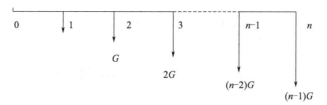

图 1-17 梯度系列

$$F_2 = G(F/A,i,n-1) + G(F/A,i,n-2) + G(F/A,i,n-3) + \cdots +$$
$$G(F/A,i,2) + G(F/A,i,1)$$
$$= G \cdot \left[\frac{(1+i)^{n-1}-1}{i}\right] + G \cdot \left[\frac{(1+i)^{n-2}-1}{i}\right] + G \cdot \left[\frac{(1+i)^{n-3}-1}{i}\right] + \cdots +$$
$$G \cdot \left[\frac{(1+i)^2-1}{i}\right] + G \cdot \left[\frac{(1+i)-1}{i}\right]$$
$$= [(1+i)^{n-1} + (1+i)^{n-2} + (1+i)^{n-3} + \cdots + (1+i)^2 - (n-1) \times 1]$$
$$= \frac{G}{i}\left[\frac{(1+i)^n-1}{i}\right] - \frac{nG}{i}$$

从而，$F = F_1 + F_2$
$$= A_1 \cdot \left[\frac{(1+i)^n-1}{i}\right] + \frac{G}{i}\left[\frac{(1+i)^n-1}{i}\right] - \frac{nG}{i}$$
$$= \left(A_1 + \frac{G}{i}\right) \cdot \frac{(1+i)^n-1}{i} - \frac{nG}{i} \tag{1-12}$$

用符号表示，上式可以写成：
$$F = \left(A_1 + \frac{G}{i}\right)(F/A,i,n) - \frac{nG}{i}$$
$$= A_1(F/A_1,i,n) + G(F/G,i,n)$$

式中，$\frac{1}{i}\left[\frac{(1+i)^{n-1}-1}{i} - n\right]$ 或 $(F/G,i,n)$ 为定差终值系数。

均匀梯度支付系列的现值和等值年金的计算，可以在式（1-12）的基础上，再按一次支付和等额支付系列的公式进一步求解。

比如，均匀梯度支付现值的计算公式为：
$$P = F(P/F,i,n)$$
$$= \left(A_1 + \frac{G}{i}\right) \cdot \frac{(1+i)^n-1}{i} \cdot \frac{1}{(1+i)^n} - \frac{nG}{i} \cdot \frac{1}{(1+i)^n} \tag{1-13}$$
$$= A_1(P/A,i,n) + G(P/G,i,n)$$

式中，$\frac{1}{i}\left[\frac{(1+i)^{n-1}-1}{i(1+i)^n} - \frac{n}{(1+i)^n}\right]$ 或 $(P/G,i,n)$ 为定差现值系数。

均匀梯度支付等值的年金公式为
$$A = A_1 + F_2(A/F,i,n)$$
$$= A_1 + \left[\frac{G}{i} \cdot \frac{(1+i)^n-1}{i} - \frac{nG}{i}\right](A/F,i,n)$$
$$= A_1 + \frac{G}{i} - \frac{nG}{i}(A/F,i,n) \tag{1-14}$$
$$= A_1 + G(A/G,i,n)$$

式中，$\left[\dfrac{1}{i}-\dfrac{1}{(1+i)^n-1}\right]$ 或 $(A/G,i,n)$ 为定差年金系数。

对于递减支付系列（即第一年末支付为 A_1，第二年末支付为 A_1-G，等等）的情况，只需改变相应项的计算符号，即将其每年增加一个负的数额，仍可应用式（1-12）～式（1-14）进行计算。

【例 1-25】 某类建筑机械的维修费用，第一年为 200 元，以后每年递增 50 元，服务年限为十年。问服务期内全部维修费用的现值为多少？$(i=10\%)$

解 已知 $A_1=200$ 元，$G=50$ 元，$i=10\%$，$n=10$ 年，求均匀梯度支付现值 $P=?$

由式（1-13），有：

$$P=\left(A_1+\dfrac{G}{i}\right)(P/A,i,n)-\dfrac{nG}{i}(P/F,i,n)$$

$$=\left(200+\dfrac{50}{0.1}\right)(P/A,10\%,10)-\dfrac{10\times 50}{0.1}(P/F,0.1,10)$$

$$=700\times 6.1445-5000\times 0.3885$$

$$=2358.65(元)$$

【例 1-26】 设某技术方案服务年限 8 年，第一年净利润为 10 万元，以后每年递减 0.5 万元。若年利率为 10%，问相当于每年等额盈利多少元？

解 已知 $A_1=10$ 万元，递减梯度量 0.5 万元，$i=10\%$，$n=8$ 年，求均匀梯度支付（递减支付系列）的等值年金 A？

$$A=A_1-\dfrac{G}{i}+\dfrac{nG}{i}(A/F,i,n)$$

$$=10-5+40\times 0.0874$$

$$=8.5(万元)$$

1.4.3 基本公式小结及注意事项

上面介绍了复利计算的一次支付、等额支付和均匀梯度支付系列基本公式，现汇总如表 1-4 所示。

表 1-4 普通复利公式汇总表

收付类别	公式名称	已知	求	普通复利公式
一次支付	终值公式	P	F	$F=P(1+i)^n$ $F=P(F/P,i,n)$
	现值公式	F	P	$P=F(1+i)^{-n}$ $P=F(P/F,i,n)$
等额支付	年金终值公式	A	F	$F=A\cdot\left[\dfrac{(1+i)^n-1}{i}\right]$ $F=A(F/A,i,n)$
	偿债基金公式	F A	A P	$A=F\cdot\dfrac{i}{(1+i)^n-1}$ $A=F(A/F,i,n)$
	年金现值公式	A	P	$P=A\cdot\left[\dfrac{(1+i)^n-1}{i(1+i)^n}\right]$ $P=A\cdot(P/A,i,n)$
	资金回收公式	P	A	$A=P\cdot\left[\dfrac{i(1+i)^n}{(1+i)^n-1}\right]$ $A=P(A/P,i,n)$

续表

收付类别	公式名称	已知	求	普通复利公式
均匀梯度支付	终值公式	G	F	$F = \left(A_1 + \dfrac{G}{i}\right) \cdot \dfrac{(1+i)^n - 1}{i} - \dfrac{nG}{i}$ $= A_1(F/A, i, n) + G(F/G, i, n)$
	现值公式	G	P	$P = \left(A_1 + \dfrac{G}{i}\right)(P/A, i, n) - \dfrac{nG}{i}(P/F, i, n)$ $= A_1(P/A, i, n) + G(P/G, i, n)$
	等值年金公式	G	A	$A = A_1 + \dfrac{G}{i} - \dfrac{nG}{i}(A/F, i, n)$ $= A_1 + G(A/G, i, n)$

运用上述公式要注意的问题如下：
① 方案的初始投资，假设发生在寿命期初；
② 寿命期内各项收入或支出，均假设发生在各期的期末；
③ 本期的期末即是下一期的期初；
④ P 是在计算期的期初发生；
⑤ 寿命期末发生的本利和 F，记在第 n 期期末；
⑥ 等额支付系列 A，发生在每一期的期末；
⑦ 当问题包括 P，A 时，P 在第一期的期初，A 在第一期期末；
⑧ 当问题包括 F，A 时，F 和 A 同时在最后一期期末发生；
⑨ 均匀梯度系列中，第一个 G 发生在第二期期末。

1.5 名义利率和实际利率

在实际应用中，计息周期并不一定以一年为周期，可以按半年计息一次，每季度计息一次，每月计息一次，甚至可能每日计息一次。因此同样的年利率，由于计息期数的不同，本金所产生的利息也不同。因而有名义利率和实际利率之分。

1.5.1 名义利率

所谓名义利率 r 是指计息周期利率 i 乘以一年内的计息期数 m 所得的年利率，即：

$$r = im \tag{1-15}$$

若每月存款月利率为 5‰，则名义年利率为 5‰×12 个月＝6%。很显然，计算名义利率是采用单利计算的方法，忽略了前面各期利息再生的因素。通常所说的年利率都是名义利率。

1.5.2 实际利率

实际利率又称为有效利率，是指资金在计息中所发生的实际利率，是实际利息与本金的比值，包括计息周期实际利率和年实际利率两种情况。

(1) 计息周期实际利率，即计息周期利率由式（1-15）可得：

$$i = \frac{r}{m} \tag{1-16}$$

（2）年实际利率，即年有效利率

若用计息周期利率来计算年实际利率，并将年内的利息再生因素考虑进去，这时所得的年利率称为年实际利率（又称年有效利率）。

设名义利率为 r，每年计息期数为 m，则每一个计息期的利率为 $\frac{r}{m}$，其一年后本利和的计算公式为：

$$F = P\left(1 + \frac{r}{m}\right)^m$$

其利息 I 为：$I = F - P = P\left(1 + \frac{r}{m}\right)^m - P$

则根据国际《借贷真实性法》的规定，实际年利率是一年利息额与本金之比，因此实际年利率为：

$$i_{实际} = \frac{I}{P} = \left(1 + \frac{r}{m}\right)^m - 1 \tag{1-17}$$

式（1-17）为从名义利率求实际年利率的公式。此公式还可进一步推广为求任意计息周期的实际利率，只要知道计息周期内的计息次数即可。

假设每年的计息次数仍为 m，所求计息周期内的计息次数为 n，则该计息周期的实际利率为：

$$i_{实际} = \frac{I}{P} = \left(1 + \frac{r}{m}\right)^n - 1 \tag{1-18}$$

【例 1-27】 如果年名义利率为 10%，则年、半年、季、月、日的年实际利率如表 1-5 所示。

表 1-5　名义利率与实际利率比较表

年名义利率(r)	计息期	年计息次数(m)	计息期利率(r/m)	年有效利率
10%	年	1	10%	10%
	半年	2	5%	10.25%
	季	4	2.5%	10.38%
	月	12	0.833%	10.47%
	日	365	0.0274%	10.51%

从以上分析可以看出，名义利率与实际利率存在着下列关系。

① 名义利率指年利率，而实际利率并不一定是年利率，在没有特别说明的情况下，年利率一般指名义利率。

② 当 $m=1$（即一年计息一次）时，名义利率 r 等于实际年利率 $i_{实际}$。实际计息周期短于一年时，实际年利率 $i_{实际}$ 要高于名义利率 r。

③ 名义利率不能完全反映资金的时间价值，实际利率才真实地反映了资金的时间价值。

④ 名义利率越大，实际计息周期越短，实际年利率与名义利率的差值就越大。

【例 1-28】 如果年利率为 12%，则在按月计息的情况下，半年的实际利率为多少？实际年利率又是多少？

解 计息周期为一个月，则实际月利率为 $12\%/12=1\%$。

半年的计息次数为 6 次，则半年的实际利率为：

$$i_{实际}=\left(1+\frac{r}{m}\right)^n-1=(1+0.12/12)^6-1=0.0615=6.15\%$$

实际年利率为：$i_{实际}=\left(1+\frac{r}{m}\right)^m-1=(1+0.12/12)^{12}-1=12.683\%$

【例 1-29】 某公司向国外银行贷款 200 万元，借款期五年，年利率为 15%，但每周复利计算一次。在进行资金运用效果评价时，该公司把年利率（名义利率）误认为实际利率。问该公司少算多少利息？

解 该公司原计算的本利和为

$$F'=P(1+i)^n=200(1+0.15)^5=402.27(万元)$$

而实际利率为 $i_{实际}=\left(1+\frac{r}{m}\right)^m-1=(1+15\%/52)^{52}-1=16.16\%$

这样，实际的本利和应为：$F=P(1+i)^n=200(1+0.1616)^5=422.97(万元)$

少算的利息为：$F-F'=422.97-402.27=20.70(万元)$

1.5.3 涉及名义利率和实际利率的等值计算

资金时间价值是工程经济分析的基本原理，资金的等值计算是这个原理的具体应用。进行资金等值计算需要用到前面介绍的基本计算公式，在应用公式时要注意"死套活用"。所谓"死套"是指严格按照公式中 F、P、A、i、n 含义，相互关系，基本公式应用的条件进行套用；所谓"活用"是指灵活应用公式，不能直接采用公式时，可以作适当变换，使其符合基本公式，在变换过程中，名义利率与实际利率的关系是常用到的方法。

(1) 计息期与支付期一致的计算

【例 1-30】 年利率为 8%，每季度计息一次，每季度末借款 1400 元，连续借 16 年，求与其等值的第 16 年末的将来值为多少？

解 已知 $A=1400$ 元，$i=8\%/4=2\%$，$n=16\times 4=64$

$$F=A(F/A,i,n)=1400(F/A,2\%,64)=178604.53(元)$$

(2) 计息期短于支付期的计算

【例 1-31】 年利率为 10%，每半年计息一次，从现在起连续 3 年每年末等额支付 500 元，求与其等值的第 3 年末的现值为多少？

解 方法一：先求支付期的实际利率，支付期为 1 年，则年实际利率为

$$i_{实际}=\left(1+\frac{10\%}{2}\right)^2-1=10.25\%$$

$$P=A\frac{(1+i)^n-1}{i(1+i)^n}=500\times\frac{(1+10.25\%)^3-1}{10.25\%(1+10.25\%)^3}=1237.97(元)$$

方法二：可把等额支付的每次支付看作一次支付，利用一次支付终值公式计算，如图 1-18 所示。

方法三：取一个循环周期，使这个周期的年末支付变成等值的计息期末的等额支付系列，从而使计息期和支付期完全相同，则可将实际利率直接代入公式计算，如图 1-19 所示。

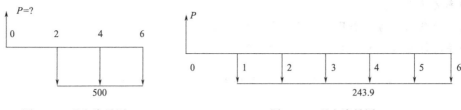

图 1-18 现金流量图　　　　　图 1-19 现金流量图

在年末存款 500 元的等效方式是在每半年末存入。

$A = 500(A/F, i, n) = 500(A/F, 10\%/2, 2) = 500 \times 0.4878 = 243.9$（元）

则 $P = A(P/A, i, n) = 243.9 \times (P/A, 5\%, 6) = 243.9 \times 5.0757 = 1237.96$（元）

（3）计息期长于支付期的计算

当计息期长于支付期时，由于计息期内有不同时刻的支付，通常规定存款必须存满一个计息期时才计利息，即在计息周期间存入的款项在该期不计算利息，要在下一期才计算利息。因此，原财务活动的现金流量图应按以下原则进行整理：相对于投资方来说，计息期的存款放在期末，计息期的提款放在期初，计息期分界点处的支付保持不变。

【例 1-32】 现金流量图如图 1-20 所示，年利率为 12%，每季度计息 1 次，求年末终值 F 为多少？

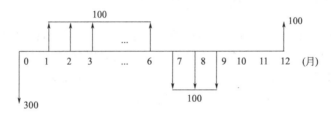

图 1-20 现金流量图

解 按上述原则进行整理，得到等值的现金流量图如图 1-21 所示。

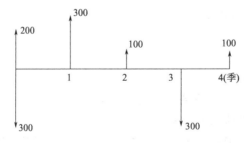

图 1-21 现金流量图

根据整理过的现金流量图求得终值：

$$F = (-300 + 200) \times \left(1 + \frac{12\%}{3}\right)^4 + 300 \times \left(1 + \frac{12\%}{3}\right)^3 + 100 \times$$

$$\left(1 + \frac{12\%}{3}\right)^2 - 300 \times \left(1 + \frac{12\%}{3}\right) + 100$$

$$= 116.63（元）$$

课后习题

1. 何谓资金的时间价值？如何理解资金的时间价值？
2. 什么是终值、现值、等值？
3. 什么是名义利率、实际利率？
4. 常见的还款方式有哪些？
5. 什么是现金流量？怎样绘制现金流量图？现金流量图的作用是什么？
6. 假如以单利方式借入 1000 万元，年利率 7%，5 年偿还，试求到期应归还的本利和是多少？若以复利方式计算则到期应还的本利和是多少？
7. 某建设项目进行贷款，第 1 年年末贷款 100 万元，第 2 年年末贷款 200 万元，第 3 年年末贷款 150 万元，年利率 8%，第 7 年年末一次偿还，问需要还款多少万元？
8. 某投资项目预计 6 年后可获得收益 110 万元，按投资报酬率 10% 计算，则现在应投资多少？
9. 假设某公司在 4 年内每年年末在银行存款 200 万元作为以后的发展基金，存款年利率为 10%，则 4 年后应从银行取出的本利和为多少？
10. 建设某企业现有一笔 5 年后到期的借款，到期值为 1000 万元，若存款复利率为 10%，则为偿还该项借款而建立的偿还基金应为多少？
11. 某公司租一仓库，租期为 4 年，每年年初支付租金 20000 元，贴现率为 10%，问该公司现应筹集资金为多少？
12. 某公司发行的股票目前市场价值每股 110 元，每股股息 12 元，预计年股息每年增加 2.3 元，若希望达到 15% 的投资报酬率，目前投资购进该公司股票是否划算。（股票可看做是寿命期 $n=\infty$ 的永久性资产）
13. 某人借款 10000 元，偿还期为 3 年，年利率为 10%。试就下面四种还款方式，分别计算 3 年还款总额和利息各是多少？
    ① 每年末等额偿还本息；
    ② 每年末支付当年利息，偿还 2000 元本金；
    ③ 每年末支付当年利息，第三年末一次性偿还本金；
    ④ 第三年末一次偿还本息。
14. 某设备除每年发生 5 万元运行费用外，每隔 3 年需要大修一次，每次费用为 3 万元，若设备的寿命为 15 年，资金利率为 10%，求其在整个寿命期内设备费用现值为多少？
15. 现有一项目，其现金流量为：第 1 年末支付 800 万元，第 2 年末支付 1600 万元，第 3 年收益 300 万元，第 4 年收益 400 万元，第 5 年收益 500 万元，第 6 年到第 10 年每年收益 550 万元，第 11 年收益 500 万元，第 12 年收益 400 万元，第 13 年收益 350 万元，第 14 年收益 450 万元。设年利率为 12%，求：①现值；②终值；③第 2 年末项目的等值。

第2章 经济评价方法

【知识要点】

项目的财务评价与财务分析，财务效益与费用，项目的财务盈利能力、偿债能力和财务生存能力，是否考虑资金的时间价值、建设项目经济评价指标的性质和建设项目经济评价内容对不同的经济指标进行的三种分类，项目的投资回收期、借款偿还期、净年值、净现值等经济指标，项目经济评价中的现金流量表、损益表、资金来源与运用表、资产负债表等相关财务分析报表。

【重点和难点】

现金流量表、损益表、资金来源与运用表、资产负债表等项目财务报表的编制规则，投资回收期和借款偿还期，净年值和净现值，内部收益率、净现值率、投资收益率、利息备付率、偿债备付率、财务比率等相关指标的内容和计算。

2.1 财务分析指标体系

建设项目经济评价是指对拟建项目方案计算期内各种有关技术经济因素和方案投入与产出的有关财务、经济资料数据进行调查、分析、预测，对方案的经济效果进行计算、评价，通过多方案比较，对拟建项目的财务可行性和经济可行性进行分析论证，作出全面的经济评价，为拟建项目的科学决策提供依据。建设项目经济效果的评价，根据评价的角度、范围、作用等分为财务评价和国民经济评价两个层次。

财务评价是建设项目经济评价的第一步，是从企业或项目的角度，根据国家现行财税制度和现行市场价格，计算项目的投资费用、产品成本与产品销售收入、税金等，进而计算和分析项目的盈利能力、清偿能力以及外汇平衡能力等财务状况，据以判断项目的财务可行性，并得出财务评价的结论。投资者可根据项目财务评价的结论、项目投资的财务经济效果和投资所承担的风险程度来决定项目是否应该投资建设。项目的财务评价是项目可行性研究和评价的核心内容，其目的在于根据国民经济、社会发展战略和行业地区发展规划的要求，在做好产品的市场需求预测及场址选择等工程技术的基础上，对项目进行评价，从微观和宏观两个方面对其建设的财务可行性和经济合理性进行分析论证，最大限度地提高投资效益，为项目的科学决策提供可靠的依据。财务评价必须保证评价的客观性、科学性、公正性，坚持定量分析与定性分析相结合、以定量分析为主以及动态分析与静态分析相结合、以动态分析为主的原则。

财务评价和国民经济评价共同组成了建设项目经济评价，财务评价属于微观经济效果分析，它是从企业的利益出发，分析项目建成后在财务上的获利状况及借款偿还能力。而国民经济评价则属于宏观经济评价，是从国民经济的整体利益出发，计算分析项目给国民经济带

第2章 经济评价方法

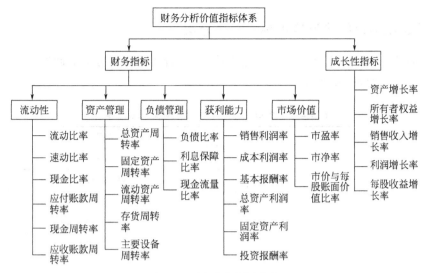

图 2-1 财务分析评价指标

来的净效益,评价项目经济上的合理性(图 2-1)。

建设项目方案经济评价效果的好坏,一方面取决于基础数据的完整性和可靠性,另一方面则取决于选取的评价指标体系的合理性。只有选取正确的评价指标体系,经济评价的结果才能与客观实际情况相吻合,才具有实际意义。一般来讲,建设项目的经济评价指标不是唯一的,根据不同的评价深度要求、可获得资料的多少及项目本身所处的条件不同,可选用不同的指标,这些指标有主次之分,可以从不同侧面反映建设项目的经济效果。根据不同的划分标准,建设项目经济评价指标体系分为如下几类。

2.1.1 按是否考虑资金的时间价值分类

以是否考虑资金时间价值为标准进行划分,将经济评价指标分为静态评价指标和动态评价指标,如表 2-1 所示。

表 2-1 按是否考虑资金的时间价值分类

建设项目经济评价指标	静态评价指标	投资利润(税)率	财务评价指标
		静态投资回收期	
		借款偿还期	
		资本金利润率	
		资产负债率	
		流动比率	
		速动比率	
		利息备付率	
	动态评价指标	偿债备付率	
		财务净现值	
		财务内部收益率	
		动态投资回收期	
		财务净现值	
		财务净现值率	
		经济内部收益率	国民经济评价指标

2.1.2 按建设项目经济评价指标的性质分类

以指标的性质为标准进行划分,将建设项目经济评价指标划分为时间性指标、价值性指标、比率性指标,如表2-2所示。

表2-2 按建设项目经济评价指标的性质分类

	时间性指标	投资回收期
		借款偿还期
	价值性指标	财务净现值
		财务净年值
建设项目经济评价指标	比率性指标	财务内部收益率
		财务净现值率
		投资收益率
		利息备付率
		偿债备付率
		经济内部收益率
		财务比率

2.1.3 按建设项目经济评价的内容分类

根据建设项目经济评价的内容,可以将指标划分为三类:即财务盈利能力分析指标、清偿能力分析指标和外汇平衡能力分析指标,如表2-3所示。

表2-3 按建设项目经济评价的内容质分类

	盈利能力分析指标	投资回收期
		财务内部收益率
		财务净现值
		财务净年值
		投资利润(税)率
		资本金利润率
建设项目经济评价指标	清偿能力分析指标	借款偿还期
		资产负债率
		流动比率
		速动比率
		利息备付率
		偿债备付率
	外汇平衡能力分析指标	

2.2 时间性指标与评价方法

2.2.1 投资回收期

投资回收期也称返本期,指以项目的净收益回收其全部投资所需要的时间,是反映投资回收能力的重要指标。按是否考虑资金的时间价值,分为静态投资回收期和动态投资回收期。

(1) 静态投资回收期(P_t)

静态投资回收期是指在不考虑资金时间价值的前提下,用项目各年的净收益来回收全部投资所需要的期限。投资回收期可以自项目建设开始年算起,也可以自项目投产年算起,但应注明。本书若无特殊说明,投资回收期从建设开始年算起。

① 原理公式 自建设开始年算起,投资回收期 P_t(以年表示)的计算公式如下:

$$\sum_{t=0}^{P_t}(CI-CO)_t=0 \tag{2-1}$$

式中 P_t——静态投资回收期;
CI——现金流入量;
CO——现金流出量;
$(CI-CO)_t$——第 t 年的净现金流量。

② 实用公式 静态投资回收期的求解可借助现金流量表,根据净现金流量来计算,其具体又分以下两种情况。

a. 当项目建成投产后各年净收益(即净现金流量)均相同时,静态投资回收期的计算公式如下:

$$P_t=\frac{I}{A} \tag{2-2}$$

式中 I——项目投入的全部资金;
A——每年的净现金流量。

【例2-1】 某建设项目估计总投资需要3200万元,预计项目建设投产后各年净收益均为500万,则该项目的静态投资回收期为:

$$P_t=\frac{I}{A}=\frac{3200}{500}=6.4(年)$$

b. 考虑各建设项目的实际情况,各年净收益相同的情况是很少见的,因为设备运转、人员管理等都有一个试运行的过程,因此,大多数项目在刚刚投产的前几年收益是不相同的,则当项目建成投产后各年的净收益不相同时,静态投资回收期可根据累计净现金流量求得。计算公式为:

$$P_t=累计净现金流量开始出现正值的年份数-1+\frac{上年累计净现金流量的绝对值}{当年的净现金流量} \tag{2-3}$$

【例2-2】 已知某投资项目计算期内逐年净现金流量如表2-4,求该投资项目的静态投资回收期。

表 2-4　某项目现金流量表　　　　　　　　　　　　单位：万元

t 年末	0	1	2	3	4	5	6	7
净现金流量	-10	-20	4	8	12	12	12	12
累计净现金流量	-10	-30	-26	-18	-6	6	18	30

根据式 (2-3)，可得：

$$P_t = 5 - 1 + \frac{|-6|}{12} = 4.5 (年)$$

③ 评价准则　将计算出的静态投资回收期 P_t 与所确定的基准投资静态回收期 P_c 进行比较。

　　a. 若 $P_t \leqslant P_c$，表示项目投资能在规定的时间内收回，则可以考虑接受该项目；

　　b. 若 $P_t > P_c$，表示项目投资不能在规定的时间内收回，则方案是不可行的。

(2) 动态投资回收期（P_t'）

动态投资回收期是指在考虑资金时间价值的前提下，用项目各年的净收益来回收全部投资所需要的期限。

① 原理公式

$$\sum_{t=0}^{P_t'} (CI - CO)_t (1 + i_c)^{-t} = 0 \tag{2-4}$$

式中　P_t'——动态投资回收期；

　　　i_c——基准投资收益率。

② 实用公式　在实际应用中，可根据项目现金流量表中的净现金流量现值，用下列近似公式计算：

$$P_t' = 累计净现金流量的现值开始出现正值的年份数 - 1 + \frac{上年累计净现金流量现值的绝对值}{当年的净现金流量的现值} \tag{2-5}$$

【例 2-3】　题意如【例 2-2】，项目的现金流量表如表 2-5。已知基准投资收益率 $i_c = 8\%$。试计算该项目的动态投资回收期。

表 2-5　某项目现金流量表

t 年末	0	1	2	3	4	5	6	7
净现金流量	-10	-20	4	8	12	12	12	12
$(P/F, 12\%, t)$	1.0	0.8929	0.7972	0.7118	0.6355	0.5674	0.5066	0.4523
净现金流量现值	-10	-17.9	3.2	5.7	7.6	6.8	6.1	5.4
累计净现金流量现值	-10	-27.9	-24.7	-19	-11.4	-4.6	1.5	6.9

解　根据式 (2-5)，可以得到：

$$P_t' = 6 - 1 + \frac{|-4.6|}{6.1} = 5.75 (年)$$

③ 评价准则

a. $P_t' \leqslant P_c'$（基准动态投资回收期）时，说明项目能在要求的时间内收回投资，是可行的。

b. $P'_t > P'_c$ 时，则项目不可行。

按静态分析计算的投资回收期较短，决策者可能认为经济效果尚可接受。但若考虑资金的时间价值，用折现的方法计算的动态投资回收期比用传统方法计算出的静态投资回收期长些，因此该方案未必能被接受。

(3) 投资回收期指标的优点与不足

使用投资回收期进行经济评价，很容易理解，计算也比较简单；项目投资回收期在一定程度上显示了资本回收的周转速度。显然，资本周转速度越快，回收期越短，风险越小，盈利越多。对于那些技术上更新迅速的项目，或资金相当短缺的项目，或未来的情况很难预测而投资者又特别关心资金补偿的项目，进行投资回收期指标的分析是特别有用的。但不足之处是投资回收期不能全面反映投资回收之后的情况，也无法准确衡量方案在整个计算期内的经济效果。所以，投资回收期作为方案选择和项目排队的评价准则是不可靠的，它只能作为辅助评价指标，或与其他评价方法结合应用。

2.2.2 借款偿还期

借款偿还期是指根据国家财政规定及投资项目的具体财务条件，以项目可作为偿还贷款的项目收益（利润、折旧、摊销费及其他收益）来偿还项目投资借款本金和建设期利息所需要的时间。它是反映项目借款偿债能力的重要指标。

(1) 原理公式

$$I_d = \sum_{t=1}^{P_d}(R_p + D + R_o - R_r) \tag{2-6}$$

式中　P_d——借款偿还期（从借款开始年计算）；

　　　I_d——投资借款本金和利息之和（不包括已用自有资金支付的部分）；

　　　R_p——第 t 年可用于还款的利润；

　　　D——第 t 年可用于还款的折旧和摊销费；

　　　R_o——第 t 年可用于还款的其他收益；

　　　R_r——第 t 年企业留利。

(2) 实用公式

在实际工作中，借款偿还期可直接根据资金来源与运用表或借款还本付息计算表推算，其具体推算公式如下：

$$P_d = (借款偿还后出现盈余的年份数 - 借款开始的年份数) + \frac{当年应偿还借款额}{当年可用于还款的资金额} \tag{2-7}$$

关于建设期贷款利息的计算，如果按实际贷、还日期计算将十分繁杂，为简化计算，一般规定借款发生当年均在年中支付，按半年计息，其后年份按全年计息；还款当年按年末还款，按全年计息。有关建设期贷款利息的计算将在第 5 节财务分析相关报表中详细介绍，这里仅介绍每年应计利息的近似公式：

$$每年应计利息 = \left(年初借款本息累计 + \frac{本年借款额}{2}\right) \times 年利率 \tag{2-8}$$

【例 2-4】 某项目期初一次性投资 665 万，全部为银行贷款，年利率为 8%。项目建设期 1 年，第 2 年可用于还款的资金额为 180.49 万，第 3 年可用于还款的资金额为 225.28 万

元，以后各年可用于还款的资金额均为 290.14 万元，计算该项目借款偿还期。（采用最大能力方式偿还贷款）

表 2-6 借款还本付息计划表　　　　　　　　　　　　　　单位：万元

计算期	1	2	3	4	5
1	期初借款累计		691.6	566.44	386.48	127.26
2	当年借款	665			
3	还款资金来源		180.49	225.28	290.14	290.14
4	当年还本付息		180.49	225.28	290.14	137.44
4.1	其中：本金		125.16	179.96	259.22	127.26
4.2	利息		55.33	45.32	30.92	10.18
5	期末余额		0	0	0	152.7

解 借款偿还过程见表 2-6。

第一年：当年借款 665 万元

建设期贷款利息 $I_1 = 665/2 \times 8\% = 26.6$（万元）

第二年：年初借款累计 $= 665 + 26.6 = 691.6$（万元）

当年应还利息 $I_2 = 691.6 \times 8\% = 55.33$（万元）

当年偿还的本金 $= 180.49 - 55.33 = 125.16$（万元）

第三年：年初借款累计 $= 691.6 - 125.16 = 566.44$（万元）

当年应还利息 $I_3 = 566.44 \times 8\% = 45.32$（万元）

当年偿还的本金 $= 225.28 - 45.32 = 179.96$（万元）

依此类推计算各年的利息和本金，从还本付息计算表中可以看出，第 5 年偿债后期末余额开始出现盈余，根据式（2-7）计算的贷款偿还期为：

$$P_d = 5 - 1 + \frac{127.26 + 10.18}{290.14} = 4.47（年）$$

（3）评价准则

当计算出的借款偿还期满足贷款机构的要求期限时，即认为项目是有借款偿还能力的；反之，则说明项目没有借款偿还能力。

借款偿还期指标适用于那些计算最大偿还能力，尽快还款的项目，不适用于那些预先给定借款偿还期的项目。对于预先给定借款偿还期的项目，应采用利息备付率和偿债备付率指标分析项目的偿债能力。

2.3 价值性指标与评价方法

2.3.1 净现值

（1）净现值指标的概念

净现值（NPV——Net Present Value）是反映投资方案在计算期内获利能力的动态评价指标。投资方案的净现值是指按行业的基准收益率（或投资主体设定的折现率）i_c，将各年的净现金流量折现到建设起点的现值之和。

（2）计算公式

$$NPV = \sum_{t=0}^{n}(CI-CO)_t(1+i_c)^{-t} \tag{2-9}$$

式中 NPV——财务净现值；

$(CI-CO)_t$——第 t 个计算期的净现金流量；

i_c——行业基准折现率，本质上是投资者对资金时间价值的最低期望；

n——投资方案的计算期。

（3）评价准则

财务净现值是评价项目盈利能力的绝对指标，它反映项目在满足按设定折现率要求的盈利能力之外获得的超额盈利的现值。计算出的财务净现值可能有三种结果。

① 当 $NPV>0$ 时，表示该投资方案实施后除保证可实现预定的收益率外，尚可获得更高的收益。

② 当 $NPV=0$ 时，表示该投资方案刚好达到预定的收益率标准，但并不代表盈亏平衡。

③ 当 $NPV<0$ 时，表示该投资方案实施后的投资收益率不能达到所预定的收益率水平，但不能确定项目已经亏损。

因此，财务净现值指标衡量项目盈利能力的评价准则为：

当 $NPV \geqslant 0$，表示该项目在财务上可行；

当 $NPV<0$，表示该项目在财务上不可行。

【例2-5】 某建设项目的现金流量如表2-7所示，求其净现值（$i_c = 15\%$），并判断项目的财务可行性。

表2-7 某建设项目的现金流量 单位：万元

t 年末	0	1	2	3	4	5～12
净现金流量	−20	−40	−40	17	22	32

解 根据该题现金流量特点，可利用公式计算：

$$NPV = \sum_{t=0}^{n}(CI-CO)_t(1+i_c)^{-t}$$

$= -20 - 40(1+15\%)^{-1} - 40(1+15\%)^{-2} + 17(1+15\%)^{-3} + 22(1+15\%)^{-4} +$

$\quad 32 \times \dfrac{(1+15\%)^8 - 1}{15\%(1+15\%)^8} \times (1+15\%)^{-4}$

$= 20.83(万元)$

或者可以用另一种表现形式计算：

$NPV = -20 - 40(P/F,15\%,1) - 40(P/F,15\%,2) + 17(P/F,15\%,3) +$

$\quad [22 + 32(P/A,15\%,8)](P/F,15\%,4)$

$= -20 - 40 \times 0.8696 - 40 \times 0.7561 + 17 \times 0.6575 + (22 + 32 \times 4.4873) \times 0.5718$

$= 20.83(万元)$

因为 $NPV>0$，所以该建设项目在财务上是可行的。

（4）净现值指标的优点和不足

① 净现值指标的优点　考虑了资金的时间价值，并全面考虑了项目在整个计算期内的经营情况；指标直接用货币金额表示，经济意义明确直观；计算简便。

② 净现值指标的不足　需要预先给定一个符合经济现实的基准折现率，而基准折现率的确定往往是比较困难的。因为如果折现率定得略高，可行的项目就有可能被拒绝；折现率定得低，不合理的项目也可能被接受。因此，运用净现值法，需要对折现率客观、准确地估计；使用净现值指标进行互斥方案评选时，必须慎重考虑互斥方案的寿命期，如果互斥方案寿命期不等，必须构造一个相同的研究期，才能进行各个方案之间的比选；净现值不能反映项目投资中单位投资的使用效率，不能直接说明在项目运营期间各年的经营成果。

（5）净现值与折现率之间的关系

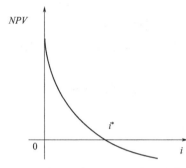

图 2-2　常规投资项目净现值函数曲线

对具有常规现金流量（即在计算期内，开始时有支出而后才有收益，且方案的净现金流量序列的符号只改变一次的现金流量）的投资方案，其财务净现值的大小与折现率的高低有直接的关系。工程经济中常规投资项目的财务净现值函数曲线在其定义域内是单调下降的，且递减率逐渐减小。即随着折现率的逐渐增大，财务净现值将逐渐变小，且由正变负，NPV 与 i 之间的关系如图 2-2 所示。

按照净现值的评价准则，只要 $NPV>0$，方案在经济上就是可行的，但由于 NPV 是 i 的递减函数，故基准折现率 i_c 定的越高，计算出来的 NPV 就会越小，方案被接受的可能性就越小；i_c 定的越低，计算出来的 NPV 就会越大，方案被接受的可能性就会越大。因此，i_c 的确定直接影响了方案评选的准确性。

（6）对基准收益率的几点说明

① 基准收益率的概念

基准收益率也称基准折现率，是企业（行业）或投资者以动态的观点所确定的、可接受的投资项目方案最低标准的收益水平。它表明投资决策者对项目资金时间价值的估价，是投资资金应当获得的最低盈利率水平，是评价和判断投资方案在经济上是否可行的重要依据。

② 确定基准收益率的影响因素

对于国家投资项目，进行经济评价时使用的基准收益率是由国家组织测定并发布的行业基准收益率；对于非国家投资项目，则由投资者自行确定，但应考虑以下因素。

a. 资金成本和机会成本　基准收益率应不低于单位资金成本和单位投资的机会成本，这样才能使资金得到最有效的利用。这一要求可表述为：

$$i_c \geqslant i_1 = \max\{单位资金成本, 单位投资机会成本\} \tag{2-10}$$

当项目完全由企业自有资金投资时，可参考行业基准收益率。假如项目投资来源于自有资金和贷款时，最低收益率不应低于行业平均收益率（或新筹集权益投资的资金成本）与贷款利率的加权平均收益率。如果有几种贷款时，贷款利率应为加权平均贷款利率。

b. 投资风险　在整个项目计算期内，存在着发生不利于项目环境变化的可能性，这种变化难以预料，即投资者要冒着一定风险作出决策。所以，在确定基准收益率时，仅考虑资金成本、机会成本因素是不够的，还应考虑风险因素。通常，以一个适当的风险贴补率 i_2 来提高 i_c。也就是说，以一个较高的收益水平补偿投资者所承担的风险，风险越大，贴补率越高。为此，投资者自然就要求获得较高的利润，否则是不愿去冒风险的。为了限制对风险大、盈利低的项目进行投资，可以采取提高基准收益率的办法来进行项目经济评价。

c. 通货膨胀 在通货膨胀影响下，各种材料、设备、房屋、土地的价格及人工费等都会上升。为反映和评价出拟建项目在未来的真实经济效果，在确定基准收益率时，应考虑通货膨胀因素，结合投入产出价格的选用决定对通货膨胀因素的处理。

综合以上分析，基准收益率的确定应综合以上三方面因素，确定过程如下。

若项目现金流量是按当年价格预测的，则应以当年通货膨胀率 i_3 修正 i_c。

$$i_c = (1+i_1)(1+i_2)(1+i_3) - 1 \approx i_1 + i_2 + i_3 \tag{2-11}$$

若项目现金流量是按基准年不变价格预测估算的，预测结果已经排除通货膨胀因素的影响，就不再重复靠通货膨胀的影响去修正 i_c，即：

$$i_c = (1+i_1)(1+i_2) - 1 \approx i_1 + i_2 \tag{2-12}$$

以上近似处理的条件是 i_1、i_2、i_3 都为小数。

总之，合理确定基准收益率对于投资决策极为重要。确定基准收益率的基础是资金成本和机会成本，而投资风险和通货膨胀是确定基准收益率必须考虑的影响因素。

2.3.2 净年值

净现值是把项目各年的净现金流量按照基准收益率折算到建设期起点的代数和。净现值经过资金回收系数的折算，可以得到一个与净现值等效的评价指标，即为净年值（NAV——Net Annual Value）。

净年值是通过资金等值计算将项目计算期内各年净现金流量分摊到每一年年末的等额年值。

(1) 计算公式

$$NAV = \sum_{t=0}^{n} (CI - CO)_t (1+i_c)^{-t} (A/P, i_c, n) \tag{2-13}$$

式中 NAV——净年值；
CI——现金流入；
CO——现金流出。

(2) 评判准则

当 $NAV \geq 0$ 时，项目在经济上可行；

当 $NAV < 0$ 时，项目在经济上不可行。

【例 2-6】 题意同【例 2-5】，试以净年值指标判断此项目的经济可行性。

解 例题 2-5 已经求出该项目的净现值 $NPV = 20.86$ 万元，根据式 (2-13)，可得：

$$NAV = NPV(A/P, i_c, n)$$
$$= 20.86 \times (A/P, 15\%, 12) = 20.86 \times 0.1845 = 3.85 (万元) > 0$$

因此按照净年值指标来判断，该项目也是可行的。

【例 2-7】 已知某建设项目期初一次性投资 3000 万元，当年投产，预计寿命期 10 年，每年能获得净收益 800 万元，10 年末可得到残值 200 万，已知基准折现率为 12%，试以净年值指标判断项目的经济可行性。

解 此投资项目的现金流量图如图 2-3 所示。

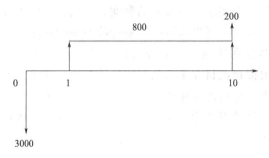

图 2-3 某项目现金流量图

$$NAV = 800 - 3000(A/P, 12\%, 10) + 200(A/F, 12\%, 10)$$
$$= 800 - 3000 \times 0.1770 + 200 \times 0.0570$$
$$= 280.4(万元)$$

该项目的净年值大于零,因此项目在经济上是可行的。

2.4 比率性指标与评价方法

2.4.1 内部收益率

内部收益率(IRR)本身是一个折现率,它是指使项目在整个计算期内各年净现金流量的现值累计等于零时的折现率,也就是说,在这个折现率水平下,项目的现金流入的现值之和等于其现金流出的现值之和。实质上,内部收益率就是使项目的净现值等于零时的折现率。

(1) 原理公式

$$\sum_{t=0}^{n}(CI - CO)_t(1 + IRR)^{-t} = 0 \tag{2-14}$$

在式(2-14)中,内部收益率是一个未知的折现率,求方程中的折现率需解高次方程,不容易求解。在实际工作中,一般通过计算机计算,手算时可采用试算法确定内部收益率的大小。

(2) 实际求解方法

从图 2-4 可以看出,IRR 在 i_1 与 i_2 之间,用 i^* 近似代替 IRR,当 i_1 与 i_2 的距离控制在一定范围内,可以达到要求的精度。试算法的具体计算步骤如下。

① 设初始折现率值 i_1,并计算对应的净现值 $NPV(i_1)$。

② 若 $NPV(i_1) \neq 0$,则根据 $NPV(i_1)$ 是否大于零,再设 i_2,计算对应的 $NPV(i_2)$。

a. 若 $NPV(i_1) > 0$,则设 $i_2 > i_1$;

b. 若 $NPV(i_1) < 0$,则设 $i_2 < i_1$。

③ 重复步骤②,直到出现 $NPV(i_1) > 0$,NPV

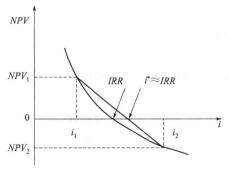

图 2-4 线性内插法求出 IRR

$(i_2)<0$ 或 $NPV(i_1)<0$，$NPV(i_2)>0$。

④ 用线性内插法求得 IRR 近似值：

$$IRR \approx i^* = i_1 + \frac{NPV_1}{NPV_1 + |NPV_2|} \times (i_2 - i_1) \tag{2-15}$$

式中 NPV_1——较低的折现率 i_1 对应的正的净现值；
  NPV_2——较高的折现率 i_2 对应的负的净现值；
  i_1——使净现值出现正值的折现率；
  i_2——使净现值出现负值的折现率。

为了保证 IRR 的精确，i_1 和 i_2 之间的差距一般以不超过 2% 为宜，最大不要超过 5%。

(3) 判断准则

内部收益率计算出来后，可通过与基准收益率进行比较来判断方案是否可行，即：

① 若 $IRR \geq i_c$，则 $NPV \geq 0$，方案财务效果可行；
② 若 $IRR < i_c$，则 $NPV < 0$，方案财务效果不可行。

【例 2-8】 某建设项目投资方案净现金流量如表 2-8 所示，设基准收益率 10%，用内部收益率指标判断项目是否可行。

表 2-8 某项目现金流量表　　　　　　　　　　单位：万元

t 年末	0	1	2	3	4	5
净现金流量	-2000	300	500	500	500	1200

解 设初始折现率 $i=10\%$

$NPV(10\%) = -2000 + [300 + 500(P/A, 10\%, 3)](P/F, 10\%, 1) + 1200(P/F, 10\%, 5)$
$\quad\quad\quad\quad = 148.23(万元) > 0$

取 $i_1 = 12\%$

$NPV(12\%) = -2000 + [300 + 500(P/A, 12\%, 3)](P/F, 12\%, 1) + 1200(P/F, 12\%, 5)$
$\quad\quad\quad\quad = 21(万元) > 0$

取 $i_2 = 14\%$

$NPV(14\%) = -2000 + [300 + 500(P/A, 14\%, 3)](P/F, 14\%, 1) + 1200(P/F, 14\%, 5)$
$\quad\quad\quad\quad = -91(万元) < 0$

因为 $NPV_1 = 21$ 万元，$NPV_2 = -91$ 万元，两值符号相反且不等于 0，而 $i_2 - i_1 = 2\%$，则：

$$IRR = i_1 + \frac{NPV_1}{NPV_1 + |NPV_2|} \times (i_2 - i_1)$$

$$= 12\% + \frac{21}{21 + |-91|} \times (14\% - 12\%)$$

$$= 12.38\% > 10\%$$

则该投资方案经济上是可行的。

(4) 内部收益率的经济涵义

内部收益率的经济涵义可以这样理解：项目在这样的利率下，在项目终了时，以每年的净收益恰好把投资全部收回来。也就是说，在项目寿命期内，项目始终处于"偿付"未被收回投资的状况。因此，内部收益率是指项目对初始投资的偿还能力或项目对贷款利率的最大承担能力。其值越高,一般说来方案的投资盈利能力越高。由于内部收益率不是用来计算初期投资的收益的,所以,一般不使用内部收益率指标直接排列两个或多个项目的优劣顺序。

(5) 内部收益率的优点与不足

① 优点 内部收益率指标考虑了资金的时间价值及项目在整个计算期内的经济状况,而且避免了像净现值指标那样须事先确定基准收益率的难题,只需知道基准收益率的大致范围就可以了;它反映了项目所具有的最高获利能力,是衡量项目效益优劣的非常有用的方法;这种方法可以在项目计算期的任何时间点上进行测算,并且结果一致,即时间点的选择对项目获利能力的评价并没有影响。

② 不足 内部收益率的计算需要大量的与投资项目有关的数据,计算复杂;对于初值的估算较为困难,如果离结果太远,需要多次反复计算,才能准确地估算初值;对于具有非常规现金流量的项目来说,其内部收益率往往不是唯一的,在某些情况下甚至是不存在的。

(6) 非常规投资项目的内部收益率

内部收益率方程是一个一元 n 次方程,有 n 个复数根(包括重根),故其正数根的个数可能不止一个。

① 内部收益率方程无解的情况

当项目方案随时间变化的现金流量分布都是正值或者都是负值时,净现值函数曲线与水平轴不相交,内部收益率无解。这种情况一般很少出现。对于这种非常规型项目方案的评价,可不采用内部收益率法而采用其他方法。

② 内部收益率方程有多个解的情况

当项目方案连续累计的现金流量符号变化超过一次以上时,就会出现一个以上的内部收益率解,如表2-9。

表2-9 正、负号多次变化的净现金流量序列

t 年末	0	1	2	3
净现金流量	−100	470	−720	360

经计算知,使该项目净现值等于零的折现率有三个,分别是20%、50%和100%。此项目内部收益率方程的这三个正实数解是否都是或有的是所要求的内部收益率呢?这需要通过内部收益率的经济涵义加以检验;即在该折现率下,项目寿命期内是否始终存在未被收回的投资且只有在寿命期末才完全收回。见表2-10。

表2-10 净现金流量现值累计

t 年末	0	1	2	3
净现金流量	−100	470	−720	360
现值累计($i_1=20\%$)	−100	291.65	−208.32	0(近似值)
现值累计($i_2=50\%$)	−100	213.35	−106.62	0(近似值)
现值累计($i_3=100\%$)	−100	135.00	−45.00	0

从表2-10中可以看出,在 $i_1=20\%$,$i_2=50\%$,$i_3=100\%$ 三个折现率下,都是初始投资在第一年末完全回收,且项目有净盈余。第二年末又有未收回投资,第三年末即寿命期末又全部收回,根据内部收益率的经济涵义可知,三个折现率都不是该项目的内部收益率。

对于非常规投资项目,如果其内部收益率方程的实数解中有能满足内部收益率经济涵义要求的(最多一个),则此解为项目的内部收益率;如果内部收益率方程的所有实数解都不能满足内部收益率经济涵义的要求,则它们都不是项目的内部收益率。若要求其内部收益率,可采取用基准收益率对项目计算期内部分现金流量进行适当"处理",使之符合常规投资项目对符号只能变换一次的要求的方法,求出内部收益率。

2.4.2 净现值率

净现值指数($NPVI$)是在净现值的基础上发展起来的,可作为NPV指标的一种补充。净现值指数是项目净现值与项目全部投资现值之比,其经济含义是单位投资现值所能带来的净现值的大小,是一个考察项目单位投资盈利能力的指标。由于净现值不直接考虑项目投资额的大小,故为考虑投资的利用效率,常用净现值指数作为净现值指标的辅助评价指标。

(1) 计算公式

$$NPVI = \frac{NPV}{K_p} = \frac{NPV}{\sum_{t=0}^{n} K_t (1+i_c)^{-t}} \tag{2-16}$$

式中　K_p——投资的现值;

　　　K_t——第t个计算期的投资额。

(2) 评价准则

净现值指数反映了项目的收益水平,是单位投资所含净现值的投资指数,是表示单位投资所获取收益的能力。进行多方案比较时,净现值指数高的为优。

若$NPVI \geqslant 0$,则表示项目经济上可以考虑接受,反之则不接受。

【例 2-9】　求本章【例 2-5】中投资项目的净现值指数,并判断其可行性。

解　已知该投资项目的净现值$NPV = 20.86$万元,则

$$NPVI = \frac{20.86}{20 + 40 \times (1+15\%)^{-1} + 40 \times (1+15\%)^{-2}}$$
$$= 24.53\% > 0$$

则项目在经济上是可以考虑接受的。

2.4.3 投资收益率

投资收益率是衡量投资方案获利水平的静态评价指标,它是投资方案达到设计生产能力后一个正常年份的年净收益与方案的投资总额的比率。它表明投资方案在正常生产中,单位投资每年所创造的年静收益额。对生产期内各年的净收益额变化幅度较大的方案,可计算生产期年平均静收益与投资总额的比率。

(1) 计算公式

$$R = \frac{A}{I} \times 100\% \tag{2-17}$$

式中　R——投资收益率;

　　　A——项目达到设计生产能力后一个正常年份的年净收益或年平均净收益;

　　　I——项目总投资。

（2）评价准则

项目利用投资收益率这一指标进行评估时，投资收益率越大，项目的经济效果越好。那么投资收益率选择多大，才是经济合理的呢？其决策规则为：投资收益率≥行业平均投资收益率。满足此条件时，该项目可行，否则该项目被否定。投资收益率高于同行业的收益率参考值，表明用总投资收益率表示的盈利能力满足要求。

（3）投资收益率的优点和不足

投资收益率是考察项目单位投资盈利能力的静态指标。其主要优点是简单、直观地反映项目单位投资的盈利能力。

其不足之处有以下几点。

① 没有考虑资金的时间价值。

② 年销售收入、年经营费用的计算主观随意性太强。进行适当的财务处理就会人为压低或抬高利润水平。所以以利润率作为决策依据不太可靠。

③ 纯收入若以尚未实际收到的现金收入作为收益，具有较大的风险。

④ 舍弃了更多的项目寿命期内的经济数据。

（4）投资收益率的应用指标

① 总投资收益率（R_z）

$$R_z = \frac{EBIT}{I} \times 100\% \tag{2-18}$$

式中 $EBIT$——项目正常年份的年息税前利润或营运期内年平均息税前利润；

　　　I——项目总投资。

其中：年息税前利润＝年营业收入－营业税及附加－息税前总成本

息税前总成本＝年经营成本＋固定资产折旧费＋无形资产摊销费＋修理费

② 资本金净利润率（R_e）

$$R_e = \frac{NP}{EC} \times 100\% \tag{2-19}$$

式中 NP——指项目正常年份的净利润或营运期内年平均净利润；

　　　EC——指项目资本金。

2.4.4　利息备付率

利息备付率也称已获利息倍数，指项目在借款偿还期内各年可用于支付利息的税息前利润与当期应付利息费用的比值。

（1）计算公式

$$利息备付率 = \frac{息税前利润}{当期应付利息费用} \tag{2-20}$$

式中，当期应付利息是指计入总成本费用的全部利息；息税前利润＝营业收入－营业税及附加－息税前总成本；息税前总成本＝经营成本＋固定资产折旧费＋无形资产摊销费＋修理费。

利息备付率可以按年计算，也可以按整个借款期计算。但分年的利息备付率更能反映偿债能力。

（2）评价准则

利息备付率从付息资金来源的充裕性角度反映项目偿付债务利息的能力，它表示使用项目息税前利润付利息的保证倍率。对于正常经营项目，利息备付率应当大于 2；否则，表示项目的付息能力保障程序不足。尤其是当利息备付率低于 1 时，表示项目没有足够的资金支付利息，偿债风险很大。

2.4.5 偿债备付率

偿债备付率指项目在借款偿还期内，各年可用于还本付息的资金与当期应还本付息金额的比值。它表示可用于计算还本付息的资金偿还借款本息的保障程度。

（1）计算公式

$$偿债备付率 = \frac{可用于还本付息资金}{当期应还本付息金额} \tag{2-21}$$

可用于还本付息的资金，包括可用于还款的折旧和摊销、成本中列支的利息费用、可用于还款的利润等。

当期应还本付息金额，包括当期应还贷款的本金及计入成本的利息。

偿债备付率可以按年计算，也可以按项目整个借款期计算。同样，分年计算的偿债备付率更能反映偿债能力。

（2）评价准则

偿债备付率表示可用于还本付息的资金偿还借款本息的保证倍数，偿债备付率高，表明可用于还本付息的资金保障程度高。正常情况下偿债备付率应大于 1，且越高越好。当指标小于 1 时，表示资金来源不足以偿付当期债务，需要通过短期借款偿付当期债务。

【例 2-10】 已知某建设项目投资采用银行借款的形式，借款偿还期为 4 年，各年息税前利润总额、税后利润、折旧费和摊销费数额见表 2-11。试计算各年的偿债备付率和利息备付率。

解 各年的偿债备付率和利息备付率计算结果如表 2-11 所示。

表 2-11 偿债备付率和利息备付率计算　　　　　　　　单位：元

项目	第 1 年	第 2 年	第 3 年	第 4 年
息税前利润	10317	59548	109548	120636
当期应付利息	74208	64932	54977	43799
税前利润	−63891	−5384	54481	76837
所得税（33%）	0	0	0	20474
税后利润	−63891	−5384	54481	56363
折旧费	102314	102314	102314	102314
摊销费	42543	42543	42543	42543
偿还本金	142369	152143	162595	173774
还本付息总额	216577	217075	217572	217573
利息备付率	13.90%	91.71%	199.10%	275.43%
还本付息资金来源	155174	204405	254315	245019
偿债备付率	0.72	0.94	1.17	1.13

注：在各年的所得税计算中，前两年亏损，不需要缴纳所得税，第 3 年的盈利不足以弥补以前年度亏损，第 4 年的利润弥补亏损后为 62043 元（54481+76837−63891−5384=62043），应缴纳所得税 20474 元。

从表 2-11 的计算结果可以看出，该项目前两年的利息备付率均远低于 2，偿债备付率低于 1，表明该项目前两年有较大的还本付息压力；第 3 年利息备付率 1.99 接近 2，偿债备付率 1.17 大于 1，第 4 年利息备付率 2.75，偿债备付率 1.13，表明该项目后两年的还本付息能力基本得到保障。

2.4.6 财务比率

（1）流动比率

流动比率是反映项目各年偿付流动负债能力的指标。

① 计算公式

$$\text{流动比率} = \frac{\text{流动资产总额}}{\text{流动负债总额}} \times 100\% \tag{2-22}$$

式中，流动资产指可以在一年或超过一年的一个营业周期变现或耗用的资产，包括货币资金、短期投资、待摊费用、存货、应收账款、预付账款等。

流动负债包括短期借款、应付账款、应缴纳税金、一年内到期的长期借款等。

② 评判准则　流动比率旨在分析企业资产流动性的大小，判断短期债权人的债权，在到期前偿债企业用现金及预期在该一期中能变为现金的资产偿还的限度。流动比率越高，表明企业偿付短期负债能力越强。满意的流动比率数值一般要求达到 2，即 1 元的流动负债至少有 2 元的流动资产作后盾，保证项目按期偿还短期债务。如果比值过高，说明项目持有闲置的（不能盈利的）现金余额；比值过低，不利于企业获得贷款，表明项目可能会面临清偿到期账单、票据的某些困难，这是贷款机构不愿意接受的。

（2）速动比率

速动比率是反映项目快速偿付流动负债能力的指标。

① 计算公式

$$\text{速动比率} = \frac{\text{速动资产}}{\text{流动负债}} \times 100\% = \frac{\text{流动资产} - \text{存货}}{\text{流动负债}} \times 100\% \tag{2-23}$$

② 评判准则　在流动资产中，现金、应收账款、应收票据、短期投资等容易变现的资产，称为速动资产。一般认为，速动比率的满意范围为 1.0~1.2。

当流动比率和速动比率过小时，应设法减少流动负债，通过减少利润分配，减少库存等办法增加盈余资金。例如通过增加长期借款等方法来加以调整。

2.5　财务分析相关报表

2.5.1　现金流量表

（1）概念

建设项目的现金流量系统将项目计算期内各年的现金流入与现金流出按照各自发生的时点顺序排列，表达为具有确定时间概念的现金流量。现金流量表既是对建设项目现金流量系统的表格式反映，用以计算各项静态和动态评价指标，进行项目财务盈利能力分析。按投资计算基础的不同，现金流量表分为全部投资的现金流量表和自有资金的现金流量表。

(2) 全部投资现金流量表的编制（表 2-12）

表 2-12 财务净现金流量（全部投资）

序号	项目	合计	建设期		投产期		达产期			
			1	2	3	4	5	6	…	n
	生产负荷/%									
1	现金流入									
1.1	产品销售收入									
1.2	回收固定资产余值									
1.3	回收流动资金									
1.4	其他收入									
2	现金流出									
2.1	固定资产投资									
2.2	流动资金									
2.3	经营成本									
2.4	销售税金及附加									
2.5	所得税									
3	净现金流量									
4	累计净现金流量									
5	所得税前净现金流量									
6	所得税前累计净现金流量									
计算指标：	所得税前 财务内部收益率($FIRR$)＝ 财务净现值($FNPV$)＝　　　　　　（i_c＝　％） 投资回收期(P_t)＝				所得税后 财务内部收益率($FIRR$)＝ 财务净现值($FNPV$)＝　　　　　　（i_c＝　％） 投资回收期(P_t)＝						

(3) 自有资金现金流量表的编制（表 2-13）

表 2-13 财务净现金流量（自有资金）

序号	项目	合计	建设期		投产期		达产期			
			1	2	3	4	5	6	…	n
	生产负荷/%									
1	现金流入									
1.1	产品销售收入									
1.2	回收固定资产余值									
1.3	回收流动资金									
1.4	其他收入									
2	现金流出									
2.1	自有资金									
2.2	借款本金偿还									
2.3	借款利息支出									

续表

序号	项目	合计	建设期		投产期		达产期			
			1	2	3	4	5	6	…	n
2.4	经营成本									
2.5	销售税金及附加									
2.6	所得税									
3	净现金流量									
计算指标:	财务内部收益率(FIRR)= 财务净现值(FNPV)=　　　(i_c=　%)									

2.5.2 利润与利润分配表

利润与利润分配表反映项目计算期内各年营业收入、总成本费用、利润总额等情况，以及所得税后利润的分配，用于计算总投资收益率、项目资本金净利润率等指标（表2-14）。

表2-14 利润与利润分配表

序 号	项 目	合 计	投 产 期		达 产 期			
			3	4	5	6	…	n
	生产负荷/%							
1	产品销售(营业)收入							
2	销售税金及附加							
3	产品总成本及费用 其中:折旧费 摊销费							
4	利润总额							
5	弥补前年度亏损							
6	应纳税所得额							
7	所得税							
8	税后利润							
9	盈余公积金							
10	公益金							
11	应付利润 本年应付利润 未分配利润转分配							
12	未分配利润							
13	累计未分配利润							

2.5.3 资金来源与运用表

该表是根据项目的财务状况、资金来源与资金运用,以及国家有关财税规定,测算项目建设期和生产经营期内各年的资金盈余和短期情况的一种表格,供选择资金筹措方案、制定借款及偿还计划之用。此外,还可用以计算固定资产投资国内借款偿还期,进行清偿能力分析。

编制该表的时候首先要计算项目计算期内各年的资金来源与资金应用,然后通过资金来源与运用的差额反映项目各年的资金平衡情况。这种平衡并不是指年年都需要平衡,而是要求项目的资金筹措及还款应能使累计盈利资金始终不小于零,以保证资金使用计划顺利进行。在项目评估中,由于建设期只有现金流出,而项目前期经营不稳定,往往处于还借款期,因而这段时间资金平衡最为困难。

资金来源与运用表如表 2-15 所示。

表 2-15 资金来源与运用表

序号	项目	建设期		投产期		达产期			
		1	2	3	4	5	6	...	n
	生产负荷/%								
1	资金来源								
1.1	利润总额								
1.2	折旧费								
1.3	摊销费								
1.4	长期借款								
1.5	流动资金借款								
1.6	短期借款								
1.7	资本金								
1.8	其他								
1.9	回收固定资产余值								
1.10	回收流动资金								
2	资金运用								
2.1	固定资产投资(不含建设期贷款利息)								
2.2	建设期贷款利息								
2.3	流动资金								
2.4	所得税								
2.5	应付利润								
2.6	长期借款本金偿还								
2.7	流动资金借款本金偿还								
2.8	其他短期借款本金偿还								
3	盈余资金								
4	累计未分配利润								

2.5.4 资产负债表

资产负债表亦称财务状况表，表示项目在一定日期（通常为各会计期末）的财务状况（即资产、负债和业主权益的状况）的主要会计报表。该表反映项目计算期内各年末资产、负债、所有者权益的增减变化及对应关系，以考核项目资产、负债所有者权益的结构是否合理，用以计算资产负债率、流动比率、速动比率以进行清偿能力分析。

资产负债表利用会计平衡原则，将合乎会计原则的资产、负债、所有者权益交易科目分为"资产"和"负债"两大区块，在经过分录、转账、分类账、试算、调整等会计程序后，以特定日期的静态企业情况为基准，浓缩成一张报表。报表功能除了企业内部纠错、防止弊端外，也可让所有阅读者于最短时间了解企业经营状况。

表 2-16 资产负债表

序号	项目	建设期		投产期		达产期			
		1	2	3	4	5	6	…	n
	生产负荷/%								
1	资产								
1.1	流动资产								
1.1.1	应收账款								
1.1.2	存货								
1.1.3	现金								
1.1.4	累计盈余资金								
1.1.5	其他流动资金								
1.2	在建工程								
1.3	固定资产								
1.3.1	原值								
1.3.2	累计折旧								
1.3.3	净值								
1.4	无形及递延资产净值								
2	负债及所有者权益								
2.1	流动负债总额								
2.1.1	应付账款								
2.1.2	其他短期借款								
2.1.3	其他流动负债								
2.2	中长期借款								
2.2.1	中期借款(流动资金)								
2.2.2	长期借款								
	负债小计								
2.3	所有者权益								
2.3.1	资本金								
2.3.2	资本公积金								

续表

序号	项目	建设期		投产期		达产期			
		1	2	3	4	5	6	…	n
2.3.3	累计盈余公积金								
2.3.4	累计未分配利润								
计算指标	清偿能力分析 资产负债率/% 流动比率/% 速动比率/%								

课后习题

1. 分述经济评价和财务评价,两者有何区别?
2. 财务分析指标如何进行分类?
3. 如何应用投资回收期对项目进行经济评价? 用此方法的优点是什么?
4. 净现值与折现率之间有何关系?
5. 何为内部收益率? 运用内部收益率如何进行项目的经济评价?
6. 某项目计算期20年,各年净现金流量($CI-CO$)如表2-17所示。基准折现率$i_c=10\%$。试根据项目的财务净现值NPV判断此项目是否可行,并计算项目的静态投资回收期和动态投资回收期和内部收益率。

表2-17 某项目各年净现金流量

年末	1	2	3	4	5	7～20
净现金流量/万元	-180	-250	150	84	112	150

7. 某建设项目的建设期为4年,建设资金由国内银行贷款,第1年贷款额为1000万元,第2年为2000万元,第3年为3000万元,第4年贷款额为2000万元。银行贷款利率为10%,试计算到建设期末共欠银行本利多少元。
8. 某项目计算期20年,各年净现金流量如表2-18所示。基准折现率$i_c=10\%$。试根据项目的财务净现值NPV判断此项目是否可行。

表2-18 某项目净现金流量表

年份	0	1	2	3	4	5～20
净现金流量/万元	-180	-250	150	84	112	150

9. 某建设项目计算期20年,各年净现金流量如表2-19所示,该项目的行业基准收益率$i_c=10\%$,试计算以下财务评价指标:

表2-19 某建设项目各年净现金流量表

年份	1	2	3	4	5	6	7	8	9～20
净现金流量/万元	-150	-250	-100	80	120	150	150	150	12×150

① 计算该项目的静态投资回收期。
② 计算该项目的财务净现值。
③ 计算该项目的动态投资回收期。
④ 计算该项目的财务内部收益率。

10. 某项目初始投资 5000 万，当年投产，预计计算期 10 年中每年可获得净收益 100 万元，10 年末可获得残值 700 万元，试求该项目的内部收益率。若基准收益率为 12%，判断此项目的经济可行性。

11. 投资兴建一个临时仓库需要 80000 元，一旦拆除即毫无价值，假定仓库每年的净收益为 13600 元，试计算：
① 当该临时仓库使用 8 年时，其内部收益率为多少？
② 若希望获得 10% 的收益率，则该仓库至少使用多少年才值得投资？

12. 某投资方案初始投资为 120 万元，年销售收入为 100 万元，寿命期 6 年，残值为 10 万元，年经营费用为 50 万元。试计算该投资方案的财务净现值和财务内部收益率。

13. 某项目财务现金流量表的数据如表 2-20 所示，试计算项目的静态投资回收期。如基准收益率为 8%，试计算项目的动态投资回收期。

表 2-20 某项目财务现金流量表　　　　　　　　　　　　　　单位：万元

计算期	0	1	2	3	4	5	6	7
现金流入	—	—	800	1200	1200	1200	1200	1200
现金流出	600	900	500	700	700	700	700	700

14. 某企业 3 年前以 20 万元购买设备，预计经济寿命 10 年，每年净收益 10 万元，但该设备目前残值为零，将被淘汰。公司正在考虑以 35 万元购买新设备，估计经济寿命 5 年，残值为零。第一年净收益为 10.7 万元，后续 4 年的年收益为 21.4 万元。不考虑通货膨胀等因素，试测算预期收益率（即内部收益率）为多少？

15. 某项目建设期 2 年，采用银行贷款的形式进行投资。第一年投资 400 万，第二年投资 600 万，第三年开始投产并偿还贷款，每年可用于还贷的金额分别为第 3 年 300 万，从第 4 年开始每年都可以有 400 万用于偿还贷款（见表 2-21）。如果银行贷款利率为 6%，求该项目的借款偿还期？

表 2-21 某项目现金情况表　　　　　　　　　　　　　　单位：万元

项目		计算期	1	2	3	4	5	6
1		期初借款累计						
2		当年借款	400	600				
3		还款资金来源			300	400	400	400
4		当年还本付息						
4.1		其中：本金						
4.2		利息						
5		期末余额						

第 3 章　方案优化与选择

【知识点】

方案之间的经济关系、寿命期相同的互斥方案的选择方法、寿命期不同的互斥方案的选择方法、有资源限制独立方案的常用选择方法、混合方案选择的关键和现金流量相关型方案的选择方法。

【重点和难点】

互斥方案的选择方法，无资源限制的独立方案与有资源限制独立方案的区别，现金流量相关型方案的选择方法。

3.1　投资方案之间的关系

建设项目的经济分析不仅涉及项目的经济可行性分析，而且涉及一系列可行方案的优选问题。由于技术进步，为实现某种目标会形成众多的工程技术方案，这些方案或是采用不同的技术工艺和设备，或是不同的规模和坐落位置，或是利用不同的原料和半成品等，当这些方案在技术上都是可行的、经济上也合理时，经济分析的任务就是从中选择最好的方案。同时，在投资机会研究阶段还可能存在许多投资机会的选择问题。事实上，正是由于不同投资机会以及项目的不同方案之间的经济差异，才使得投资者不断地寻求投资机会，并创造更多方案以供其比较选择。

也就是说，在实践中，投资者往往面临许多项目的选择，每个项目又会有很多实施方案。这种投资方案或实施方案的比较选择也是工程经济学的重要研究内容之一。

方案优化与选择就是指根据实际情况提出多个备选方案，通过选择适当的经济评价方法与指标，来对各个方案的经济效益进行比较，最终选择出具有最佳投资效果的方案。

方案的优化和选择是一个复杂的系统工程，涉及许多的因素，这些因素不仅包括经济因素，而且还包括诸如项目本身以及项目内外部的其他相关因素，如产品市场、市场营销、企业形象、环境保护、外部竞争、市场风险等，只有对这些因素进行全面的调查研究与深入分析，再结合项目经济效益分析的情况，才能比选出最佳方案，才能做出科学的投资决策。本章主要从经济效益的角度来讨论方案的优化和选择方法。

3.1.1　方案之间的可比性

并非所有的方案都是绝对可以比较的，不同方案的规模、产出的质量和数量、产出的时间、费用的大小及发生时间，以及方案的寿命期限都不尽相同。对这些因素综合经济比较就需要一定的前提条件，简言之，就是参与比选的各方案在经济上要具有可比性。

(1) 功能的可比性

在投资机会研究阶段，功能可比性的涵义主要集中在预期目标的一致性上，对于经营性项目，主要预期目标就是其经济效益；对于非经营性的公共项目，其预期目标主要是指其社会效益；两者之间不具有可比性，本章不讨论此类问题。但对于不同类型的经营性项目可以通过经济效果指标进行经济比较。

对于相同类型的经营性项目的不同技术方案，功能可比性主要是指产出的规模、质量、数量的一致性，只有当参与比选的不同方案的产出在规模、质量、数量上基本一致时，才能直接进行比选。

(2) 基础数据资料的可比性

① 基础数据搜集整理的方法要一致　在基础数据资料的整理过程中，要注意方法要一致，例如投资估算可以采用概算法和形成资产法，总成本费用的估算可以采用生产要素法和生产成本加期间费用法，在资料搜集过程中要注意不同方案应采用相同的方法。

② 费用效益的口径一致　费用效益口径一致包含两层含义：一是不同方案的效益和费用的计算范围一致，比如商业物业投资项目中，是否包含地下停车场的收益？大型住宅小区的收益中是否包含公共用房的可能出租收益？二是对于同一方案，要注意费用和效益的相互配比性，即要考虑费用所带来的效益和效益所对应的费用。

③ 价格基准一致性　经济评价中涉及各种要素的价格，包括设备、材料、工资单价等，在确定这些价格时，要按照相同的原则确定，或者采用基准价格——以基准年的价格确定各要素的价格，或者采用变动价格——要注意按照相同的价格变化率来预测各要素在各年的价格。

(3) 寿命期的可比性

寿命期相同即要求参与比选的备选方案具有相同的计算期，只有这样才具有可比性，但实际情况中常有寿命期不同或寿命期可视为无限的情况，对此，理论上认为是不可比的，但面临必须作出选择时，可以通过一些转化使其具有可比性（见本章 3.2 节）。

3.1.2　方案优化和选择的注意事项

方案的优化和选择除了要考虑方案之间的可比性外，还要注意以下问题。

① 备选方案的筛选，剔除不可行的方案，因为不可行的方案是没有资格参加方案比选的。备选方案的筛选实际上就是单方案检验，利用经济评价指标的判断准则来剔除不可行的方案。

② 进行方案比选时所考虑的因素。多方案比选可按方案的全部因素计算多个方案的全部经济效益与费用，进行全面的分析对比，也可仅就各个方案的不同因素计算其相对经济效益和费用，进行局部的分析对比。另外还要注意各个方案间的可比性，要遵循效益与费用计算口径相一致的原则。

③ 各个方案的经济关系类型。对于不同经济关系类型的方案要选用不同的比较方法和评价指标，考察的经济关系类型所涉及的因素有：方案的计算期是否相同，方案所需的资金来源是否有限制，方案的投资额是否相差过大，各方案的现金流量是否相关等。

3.1.3　方案之间的经济关系类型

多个备选方案之间的经济关系类型不同，方案优化和选择的思路是有所不同的，因此，如前所述,在方案选择之前,合理分析和确定备选方案之间的经济关系类型是方案优化和选择的前提条件。

一般来讲,一组备选方案之间存在着各种经济关系类型(图 3-1),常见的经济关系类型有:互斥型关系、独立型关系、混合型关系、互补型关系、现金流量相关型关系、条件(从属)关系等。

(1) 互斥型关系

互斥关系是指各个方案之间存在着互不相容、互相排斥的关系,各个方案可以互相代替,方案具有排他性。进行方案比选时,在多个备选方案中只能选择一个,其余的均必须放弃,不能同时存在。这类多方案在实际工作中最常见到。互斥方案可以指同一项目的不同备选方案,如一个建设项目的工厂规模、生产工艺流程、主要设备、厂址选择等;也可以指不同的投资项目,如进行基础设施的投资,还是

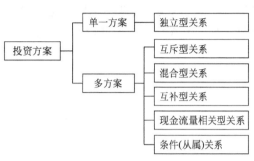

图 3-1 方案关系类型

工业项目的投资,工业项目投资是投资钢铁生产项目,还是石油开采项目等。

互斥项目可以按以下因素进行分类。

① 按寿命期长短的不同进行分类。

a. 寿命期相同的互斥方案。即参与比选的所有方案的寿命期均相同。

b. 寿命期不同的互斥方案。即参与比选的所有方案的寿命期不全相同。

c. 寿命无限的互斥方案。即参与比选的方案中有永久性工程或寿命期很长可以看作寿命无限的工程,如大型水坝、运河等。

② 按规模不同,投资方案可分为以下几种。

a. 相同规模的方案。即参与比选的方案具有相同的产出量或容量,在满足相同功能方面和数量要求方面具有一致性和可比性。

b. 不同规模的方案。即参与比选的方案具有不同的产出量或容量,在满足相同功能方面和数量要求方面不具有一致性和可比性。对于具有此类关系类型的互斥方案,通过评价指标的适当变换使其在满足功能和数量要求方面具有可比性。

总之,互斥方案的比选是项目经济评价的重要内容,也是其他关系类型方案比选的基础。

(2) 独立型关系

独立型关系是指各个投资方案的现金流量是独立的,不具有相关性,选择其中的一个方案并不排斥接受其他方案,即一个方案的采用与否与其自己的可行性有关,而与其他方案是否采用没有关系。例如某企业面临三个投资机会:一个是住宅开发;一个是生物制药项目;还有一个是某高速公路的投资建设,在没有资金约束的条件下,这三个方案之间不存在任何的制约和排斥关系,它们就是一组独立方案。或者某施工企业面临三个工程的招标,在企业资金、人员和机械足够的情况下,同时进行三个工程的施工也正是施工企业所期望的结果。

以上所述都是指在无资源约束情况下的独立方案称之为无资源限制的独立方案,很多情况下,方案选择大都可能遇到资源(资金、人力、原材料等)的限制,这时方案之间的关系

就不是纯粹的独立关系,而是有资源限制的独立方案,有的书上称为组合-互斥方案,主要是因为它们的组合方案具有互斥性。关于其比选方法详见本章 3.2 节。

(3) 混合型关系

在一组方案中,方案之间有些具有互斥关系,有些具有独立关系,则称这一组方案为混合方案。混合方案在结构上又可组织成两种形式。

① 在一组独立多方案中,每个独立方案下又有若干个互斥方案的形式 例如,某大型零售业公司现欲投资在两个相距较远的 A 城和 B 城各建一座大型仓储式超市,显然 A、B 是独立的。在 A 城有 3 个可行地点 A1、A2、A3 供选择;在 B 城有 2 个可行地点 B1、B2 供选择,则 A1、A2、A3 是互斥关系,B1、B2 也是互斥关系(图 3-2)。

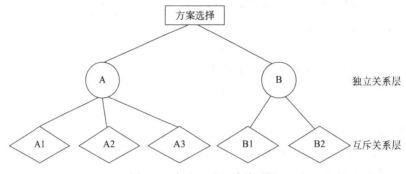

图 3-2 先独立后互斥关系图

② 在一组互斥多方案中,每个互斥方案下又有若干个独立方案的形式 例如,某大型企业集团面临两个投资机会,一个是投资建设工程开发项目 C,一个是生物制药项目 D,由于资金有限只能在这两个项目中选择其一;建设工程开发项目是某市一个大型的城市改造项目,其中有居住物业 C1、商业物业 C2、还有一处大型的体育设施项目(包括游泳馆、体育馆和室外健身场地等)C3,该企业可以选择全部进行投资,也可选择其中的一个或两个项目进行投资;生物制药项目有 D1 和 D2 两个相距遥远的地区都急需投资以充分利用当地资源,该企业的资金也可以同时支持 D1 和 D2 两个项目的选择(图 3-3)。

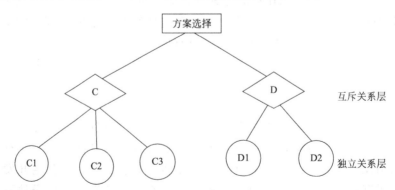

图 3-3 先互斥后独立关系图

(4) 互补型关系

互补方案是执行一个方案会增加另一个方案的效益,方案之间存在互为利用、互为补充的关系,根据互补方案之间相互依存的关系,互补方案可能是对称的,如建设一个大型非港口电站,必须同时建设铁路、电厂,它们无论在建成时间、建设规模上都要彼此适应,缺少其中任何一个项目，其他项目就不能正常运行。因此，它们之间是互补型方案，又是对称的。此外，还存在着大量非对称的经济互补关系，如建造一座建筑物 A 和增加一个空调系统 B，建筑物 A 本身是有用的，增加空调系统 B 后使建筑物 A 更有用，但采用方案 A 并不一定要采用方案 B。

(5) 条件（从属）关系

条件关系又称为从属关系，是指某一方案的接受是以另一方案的接受为前提的。例如要建设煤矿，则必须同时建设铁路来完成煤炭的外运，那么铁路和煤矿项目无论在建设时间和建设规模上都应该彼此适应，相辅相成，缺少其中一个，另一个就无法运行，这两者之间就是条件关系。

互补关系和条件关系的多方案可以合并为一个方案进行经济分析。

(6) 现金流量相关型关系

现金流量相关型关系是指在一组方案中，方案之间不完全是排斥关系，也不完全是独立关系，但其中某一方案的采用与否会对其他方案的现金流量带来一定的影响，进而影响其他方案的采用或拒绝。例如在两地之间修建铁路和（或）公路，其中铁路项目和公路项目的关系就是典型的现金流量相关型关系，铁路和公路可以单独修建，也可以同时修建，但与独立方案不同，如果两个项目同时选择，那么由于交通分流的影响，每个项目的现金流量与单独选择该项目时的现金流量是不同的，要充分考虑两个项目的相互影响，合理估计影响后的现金流量。

总之，无论实际工作中的关系类型多么复杂，在经济分析时关键是深入分析其内部条件和外部条件，进一步选择合适的分析方法。

3.2 互斥型方案的选择

在实际项目投资中，互斥型方案是存在比较多的一种经济关系类型，因为方案的选择存在互斥性，因此其选择思路非常明确——选择最优方案，因此对互斥型方案的选择就是最优方案的确定问题。

3.2.1 寿命期不同的互斥方案的比较与选择

对于互斥方案来讲，如果其寿命期不同，那么就不能直接采用净现值法等评价方法来对方案进行比选，因为此时寿命期长的方案的净现值与寿命期短的方案的净现值不具有可比性。因此为了满足时间可比的要求就需要对各备选方案的计算期和计算公式进行适当的处理，使各个方案在相同的条件下进行比较，才能得出合理的结论。

为满足时间可比条件而进行处理的方法很多，常用的有净年值（NAV）法、年费用（AC）法、最小公倍数法和研究期法等。

(1) 净年值（NAV）法

净年值（NAV）法是对寿命期不相等的互斥方案进行比选时用到的一种最简明的方法。它是通过分别计算各备选方案净现金流量的等额净年值（NAV）进行比较，以 $NAV \geqslant 0$，且最大者为最优方案。其中净年值（NAV）的表达式为：

$$NAV = \left[\sum_{t=0}^{n}(CI-CO)_t(1+i_c)^{-t}\right](A/P, i_c, n) = NPV(A/P, i_c, n) \quad (3-1)$$

【例 3-1】 某建设项目有 A、B 两个方案，其净现金流量情况如表 3-1 所示，若 $i_c = 10\%$，试用年值法对方案进行比选。

表 3-1　A、B 两方案的净现金流量　　　　　　　　单位：万元

方案 \ 年序	1	2～5	6～9	10
A	−300	80	80	100
B	−100	70	—	—

解　先求出 A、B 两个方案的净现值

$NPV_A = -300(P/F, 10\%, 1) + 80(P/A, 10\%, 8)(P/F, 10\%, 1) + 100(P/F, 10\%, 10)$
　　　 $= 153.83(万元)$

$NPV_B = -100(P/F, 10\%, 1) + 70(P/A, 10\%, 4)(P/F, 10\%, 1) = 110.81(万元)$

然后根据式（3-3）求出 A、B 两方案的等额净年值 NAV。

$NAV_A = NPV_A(A/P, i_c, A) = 153.83 \times (A/P, 10\%, 10) = 25.04(万元)$

$NAV_B = NPV_B(A/P, i_c, B) = 110.81 \times (A/P, 10\%, 5) = 29.23(万元)$

由于 $NAV_A < NAV_B$，且 NAV_A、NAV_B 均大于零，故方案 B 为最佳方案。

可以看出，虽然 $NPV_A > NPV_B$，但 $NAV_A < NAV_B$。所以 A 方案净现值大的原因是它在 B 方案寿命结束后还存在收益，而 B 方案寿命结束后可能会面临其他投资机会，因此按照净现值来比选，对 B 方案是不公平的，当折算为净年值时，可以看出，B 方案优于 A 方案。

(2) 年费用（AC）比较法

年费用比较法是通过计算各备选方案的等额年费用并进行比较，以年费用较低的方案为最佳方案的一种方法，年费用（AC）是净年值的特例，在收益相同或基本相同但难以估计，且各方案的寿命期不相同时，采用这种方法。其表达式为：

$$AC = \sum_{t=0}^{n} CO_t(P/F, i_c, t)(A/P, i_c, n) \quad (3-2)$$

【例 3-2】 某项目 A、B 两种不同的工艺设计方案，均能满足同样的生产技术需要，其有关费用支出如表 3-2 所示，试用费用现值比较法选择最佳方案，已知 $i = 10\%$。试用年费用比较法选择最佳方案。

表 3-2　A、B 两方案费用支出表　　　　　　　　单位：万元

项目 \ 费用	投资（第一年末）	年经营成本（2～10 年末）	寿命期
A	600	280	10
B	785	245	10

解　根据公式（3-2）可计算出 A、B 两方案的等额年费用如下：

$AC_A = 2011.40 \times (P/A, 10\%, 10) = 327.46(万元)$

$AC_B = 1996.34 \times (P/A, 10\%, 10) = 325.00(万元)$

由于 $AC_A > AC_B$，故方案 B 为最佳方案。

采用年费用比较法与费用现值比较法对方案进行比选的结论是完全一致的。因为实际上正如净现值（NPV）和净年值（NAV）之间的关系一样，费用现值（PC）和等额年费用（AC）之间也可以很容易进行转换。即：

$$PC = AC(P/A, i_c, n)$$

或

$$AC = PC(A/P, i_c, n)$$

所以根据费用最小的原则，两种方法的计算结果是一致的，因此在实际应用中对于效益相同或基本相同但又难以具体估算的互斥方案进行比选时，若方案的寿命期相同，则任意选择其中的一种方法即可，若方案的寿命期不同，则一般使用年费用比较法。

（3）最小公倍数法

又称方案重复法，是以各备选方案寿命期的最小公倍数作为进行方案比选的共同的计算期，并假设各个方案均在这样一个共同的计算期内重复进行，对各个方案计算期各年的净现金流量进行重复计算，直至与共同的计算期相等。例如有 A、B 两个互斥方案，A 方案计算期为 6 年，B 方案计算期为 8 年，则其共同的计算期即为 24 年（6 和 8 的最小公倍数），然后假设 A 方案将重复实施 4 次，B 方案将重复实施 3 次，分别对其净现金流量进行重复计算，在此共同的计算期内对方案进行比选。

最小公倍数法是基于重复型更新假设理论之上的。重复型更新假设理论包括下面两个方面：

① 在较长时间内，方案可以连续地以同种方案进行重复更新，直到多方案的最小公倍数寿命期或无限寿命期；

② 替代更新方案与原方案现金流量完全相同，延长寿命后的方案现金流量以原方案寿命为周期重复变化。

【例 3-3】 根据【例 3-1】的资料，试用最小公倍数法对方案进行比选。

解 A 方案计算期 10 年，B 方案计算期为 5 年，则其共同的计算期为 10 年，也即 B 方案需重复实施两次。

计算在计算期为 10 年的情况下，A、B 两个方案的净现值。

其中 NPV_B 的计算可参考图 3-4。

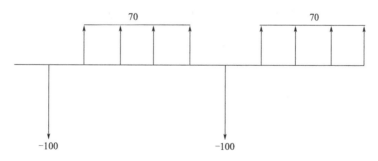

图 3-4 方案 B 重复执行两次的现金流量表（单位：万元）

$$NPV_A = 153.83(万元)$$

$$NPV_B = -100(P/F, 10\%, 1) + 70(P/A, 10\%, 4)(P/F, 10\%, 1) - 100(P/F, 10\%, 6) + 70(P/A, 10\%, 4)(P/F, 10\%, 6) = 179.61(万元)$$

$NPV_A < NPV_B$，且 NPV_A、NPV_B 均大于零，故方案 B 为最佳方案。

【例 3-4】 某公司选择施工机械，有两种方案可供选择，基准收益率为 10%，设备方案的数据如表 3-3，试进行方案比较。

表 3-3 现金流量

项 目	单 位	方案 A	方案 B
投资 P	元	10000	15000
年收入 A	元	6000	6000
年度经营费 A	元	3000	2500
残值 F	元	1000	1500
服务寿命期 n	年	6	9

解 由于两个方案服务寿命不等，计算期应取各方案服务寿命的最小公倍数，以便在相同年限内进行比较。本题的最小公倍数为 18 年，故

$$NPV_A = -10000 - (10000-1000)(P/F,10\%,6) - (10000-1000)(P/F,10\%,12) + 1000(P/F,10\%,18) + (6000-3000)(P/A,10\%,18) = 10448.9(元)$$

$$NPV_B = -15000 - (15000-1500)(P/F,10\%,9) + 1500(P/F,10\%,18) + (6000-2500)(P/A,10\%,18) = 6997.7(元)$$

$$NPV_A > NPV_B$$

计算结果表明，方案 A 较方案 B 优。同时应当指出，由于此法延长时间，实际上夸大了两方案的差别。

重复型更新假设理论一般隐含于问题之中，无需特别说明。另外，需要特别指出的是，年值法也隐含了重复型更新假设理论，因为在重复型更新假设理论条件下，现金流量是周期性变化的，则延长若干期后的方案年值与一个周期的年值应是相等的。这可以通过【例 3-1】和【例 3-3】中 B 方案得到验证。

$$NAV_B(10) = NPV_B(10)(A/P,10\%,10) = NAV_B(5) = 29.23(元)$$

对于一般情况也是如此。设 n 为方案的寿命年限，m 为周期数，则在重复型更新假设条件下，有

$$NAV^{(n \times 1)} = NAV^{(n \times m)}$$

现证明如下。

设方案在第 k 个周期各年现金流量的净现值为 $NPV(k)$，$k=1,2,3,\cdots,m$，则

$$NPV(1) = \sum_{t=1}^{n}(CI-CO)_t(1+i_c)^{-t}$$
$$NPV(2) = NPV(1) \cdot (1+i_c)^{-n}$$
$$NPV(3) = NPV(1) \cdot (1+i_c)^{-n \times 2}$$
$$\vdots$$
$$NPV(m) = NPV(1) \cdot (1+i_c)^{-n \times (m-1)}$$

那么，m 个周期的总净现值为

$$NPV^{(n \times m)} = \sum_{k=1}^{m} NPV(k)$$
$$= NPV(1) + NPV(1) \cdot (1+i_c)^{-n} + NPV(1) \cdot (1+i_c)^{-n \times 2} + \cdots + NPV(1) \cdot (1+i_c)^{-n \times (k-1)} + \cdots + NPV(1) \cdot (1+i_c)^{-n \times (m-1)}$$
$$= NPV(1) \frac{1-(1+i_c)^{-n \times m}}{1-(1+i_c)^{-n}}$$

则延长 m 个周期的年值为

$$NAV^{(n\times m)}=NPV^{(n\times m)}\cdot(A/P,i_c,n\times m)$$
$$=NPV(1)\frac{1-(1+i_c)^{-n\times m}}{1-(1+i_c)^{-n}}\frac{i_c(1+i_c)^{n\times m}}{(1+i_c)^{n\times m}-1}$$
$$=NPV(1)\frac{1-(1+i_c)^{-n\times m}}{1-(1+i_c)^{-n}}\frac{i_c}{1-(1+i_c)^{-n\times m}}$$
$$=NPV(1)\frac{i_c}{1-(1+i_c)^{-n}}$$
$$=NPV(1)(A/P,i_c,n)$$
$$=NAV^{(n\times 1)}$$

证毕。

因此可以说，年值法是最小公倍数法的一个特例，在此之所以把年值法单独作为一种方法列出来，主要是因为年值法是寿命期不等的互斥方案选择中最常用的方法，对于寿命期不等的互斥方案可以直接计算方案的年值来比较方案的优劣。

(4) 研究期法

在用最小公倍数法对互斥方案进行比选时，如果诸方案的最小公倍数比较大，则就需对计算期较短的方案进行多次的重复计算，而这与实际显然不相符合，因为技术是在不断地进步，一个完全相同的方案在一个较长的时期内反复实施的可能性不大，因此用最小公倍数法得出的方案评价结论就不太令人信服。这时可以采用一种称为研究期法的评价方法。

所谓研究期法，就是针对寿命期不相等的互斥方案，直接选取一个适当的分析期作为各个方案共同的计算期，在此共同的计算期内对方案进行比选。

为了得到正确合理的评价结论，应用研究期法需要三个前提：一是研究期的确定合理；二是对于在研究期内提前达到寿命期的方案，合理确定其更替方案及现金流量；三是对于在研究期末尚未达到寿命期的方案或更替方案，合理确定其未使用价值（残值）。

① 研究期的确定　一般有三类情况。

a. 以寿命最短方案的寿命为各方案共同的服务年限——研究期，令寿命长的方案在研究期末保留一定的残值。

b. 以寿命最长方案的寿命为共同的研究期，令寿命短的方案在寿命终止时，以更替方案更替，在研究期末令更替方案保留一定的残值。

c. 统一规定方案的计划服务年限，在此期限内有的方案可能需要更替，服务期满后，有的方案可能存在残值。

② 更替方案及其现金流量的确定　对于在达到共同服务年限之前先达到其寿命期的方案，可以根据技术进步的快慢合理预测未来更替方案及其现金流量。一般有两种处理情况：一是采用同种固定资产进行更替——原型更新；二是采用可以预测到的其他新型固定资产进行更替——新型更新。

③ 方案未使用价值（残值）的处理　一般有三种处理方式。

a. 完全承认未使用价值，即将方案的未使用价值全部折算到研究期末。

b. 完全不承认未使用价值，研究期后的方案未使用价值均忽略不计。

c. 对研究期末的方案未使用价值进行客观地估计，以估计值计在研究期末（如【例3-5】中的 1500 和 3500 就是估计的残值）。

【例 3-5】 有 A、B 两个方案，A 方案的寿命为 4 年，B 方案的寿命为 6 年，其现金流量如表 3-1 所示。$i_c=10\%$。Ⅰ. 试确定两方案在不同研究期下的现金流量；Ⅱ. 根据残值的不同处理方式对两方案进行比较选择。

表 3-4 A、B 两方案的现金流量　　　　　　　　　　　　　　　单位：元

方案＼年末	0	1	2	3	4	5	6
A	−5000	3000	3000	3000	3000	—	—
B	−4000	2000	2000	2000	2000	2000	2000

解　Ⅰ. A、B 两方案在不同研究期下的现金流量

（1）以 A 方案的寿命期（4 年）为研究期，B 方案在 4 年末考虑残值为 1500 元，现金流量如表 3-5 所示。

表 3-5 A、B 两方案的现金流量（4 年）　　　　　　　　　　　单位：元

方案＼年末	0	1	2	3	4
A	−5000	3000	3000	3000	3000
B	−4000	2000	2000	2000	2000 +1500（残值）

（2）以 B 方案的寿命期（6 年）为研究期，A 方案考虑原型更新，在重复执行到 6 年末时考虑残值为 3500 元，现金流量如表 3-6 所示。

表 3-6 A、B 两方案的现金流量（6 年）　　　　　　　　　　　单位：元

方案＼年末	0	1	2	3	4	5	6
A	−5000	3000	3000	3000	3000 −5000	3000	3000 +3500（残值）
B	−4000	2000	2000	2000	2000	2000	2000

（3）计划服务年限（10 年）为研究期，A、B 都重复执行，并在 10 年末考虑残值，现金流量如表 3-7 所示。

表 3-7 A、B 两方案的现金流量（10 年）　　　　　　　　　　　单位：元

方案＼年末	0	1	2	3	4	5	6	7	8	9	10
A	−5000	3000	3000	3000	3000 −5000	3000	3000	3000	3000 −5000	3000	3000 +3500（残值）
B	−4000	2000	2000	2000	2000	2000	2000 −4000	2000	2000	2000	2000 1500（残值）

Ⅱ. 根据残值的不同处理方式对两方案进行比较选择。

选定研究期为 4 年。

（1）完全承认研究期末方案未使用价值

$$NAV_A(4) = -5000 + 3000(P/A, 10\%, 4) = 4506.7(元)$$
$$NAV_B(4) = -4000(A/P, 10\%, 6)(P/A, 10\%, 4) + 2000(P/A, 10\%, 4) = 3432.4(元)$$

（2）完全不承认研究期末方案未使用价值
$$NAV_A(4) = -5000 + 3000(P/A, 10\%, 4) = 4506.7(元)$$
$$NAV_B(4) = -4000 + 2000(P/A, 10\%, 4) = 2339.6(元)$$

选择 A 设备。

（3）估计研究期末设备的残值为1500元
$$NAV_A(4) = -5000 + 3000(P/A, 10\%, 4) = 4509.5(元)$$
$$NAV_B(4) = -4000 + 2000(P/A, 10\%, 4) + 1500(P/F, 10\%, 4) = 3364.1(元)$$

A 设备为优。

【例 3-6】 有 A、B 两个项目的现金流量如表 3-8 所示，若已知 $i_c = 10\%$，试用研究期法对方案进行比选。

表 3-8　A、B 两个项目的净现金流量　　　　　　　　　　单位：万元

年末 项目	1	2	3～7	8	9	10
A	−550	−350	380	430		
B	−1200	−850	750	750	750	900

解　取 A、B 两方案中较短的计算期为共同的计算期，即 $n=8$（年），分别计算当计算期为 8 年时 A、B 两方案的净现值：

$$NAV_A = -550 \times (P/F, 10\%, 1) - 350 \times (P/F, 10\%, 2) + 380 \times (P/A, 10\%, 5) \times$$
$$(P/F, 10\%, 2) + 430 \times (P/F, 10\%, 8) = 601.89(万元)$$
$$NAV_B = [-1200 \times (P/F, 10\%, 1) - 850 \times (P/F, 10\%, 2) + 750 \times (P/A, 10\%, 7) \times$$
$$(P/F, 10\%, 2) + 900 \times (P/F, 10\%, 10)] \times (A/P, 10\%, 10) \times (P/A, 10\%, 8)$$
$$= 1364.79(万元)$$

注：B 方案是按完全考虑残值计算的。

由于 $NPV_B > NPV_A > 0$，所以方案 B 为最佳方案。

3.2.2　寿命无限的互斥方案的比选

对于一些大型的公共项目，像运河、大坝等项目，服务年限相当长，可以看作寿命无限的项目。对于这类项目的经济评价涉及期初投资与无限寿命上的年金的相互转化计算——即永续年金的求解问题。

根据年金与现值的关系　　　　　$A = P \cdot \dfrac{i(1+i)^n}{(1+i)^n - 1}$

当寿命期 $n \to \infty$ 时，$\lim\limits_{n \to \infty} \dfrac{i(1+i)^n}{(1+i)^n - 1} = i$，即

$$A = Pi \tag{3-2-1}$$

反之

$$P = \dfrac{A}{i} \tag{3-2-2}$$

根据以上当寿命无限时,年金与现值之间的关系可以很容易地进行寿命无限方案的评价和比选。

【例 3-7】 某河道治理项目可以采取 A、B 两种方案,其详细数据如表 3-9 所示。假设 $i_c=5\%$,试比较两方案。

表 3-9 数据表

方案	投资	n	年费用	其他
A	650000 元,用于挖河道,铺水泥面	可永久使用	1000 元	10000 元/5 年修补一次水泥面
B	65000 元,用于购置挖掘设备	10 年	每年挖掘一次费用 34000 元	残值 7000 元

解 该题目是效果相同但收益难以具体估算的问题,因此应该用最小费用法;同时该题目中的两个方案寿命期不同,因此应该用最小费用法中的 AC 法;另外该题目中的 A 方案又属于寿命无限方案,因此涉及投资转化为永续年金的问题;因此综上所述,该题目的求解过程及结果如下所示。

$$AC_A = 650000 \times 0.05 + 1000 + 10000(A/F, 5\%, 5) = 35310(元)$$

$$AC_B = 65000(A/P, 5\%, 10) + 34000 - 7000(A/F, 5\%, 10) = 41861(元)$$

$AC_A < AC_B$,所以 A 方案优。

3.3 独立方案的选择

独立方案一般有两种情况:无资源限制和有资源限制。

3.3.1 无资源限制的情况

如果独立方案之间共享的资源足够多(没有限制),则任何一个方案的选择只与其自身的可行性有关,因此只要该方案在经济上是可行的,就可以采纳。因此这种情况实际上就是单方案检验。当然需要指出的是,无资源限制并不是指有无限多的资源,而是资源足够多能满足所有方案的需要。

3.3.2 有资源限制的情况

如果独立方案之间共享的资源是有限的,不能满足所有方案的需要,则在这种不超出资源限制的条件下,独立方案的选择有两种方法:一是方案组合法;二是净现值率排序法。

(1) 方案组合法

方案组合法的基本原理就是:在资源限制的条件下,列出独立方案所有可能的组合,每种组合形成一个组合方案,所有可能的组合方案是互斥的,然后根据互斥方案的比选方法选择最优的组合方案即是独立方案的选择。

【例 3-8】 有三个独立方案 A,B 和 C,寿命期均为 10 年,现金流量如表 3-10 所示。基准收益率为 8%,投资资金限额为 12000 万元。试做出最佳投资决策。

表 3-10　方案 A、B、C 的现金流量表

方　案	初始投资/万元	年净收益/万元	寿命/年
A	3000	600	10
B	5000	850	10
C	7000	1200	10

解 三个方案的净现值都大于零，从单方案检验的角度看都是可行的，但是由于投资总额有限制，因此三个方案不能同时实施，只能选择其中的一个或两个方案。

(1) 列出不超过投资限额的所有组合方案；

(2) 对每个组合方案内的各独立方案的现金流量进行叠加，作为组合方案的现金流量，并按投资额从小到大排列；

(3) 按组合方案的现金流量计算各组合方案的净现值；

(4) 净现值最大者即为最优组合方案。

计算过程如表 3-11 所示，(A+C) 为最佳组合方案，故最佳投资决策是选择 A、C 方案。

表 3-11　组合方案的现金流量及净现值表

序号	组合方案	初始投资/万元	年净收益/万元	寿命/年	净现值/万元	结论
1	A	3000	600	10	1026	
2	B	5000	850	10	704	
3	C	7000	1200	10	1052	
4	A+B	8000	1450	10	1730	
5	A+C	10000	1800	10	2078	最佳
6	B+C	12000	2050	10	1756	

(2) 净现值率排序法

是指净现值率大于或等于零的各个方案按净现值率的大小依次排序，并依此次序选取方案，直至所选取的方案组合的投资总额最大限度地接近或等于投资限额为止。

【例 3-9】 根据【例 3-8】的资料，试利用净现值率排序法做出最佳投资决策。

解 首先计算 A、B、C 三个投资方案的净现值率：

$$NPVR_A = 34.2\%$$
$$NPVR_B = 14.08\%$$
$$NPVR_C = 15.03\%$$

然后将各方案按净现值率从大到小依次排序，结果如表 3-12 所示。

表 3-12　方案 A、B、C 的 NPVR 排序表

方　案	净现值率	投资额/万元	累计投资额/万元
A	34.2%	3000	3000
C	15.03%	7000	10000
B	14.08%	5000	15000

根据表 3-12 可知，方案的选择顺序是 A→C→B。由于资金限额为 12000 万元，所以投资决策为方案 A、C 的组合。

对于有资源限制的独立方案的比选，方案组合法和净现值率排序法各有其优劣。净现值率排序法的优点是计算简便，选择方法简明扼要，缺点是经常会出现资金没有被充分利用的情况，因而不一定能保证获得最佳组合方案；而方案组合法的优点是在各种情况下均能获得最佳组合方案，但缺点是计算比较繁琐。因此在实际运用中，应该综合考虑各种因素，选用适当的方法进行方案的比选。

3.4 混合方案的比选

如前所述，混合方案可以划分为先独立后互斥和先互斥后独立两种类型，由于这两种类型在同一层为单一的经济关系类型，两层之间为不同的经济关系类型，因此混合方案又称为层混方案。正是由于层混方案的这一特点，所以层混方案的比选一般按层次进行先最下层的比选，然后进行上一层的比选。

3.4.1 先独立后互斥混合方案的比选

根据下面例题来了解先独立后互斥混合方案的比选。

【例 3-10】 某大型零售业公司有足够资金在 A 城和 B 城各建一座大型仓储式超市，在 A 城有 3 个可行地点 A1、A2、A3 供选择；在 B 城有 2 个可行地点 B1、B2 供选择，根据各地人流量、购买力、工资水平、相关税费等资料，搜集整理相关数据如表 3-13 所示。假设基准收益率为 10%，试进行比选。

表 3-13 基础数据表　　　　　　　　　　　　　　　单位：万元

方　案	A1	A2	A3	B1	B2
投资	1000	1100	980	1800	2300
年收入	900	1200	850	1500	1800
年经营费用	450	650	380	990	1150
寿命期	10	8	9	12	10

解 根据题意可知：A1、A2、A3 是互斥关系，B1、B2 也是互斥关系。A、B 是独立关系。因此可以先根据互斥方案的比选方法分别在 A1、A2、A3 中选出最优方案，在 B1、B2 中选出最优方案。然后对选出的最优方案再根据独立方案的比选原则进行比选。

由于各方案的寿命期不同，故根据互斥方案的比选方法 NAV 法分别计算各方案的 NAV：

$$NAV_{A1} = -1000(A/P, 10\%, 10) + (900 - 450)$$
$$= -1000 \times 0.1627 + (900 - 450)$$
$$= 287.3 (万元)$$
$$NAV_{A2} = -1100(A/P, 10\%, 8) + (1200 - 650)$$
$$= -1100 \times 0.1874 + (1200 - 650)$$
$$= 343.86 (万元)$$

$$NAV_{A3} = -980(A/P, 10\%, 9) + (850-380)$$
$$= -980 \times 0.1736 + (850-380)$$
$$= 299.87(万元)$$
$$NAV_{B1} = -1800(A/P, 10\%, 12) + (1500-890)$$
$$= -1800 \times 0.1468 + (1500-890)$$
$$= 345.76(万元)$$
$$NAV_{B2} = -2300(A/P, 10\%, 10) + (1800-1250)$$
$$= -2300 \times 0.1627 + (1800-1250)$$
$$= 175.79(万元)$$

因为：$NAV_{A2} > NAV_{A3} > NAV_{A1} > 0$，所以选择方案 A2。

因为：$NAV_{B1} > NAV_{B2} > 0$，所以选择方案 B1。

又因为该公司有足够多的资金可以在两地同时建，因此最后选择为方案 A2 和方案 B1。

因此可以看出，先独立后互斥层混合方案的比选先在互斥层根据互斥方案的比选方法进行比选，然后对选出来的最优方案在独立层中按照独立方案的比选原则进行比选。

3.4.2 先互斥后独立混合方案的比选

同样根据前述例题简要介绍先互斥后独立混合方案的比选。

【例 3-11】 某大型企业集团面临两个投资机会，一个是建设工程开发项目，一个是生物制药项目。由于资金限制，同时为防止专业过于分散，该集团仅打算选择其中之一。建设工程开发项目是某市一个大型的城市改造项目，其中有居住物业 C1、商业物业 C2，还有一处大型的体育设施项目（包括游泳馆、体育馆和室外健身场地等）C3，该企业可以选择全部进行投资，也可选其中的一个或两个项目进行投资；生物制药项目有 D1 和 D2 两个相距遥远的地区都急需投资以充分利用当地资源，该企业的资金也可以同时支持 D1 和 D2 两个项目的选择。

在以上案例中假设企业集团能够筹集到的资金为 10000 万元，各方案所需投资额和 NPV 如表 3-14 所示。

表 3-14 基础数据表 单位：万元

方　案	C1	C2	C3	D1	D2
所需投资	4300	5500	4800	3800	4900
NPV	1100	1650	900	50	1250
$NPVR$	25.58%	30%	18.75%	25%	25.51%

解 所有方案的净现值都大于零，因此都是可行的。在第一组方案 C 中，由于所需总投资 = 4300+5500+4800 = 14600 万元 > 10000 万元。根据净现值率排序法，选择 C1 和 C2 方案；在第二组方案 D 中，所需总投资 3800+4900 = 8700 万元 < 10000 万元，因此两个方案都可选择，D1+D2。

两个组合方案为互斥的，根据净现值法进行比选：

组合方案 C1+C2 的 $NPV = 1100+1650 = 2750(万元)$

组合方案 D1+D2 的 $NPV = 950+1250 = 2200(万元)$

根据净现值最大的原则，选择方案 C1＋C2。

先互斥后独立混合方案的比选是先在独立层根据独立方案的比选原则选择组合方案，然后根据互斥方案的比选原则对组合方案进行比选。

3.5 方案选择的其他方法

3.5.1 现金流量相关型方案的选择

对于现金流量相关型方案的比选常用的方法是通过方案组合的方法使各组合方案互斥化，与有资源限制的独立方案的比选不同的是：独立方案中组合方案的现金流量是各独立方案现金流量的叠加，而现金流量相关型方案的组合方案的现金流量不是独立方案现金流量的叠加，而是考虑组合方案中各独立方案的相互影响，并对相互影响之后的现金流量进行准确估计。

【例 3-12】 为了满足运输要求，有关部门分别提出要在某两地之间修建一条铁路和（或）一条公路。只上一个项目时的净现金流量如表 3-15 所示。若两个项目都上，由于货运分流的影响，两项目都将减少净收益，其净现金流量如表 3-16 所示。当 $i_c=10\%$ 时，应如何选择？

表 3-15 只上一个项目时的净现金流量表　　　　　　　　　单位：百万元

方案＼年序	0	1	2	3～32
铁路(A)	－200	－200	－200	100
公路(B)	－100	－100	－100	60

表 3-16 两个项目都上的净现金流量表　　　　　　　　　单位：百万元

方案＼年序	0	1	2	3～32
铁路(A)	－200	－200	－200	80
公路(B)	－100	－100	－100	35
两项目合计	－300	－300	－300	115

解 先将两个相关方案组合成三个互斥方案，再分别计算其净现值，结果如表 3-17 所示。

表 3-17 组合互斥方案及其净现值表　　　　　　　　　单位：百万元

方案＼年序	0	1	2	3～32	NPV
铁路(A)	－200	－200	－200	100	281.65
公路(B)	－100	－100	－100	60	218.73
(A＋B)	－300	－300	－300	115	149.80

根据净现值最大的评价标准，A方案为最优方案。

与现金流量相关型方案相同，互补关系和条件关系方案的比选原则也是组合互斥化，把互为补充或互为条件的两个方案进行组合，使组合后的方案具有互斥关系特征，然后根据互斥方案的比选原则和方法进行比选。

3.5.2 其他静态比选方法

以上所介绍的各种方法都是动态比选方法，在初步选择方案时，或对于短期多方案比选，可以采用静态比选方法，互斥方案常用的静态分析方法主要有：增量投资收益率法、增量投资回收期法、年折算费用法、综合总费用法等。

(1) 增量投资收益率法

现有甲、乙两个互斥方案，其规模相同或基本相同时，如果其中一个方案的投资额和经营成本都为最小时，该方案就是最理想的方案。但是实践中往往达不到这样的要求。经常出现的情况是某一个方案的投资额小，但经营成本却较高，或净收益少；而另一方案正相反，其投资额较大，但经营成本却较省，或净收益较大。这样投资大的方案与投资小的方案就形成了增量的投资，增量投资带来增量收益，或使得经营成本降低。

增量投资所带来的增量收益或经营成本上的节约与增量投资之比就叫增量投资收益率。

现设 I_1、I_2 分别为甲、乙方案的投资额，C_1、C_2 为甲、乙方案的经营成本，A_1、A_2 表示1、2方案的年净收益额。

如 $I_2 > I_1$，$C_2 < C_1$，$A_2 > A_1$ 则增量投资收益率 $R(2-1)$ 为：

$$R(2-1) = \frac{C_1 - C_2}{I_2 - I_1} = \frac{A_2 - A_1}{I_2 - I_1} \tag{3-3}$$

如果计算出来的增量投资收益率大于基准投资收益率，此时，投资大的方案就是可行的，它表明投资的增量 $(I_2 - I_1)$ 完全可以由经营费的节约 $(C_1 - C_2)$ 或增量净收益 $(A_2 - A_1)$ 来得到补偿。反之，投资小的方案为优选方案。

(2) 增量投资回收期法

增量投资回收期，就是用经营成本的节约或增量净收益来补偿增量投资所需要的年限。

当各年经营成本的节约 $(C_1 - C_2)$ 或增量净收益 $(A_2 - A_1)$ 基本相同时，其计算公式为：

$$P_t(2-1) = \frac{I_2 - I_1}{C_1 - C_2} = \frac{I_2 - I_1}{A_2 - A_1} \tag{3-4}$$

当各年经营成本的节约 $(C_1 - C_2)$ 或增量净收益 $(A_2 - A_1)$ 差异较大时，其计算公式为：

$$I_2 - I_1 = \sum_{t=1}^{P_t(2-1)} (C_1 - C_2)$$

或

$$I_2 - I_1 = \sum_{t=1}^{P_t(2-1)} (A_2 - A_1) \tag{3-5}$$

计算出来的增量投资回收期，亦应小于基准投资回收期，此时，投资大的方案就是可行的。

对互斥方案采用增量投资回收期进行比较。增量投资回收期小于基准投资回收期时，投资大的方案为优选方案；反之，投资小的方案为优选方案。

（3）年折算费用法

当互斥方案个数较多时，用增量投资率、增量投资回收期进行方案经济比较，要进行两两比较逐个淘汰。而运用年折算费用法，只需计算各方案的年折算费用，即将投资额用基准投资回收期分摊到各年，再与各年的年经营成本相加。

在多方案比较时，可以方案的年折算费用大小作为评价准则，选择年折算费用最小的方案为最优方案。年折算费用计算公式如下：

$$Z_j = \frac{I_j}{P_c} + C_j \tag{3-6}$$

或

$$Z_j = I_j \times i_c + C_j \tag{3-7}$$

式中 Z_j——第 j 方案的年折算费用；

　　　I_j——第 j 方案的总投资；

　　　P_c——基准投资回收期；

　　　i_c——基准投资收益率；

　　　C_j——第 j 方案的年经营成本。

根据年折算费用，即可选出最小者为最优方案。这与增量投资收益率法的结论是一致的。

年折算费用法计算简便，评价准则直观、明确，故适用于多方案的评价。

（4）综合总费用法

方案的综合总费用即为方案的投资与基准投资回收期内年经营成本的总和。计算公式如下：

$$S_j = I_j + P_c \times C_j \tag{3-8}$$

式中 S_j——第 j 方案的综合总费用。

显然，$S_j = P_c \times Z_j$。故方案的综合总费用即为投资回收期内年折算费用的总和。

综合总费用法是一种既考虑了劳动占用，又考虑了劳动消耗的评价方法。在方案评选时，综合费用为最小的方案即为最优方案。

前面介绍的几种互斥方案静态评价方法，虽然概念清晰，计算简便，但是主要缺点是没有考虑资金的时间价值，对方案未来时期的发展变化情况，例如投资方案的使用年限；投资回收以后方案的收益；方案使用年限终了时的残值；方案在使用过程中更新和追加的投资及其效果等未能充分反映。所以静态评价方法仅适用于方案初评或作为短期多方案比选时采用。

课后习题

1. 方案优化和选择的注意事项是什么？
2. 投资方案有哪几种类型？试举例说明。
3. 互斥方案的特点是什么？如何进行评价？
4. 试述 NPV 最大准则在多方案比选中的合理性。
5. 怎样用内部收益率法进行多方案项目的选优。
6. 独立方案的选择情况有哪些？
7. 估计小电厂的年热损失费为 520 万元，制定了两种可以减少热损失的方案。方案 A 可以减少 60% 的热损失,其投资为 300 万元;方案 B 可以减少 55% 的热损失,其投资为 250 万元。假如基准贴现率为 8%,热损失的减少为工厂的收益。方案的寿命期为 10 年,用下列方法比较两种方案。

①直接采用净现值比较;②采用差额净现值比较;③采用差额内部收益率比较。

8. 某公司现需要一台小型计算机。如果购买,其价格为 6.4 万元,由于计算机更新速度快,公司决策者担心计算机购入后很快会被淘汰,因此考虑租赁一台计算机作为备选方案,如果采用租赁方式,则每年需支付租金 1.5 万元。另外如果购买计算机,每年还需支付维护费 0.2 万元,而租赁计算机则不需支付这笔费用。假定分析期为 5 年,购买计算机届时估计残值为 0.8 万元,在基准贴现率为 12% 的条件下比较哪个方案对该公司有利?

9. 现有 3 个独立型方案 A、B、C,各方案的初始投资、年净收益及寿命期如表 3-18 所示。已知各方案的内部收益率均大于基准贴现率 15%,试在总投资限额为 300 万元条件下进行方案选择。

表 3-18 投资方案有关数据

方 案	初始投资/万元	年净收益/万元	寿命期/年
A	120	43	5
B	100	42	5
C	170	58	5

10. 为满足运输需要,可在两地间建一条公路或架一座桥梁,也可既建公路又架桥梁。若两项目都上,由于运输量分流,两项目都将减少收入,现金流如表 3-19 所示,当 $i=10\%$ 时,请选择最佳方案。

表 3-19 不同方案对应的现金流量   单位:万元

方 案	0	1	2~10
建公路	-200	-100	120
架桥梁	-100	-50	60
建公路和架桥梁	-300	-150	150

11. 某公司有 3 个独立的方案 A、B、C,寿命期均为 10 年,期初投资和每年净收益如表 3-20 所示,当投资限额为 800 万元,用互斥方案组合法求最优方案组合($i=10\%$,单位:万元)。

表 3-20 3 个方案的期初投资与每年净收益   单位:万元

方 案	A	B	C
投资	200	375	400
每年净收益	42	68	75

12. 有 4 个独立型方案 A、B、C、D,其初始投资和每年净收益如表 3-21 所示,4 个方案计算期均为 10 年,$i=10\%$。(1)当投资限额为 900 万元时,最优方案是什么? (2)当投资限额为 1000 万元时,最优方案是什么? (3)当投资限额为 1125 万元时,最优方案是什么? (4)当投资限额为 1300 万元时,最优方案是什么? (5)当投资限额为 1600 万元时,最优方案是什么?

表 3-21 4 个独立型方案的投资与每年净收益   单位:万元

方 案	A	B	C	D
投资	300	375	450	560
每年净收益	86	94	120	130

13. 有两个技术方案，方案甲投资 1000 万元，年收入 800 万元，年经营成本 520 万元；方案乙投资 1500 万元，年收入 1100 万元，年经营成本 700 万元，两个方案寿命均为 10 年，标准贴现率为 10%，试用 NPV 法比较方案的优劣。若要求方案乙的经济效益全面优于方案甲（方案乙的 NPV 较高），在其他因素不变的情况下，方案乙的年经营成本至少应下降到多少？

14. 某公司进行装修，如果用 A 涂料，则涂料费用需 10 万元，但每隔 3 年需重新涂刷一次；如果用 B 涂料，则涂料费用需 60 万元，每隔 9 年需重新涂刷一次。涂刷时所需人工费不论使用哪种涂料，都需花费 40 万元。根据市场预测，涂料的价格今后将每年上升 5%，人工费估计每年将以 8% 的比率上升。若该公司的基准利率为 12%，该公司在 9 年期间采用哪种方案有利？

15. 某公司打算购一自动化设备，如果购置自动化设备 A，则初期投资额为 40 万元。当年人工费为 21 万元；购置自动化设备 B，初期投资为 80 万元，当年人工费为 15 万元。但由于物价上涨，人工费上升率估计为 7%，在设备使用年限为 7 年时比较两方案优劣（$i=10\%$）。

第4章 风险分析

【知识点】

建设项目风险识别的特点、原则和风险分析的方法,包括盈亏平衡分析、敏感性分析和概率分析,盈亏平衡图的画法和盈亏平衡点的计算方法,敏感性分析的步骤和应用,敏感性分析的局限性,概率分析的步骤和概率分析的一些常用方法,期望值法。

【重点和难点】

盈亏平衡图的意义和盈亏平衡模型,敏感因素分析的步骤应用,概率分析的方法和应用,多方案优劣平衡点的分析,单因素敏感性分析和期望值法中的列表法和决策树法。

4.1 建设工程风险识别

建设工程建设是一项复杂的系统工程,具有项目范围广、组织工作复杂、施工流动性大、周期长等特点。建设工程的这些特点,导致建设工程的风险因素错综复杂。风险识别即是把建设工程中可能遇到的风险全部列举出来,然后再逐一进行风险分析。如对施工技术、管理、社会政治、经济环境等各个方面进行风险分析。

4.1.1 风险识别的特点和原则

(1) 风险识别的特点

风险识别有以下几个特点。

① 个别性 任何风险都有与其他风险不同之处,没有两个风险是完全一致的。

② 主观性 风险识别都是由人来完成的,由于个人的专业知识水平(包括风险管理方面的知识)、实践经验等方面的差异,同一风险由不同的人识别的结果就会有较大的差异。

③ 复杂性 建设工程所涉及的风险因素和风险事件均很多,而且关系复杂、相互影响。

④ 不确定性 这一特点可以说是主观性和复杂性的结果。由风险的定义可知,风险识别本身也是风险。因而避免和减少风险识别的风险也是风险管理的内容。

(2) 风险识别的原则

在风险识别过程中应遵循以下原则。

① 由粗及细,由细及粗 由粗及细是指对风险因素进行全面分析,并通过多种途径对工程风险进行分解,逐渐细化,以获得对工程风险的广泛认识,从而得到工程初始风险清单。而由细及粗是指从工程初始风险清单的众多风险中,确定那些对建设工程目标实现有较大影响的工程风险,作为主要风险,即作为风险评价以及风险对策决策的主要对象。

② 严格界定风险内涵并考虑风险因素之间的相关性 对各种风险的内涵要严格加以界定,不要出现重复和交叉现象。另外,还要尽可能考虑各种风险因素之间的相关性,如主

次、因果、互斥、正相关、负相关关系等。应当说，在风险识别阶段考虑风险因素之间的相关性有一定难度，但至少要做到严格界定风险内涵。

③ 先怀疑，后排除　不要轻易否定或排除某些风险，要通过认真分析进行确认或排除。

④ 排除与确认并重　对于肯定不能排除但又不能肯定予以确认的风险按确认考虑。

⑤ 必要时，可作实验论证　对于那些按常规方法难以判定其是否存在，也难以确定其对建设工程目标影响程度的风险，尤其是技术方面的风险，必要时可作实验论证，如抗震实验、风洞实验等。这样做的结论可靠，但要以付出费用为代价。

⑥ 风险识别的过程　由于建设工程风险识别的方法与风险管理理论中提出的一般的风险识别方法有所不同，因而其风险识别的过程也有所不同。建设工程的风险识别往往是通过对经验数据的分析、风险调查、专家咨询以及实验论证等方式，在对建设工程风险进行多维分解的过程中，认识工程风险，建立工程风险清单。风险识别的结果是建立建设工程风险清单。在建设工程风险识别过程中，核心工作是"建设工程风险分解"和"识别建设工程风险因素、风险事件及后果"。

(3) 建设工程风险的分解

建设工程风险的分解可以按以下途径进行。

① 目标维　即按建设工程目标进行分解，也就是考虑影响建设工程投资、进度、质量和安全目标实现的各种风险。

② 时间维　即按建设工程实施的各个阶段进行分解，也就是考虑建设工程实施不同阶段的不同风险。

③ 结构维　即按建设工程组成内容进行分解，也就是考虑不同单项工程、单位工程的不同风险。

④ 因素维　即按建设工程风险因素的分类分解，如政治、社会、经济、自然、技术等方面的风险，常用的组合分解方式是由时间维、目标维和因素维三方面从总体上进行建设工程风险的分解。

4.1.2　风险识别的方法

有专家调查法、财务报表法、流程图法、初始清单法、经验数据法和风险调查法。

(1) 专家调查法

这种方法又有两种方式：一种是召集有关专家开会；另一种是采用问卷式调查，对专家发表的意见要由风险管理人员加以归纳分类、整理分析，有时可能要排除个别专家的个别意见。

(2) 财务报表法

采用财务报表法进行风险识别，要对财务报表中所列的各项会计科目作深入的分析研究，需要结合工程财务报表的特点来识别建设工程风险。

(3) 流程图法

将一项特定的生产或经营活动按步骤或阶段顺序以若干个模块形式组成一个流程图系列，在每个模块中都标出各种潜在的风险因素或风险事件，从而给决策者一个清晰的总体印象。

(4) 初始清单法

建立建设工程的初始风险清单有两种途径：①常规途径是采用保险公司或风险管理学会

（或协会）公布的潜在损失一览表，即任何企业或工程都可能发生的所有损失一览表；②通过适当的风险分解方式来识别风险是建立建设工程初始风险清单的有效途径。对于大型、复杂的建设工程，首先将其按单项工程、单位工程分解，再对各单项工程、单位工程分别从时间维、目标维和因素维进行分解，可以较容易地识别出建设工程主要的、常见的风险。从初始风险清单的作用来看，因素仅分解到各种不同的风险因素是不够的，还应进一步将各风险因素分解到风险事件。

参照同类建设工程风险的经验数据（若无现成的资料，则要多方收集）或针对具体建设工程的特点进行风险调查。

（5）经验数据法

经验数据法也称为统计资料法，即根据已建各类建设工程与风险有关的统计资料来识别拟建建设工程的风险。由于这些不同的风险管理主体的角度不同、数据或资料来源不同，其各自的初始风险清单一般多少有些差异。但是，建设工程风险本身是客观事实，有客观的规律性，当经验数据或统计资料足够多时，这种差异性就会大大减小。这种基于经验数据或统计资料的初始风险清单可以满足对建设工程风险识别的需要。

（6）风险调查法

风险调查应当从分析具体建设工程的特点入手，一方面对通过其他方法已识别出的风险（如初始风险清单所列出的风险）进行鉴别和确认；另一方面，通过风险调查有可能发现此前尚未识别出的重要的工程风险。通常，风险调查可以从组织、技术、自然及环境、经济、合同等方面分析拟建建设工程的特点以及相应的潜在风险。

风险调查并不是一次性的。由于风险管理是一个系统的、完整的循环过程，因而风险调查也应该在建设工程实施全过程中不断地进行，这样才能了解不断变化的条件对工程风险状态的影响。当然，随着工程实施的进展，不确定性因素越来越少，风险调查的内容亦将相应减少，风险调查的重点有可能不同。

对于建设工程的风险识别来说，仅仅采用一种风险识别方法是远远不够的，一般都应综合采用两种或多种风险识别方法，才能取得较为满意的结果。而且，不论采用何种风险识别方法组合，都必须包含风险调查法。从某种意义上讲，前五种风险识别方法的主要作用在于建立初始风险清单，而风险调查法的作用则在于建立最终的风险清单。

4.2 盈亏平衡分析

盈亏平衡分析是分析某一技术方案在达到一定生产水平时其支出与收入的平衡关系，通过确定技术方案收益与成本平衡时的盈亏平衡点（BEP），计算出技术方案可承受多大风险而不至于发生亏损的经济界限。这是从经营保本的角度来估计投资风险性的一种方法。

各种不确定因素（如成本、销售量等）的变化会影响技术方案的经济效果，当这些因素的变化达到某一临界值时，就会影响技术方案的取舍。因此，盈亏平衡分析的主要目的就是找到这种临界值，以判断技术方案对不确定因素变化的承受能力，为评价和决策提供科学的依据。

4.2.1 总成本与固定成本、可变成本

根据成本的费用与产量的关系可以将总成本费用分解为固定成本和可变成本。

（1）固定成本

固定成本是指在一定的产量范围内不受产品产量及销售量及销售影响的成本，即不随产品产量及销量的增减发生变化的各项成本费用，如工资及福利待遇（计件工资除外）、折旧费、修理费、无形资产及其他资产摊销费、其他费用等。

（2）可变成本

可变成本是随产品产量及销售量的增减而成正比例变化的各项成本，如原材料费用、燃料费用、动力费、包装费和计件工资等。

综上所述，总成本是固定成本与可变成本之和，它与产品产量的关系也可以近似地认为是线性关系，即：

$$C = C_f + C_v \times Q \tag{4-1}$$

式中　C——总成本；

　　　C_f——固定成本；

　　　C_v——单位产品可变成本；

　　　Q——产销量。

4.2.2 盈亏平衡分析的定义

盈亏平衡分析，又称损益平衡分析或量本利分析，是指通过分析量、成本和盈利之间的关系，找出技术方案盈利和亏损在产量、单价、成本等方面的临界点，以判断不确定因素对技术方案经济效果的影响程度，说明技术方案实施的风险大小。这些临界点称为盈亏平衡点（Break Even Point，BEP）。

盈亏平衡点是技术方案盈利与亏损的分界点，它表示技术方案不盈不亏的生产经营临界水平，反映了在一定的生产经营水平下，技术方案的收益与成本的平衡关系。由于盈亏平衡分析是建立在对产品产量（销售量）、成本和盈利额这三个静态因素的关系分析基础上的，因此，这种平衡点又称为静态平衡点。

技术方案的收益与成本都是产品产量的函数，若按分析要素间的函数关系不同，即根据生产成本及销售收入与产量（销售量）之间是否呈线性关系，盈亏平衡分析可以分为线性盈亏平衡分析和非线性盈亏平衡分析。所谓线性盈亏平衡分析，是指技术方案的总成本费用、销售收入与产量呈线性关系，平衡点所对应的产量是销售收入等于总成本费用、利润等于零时的产量（或销售量）。非线性盈亏平衡分析是指技术方案的总成本费用、销售收入与产量呈非线性关系。本书将主要介绍线性盈亏平衡分析。

4.2.3 线性盈亏平衡分析

当投资项目的销售收入及成本都是产量的线性函数时，此时盈亏平衡分析称为线性盈亏平衡分析。

线性盈亏平衡分析要满足4个条件：①产量等于销量；②产量变化，单位可变成本不变，从而总成本费用是产量的线性函数；③产量变化，销售单价不变，从而销售收入是销售

量的线性函数；④生产单一产品，或者生产的多种产品可以换算为单一产品计算。

(1) 盈亏平衡图

盈亏平衡图由直角坐标中的三条直线组成，如图 4-1 所示。

在图 4-1 中，以产品产量为横坐标、金额（总收入或总支出）为纵坐标，三条直线分别为不随产量变化的固定成本线（水平线）、随产量变化的总成本线（随产量变化的可变成本线和固定成本线的叠加线）和销售收入线。总成本线与销售收入线相交于 D 点，交点 D 将两条直线所夹的范围

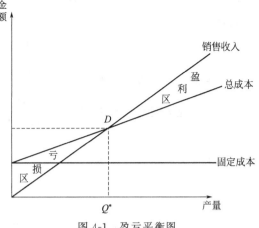

图 4-1 盈亏平衡图

分为两个区，交点左边的区域总成本线高于销售收入线，为亏损区；交点右边的区域销售收入线高于总成本线，为盈利区；交点为盈亏临界点，称为盈亏平衡点，该点的销售收入等于总成本费用。交点在横轴上所对应的产量 Q^*，称为盈亏平衡点产量。

(2) 盈亏平衡模型

盈亏平衡除用图表示外，也可以用数学模型来描述。

设 TR 为销售收入；TC 为总成本；M 为盈利；F 为固定成本；P 为产品价格；Q 为产品产量；C_v 为单位产品可变成本，则有：

$$TR = P \times Q \tag{4-2}$$

$$TC = F + C_v Q \tag{4-3}$$

根据 $M = TR - TC$，则有：

$$M = P \times Q - (F + C_v Q) = (P - C_v) \times Q - F \tag{4-4}$$

① 以实际产量表示的盈亏平衡点。根据盈亏平衡点定义，盈利为零的产量称为盈亏平衡点产量，则有

$$(P - C_v) \times Q^* - F = 0$$

$$Q^* = \frac{F}{P - C_v} \tag{4-5}$$

② 以销售收入表示的盈亏平衡点

$$TR^* = Q^* \times P = \frac{F}{P - C_v} P = \frac{F}{1 - \frac{C_v}{P}} \tag{4-6}$$

③ 以生产能力利用率表示的盈亏平衡点

$$\text{生产能力利用率} = \frac{Q^*}{Q_c}\% = \frac{F}{Q_c(P - C_v)}\% \tag{4-7}$$

式中，Q_c 为投资项目设计生产能力。

④ 以达到设计生产能力时的销售单价表示的盈亏平衡点

$$P^* = \frac{F + C_v Q_c}{Q_c} = C_v + \frac{F}{Q_c} \tag{4-8}$$

【例 4-1】 某建设项目年生产能力 14 万吨，单位产品售价 510 元/t，总固定成本 1500 万元，单位变动成本 250 元/t，分别求以产量、生产能力利用率、价格表示的盈亏平衡点。

解 由式 (4-6)～式 (4-8) 得：

盈亏平衡点的产量为

$$Q^* = \frac{F}{P - C_v} = \frac{1500 \times 10^4}{510 - 250} = 5.77 \times 10^4 (t)$$

盈亏平衡生产能力利用率为：

$$\text{生产能力利用率} = \frac{Q^*}{Q_c}\% = \frac{F}{Q_c(P - C_v)}\% = \frac{1500 \times 10^4}{(510 - 250) \times 14 \times 10^4} \times 100\%$$
$$= 41.2\%$$

盈亏平衡点的销售价格为

$$P^* = \frac{F + C_v Q_c}{Q_c} = C_v + \frac{F}{Q_c} = 250 + \frac{1500 \times 10^4}{14 \times 10^4} = 357.1 (元)$$

此时，可以看出，方案的生产能力利用率为 41.2%，经营安全率比较高，可以取得比较满意的经济效益，该技术的方案比较合理。

应用盈亏平衡分析时应注意以下几点：应根据项目具体情况，有选择地计算分析以不同形式表示的盈亏平衡点；如果项目生产多种商品，应换算成单一商品，或选择其中主要商品（不确定性较大的）进行分析；采用达到设计生产能力的正常年份的数据；项目进行企业经济评价作盈亏平衡分析时，应考虑税金。

4.2.4 多方案优劣平衡点分析

技术经济所研究的问题主要是多方案的分析、比较和选择。若某些排他方案的费用是一个单变量的函数，采取优劣平衡点分析可以帮助我们作出正确的决策。

设两个方案的总成本受一个公共变量的影响，且每个方案的总成本都能表示为该公共变量的函数，则该变量的某个数值可使两个方案的总成本相等。即有成本函数：

$$TC_1 = f_1(x), TC_2 = f_2(x)$$

当 $TC_1 = TC_2$ 时，就有：

$$f_1(x) = f_2(x)$$

若解出 $f_1(x) = f_2(x)$ 时的 x 值，就得出两个方案的优劣平衡点。同时，根据分析中是否考虑资金时间价值，可分为静态和动态平衡点分析。

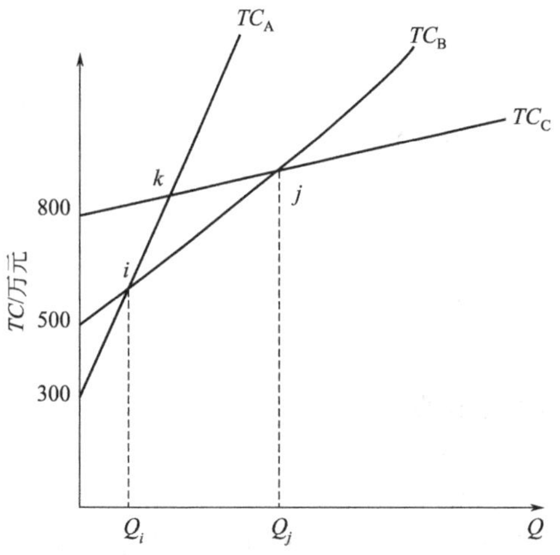

【例 4-2】 某建设工程公司开发楼盘有三种方案：A，从国外引进，固定成本 800 万元，单位每平方米可变成本为 100 元；B，采用一般国产自动化装备，固定成本 500 万元，单位可变成本为 120 元；C，采用自动化程序较低的国产设备，固定资产 300 万元，单位可变成本为 150 元。试比较不同生产规模的经济性。

图 4-2 总成本曲线

解 各方案总成本函数为：

$$TC_A = F_A + C_{v,A}Q = 800 \times 10^4 + 100Q$$
$$TC_B = F_B + C_{v,B}Q = 500 \times 10^4 + 120Q$$
$$TC_C = F_C + C_{v,C}Q = 300 \times 10^4 + 150Q$$

可以看出三个方案的总成本都是产量的函数。各方案的总成本曲线如图 4-2 所示。

从图 4-2 中可以看出，三条曲线两两相较于 i、k、j 三个点。其中 i、j 两点将最低成本线分为三段，Q_i、Q_j 分别为优劣平衡点 i、j 下的产量。显然，当 $Q<Q_i$ 时，C 方案总成本最低；当 $Q_i<Q<Q_j$ 时，B 方案总成本最低；当 $Q>Q_j$ 时，A 方案总成本最低。

因此，i 点即为 C 方案和 B 方案的优劣平衡点，j 点为 B 方案和 A 方案的优劣平衡点。计算如下。

对于 i 点，有：
$$TC_B = TC_C$$
即
$$F_B + C_{v,B}Q = F_C + C_{v,C}Q$$
于是
$$Q_i = \frac{F_B - F_C}{C_{v,C} - C_{v,B}} = \frac{500 \times 10^4 - 300 \times 10^4}{150 - 120} = 6.67 \times 10^4 (\mathrm{m}^2)$$

对于 j 点，有 $TC_B = TC_A$，即 $F_B + C_{v,B}Q = F_A + C_{v,A}Q$

于是
$$Q_j = \frac{F_A - F_B}{C_{v,B} - C_{v,A}} = \frac{800 \times 10^4 - 500 \times 10^4}{120 - 100} = 15 \times 10^4 (\mathrm{m}^2)$$

若市场预测该建设工程年销售量为 8 万平方米，则选择 B 方案经济上有利。

【例 4-3】 某工厂为加工一种构件，有 A、B 两种设备供选用，两台设备的投资及加工费如表 4-1 所示。

表 4-1 两种设备的投资及加工费

设　　备	初始投资/万元	加工费/(元/个)	设　　备	初始投资/万元	加工费/(元/个)
A	2000	800	B	3000	600

试问：

(1) 若贴现率为 12%，使用年限为 8 年，问每年产量为多少时选用设备 A 有利？

(2) 若贴现率为 12%，年产量均为 13000 个，则设备使用年限多长时，选用设备 A 有利？

解 (1) 即求 A、B 两设备的产量优劣平衡点，考虑资金时间价值以后，两方案年固定费用为：
$$F_A = 2000 \times 10^4 \times (A/P, 12\%, 8)$$
$$F_B = 3000 \times 10^4 \times (A/P, 12\%, 8)$$

根据优劣平衡点的定义：
$$TC_A = TC_B$$
$$F_A + 800Q = F_B + 600Q$$
$$2000 \times 10^4 \times (A/P, 12\%, 8) + 800Q = 3000 \times 10^4 \times (A/P, 12\%, 8) + 600Q$$

解得：
$$Q^* = \frac{F_A - F_B}{200} = \frac{(3000 - 2000) \times 10^4 \times (A/P, 12\%, 8)}{200}$$
$$= 5 \times 10^4 (A/P, 12\%, 8)$$
$$= 5 \times 10^4 \times \frac{0.12(1+0.12)^8}{(1+0.12)^8 - 1}$$
$$= 10065 (\text{件/年})$$

即当产量小于 10065 件/年时，采用 A 设备有利，总成本曲线如图 4-3 所示。

(2) 此时分析的不确定因素是设备使用年限。

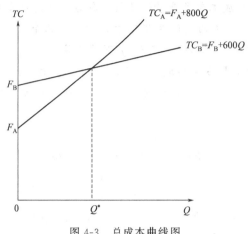

图 4-3 总成本曲线图

由 $TC_A = TC_B$ 得：

$$2000 \times 10^4 \times (A/P, 12\%, n) + 800 \times 13000 = 3000 \times 10^4 \times (A/P, 12\%, n) + 600 \times 13000$$

化简后得 $(A/P, 12\%, n) = 0.26$

即 $\dfrac{0.12 \times (1+0.12)^n}{(1+0.12)^n - 1} = 0.26$

解得 $n = \dfrac{\ln\left(\dfrac{0.26}{0.26 - 0.12}\right)}{\ln(1+0.12)} = 5.46 (年)$

即当设备的使用年限小于 5.46 年时，选用 A 设备有利。

4.3 敏感性分析

盈亏平衡分析讨论了价格、产量、成本等不确定因素的变化对技术项目盈利的影响，但这种分析并不能判断项目本身盈利能力的大小。另外，盈亏平衡分析是一种静态分析，没有将资金的时间价值因素和项目计算期的现金流量的变化考虑在内，因此，其计算出来的结果和得出的结论仍是比较粗略的，还需要采用其他动态的不确定性分析方法来分析判断因不确定因素变化而引起项目本身盈利水平变化的幅度。敏感性分析就是这样一种在经济决策中常用的不确定性分析方法。

4.3.1 敏感性分析的含义

敏感性分析是盈亏平衡分析的深化。这是研究在项目的计算期内，外部环境各主要因素的变化对建设项目的建设与运行造成的影响，分析建设项目的经济评价指标对主要因素变化的敏感性与敏感方向，确定经济评价指标出现临界值（经济评价指标等于其评价标准值）时各主要敏感因素变化的数量界限，为进一步测定项目评价决策的总体安全性、项目运行承担风险的能力等提供定性分析依据。

敏感性是指经济评价指标相对其影响因素的变化的反应。用敏感程度可说明因素发生单位变化时引起评价指标变化多大，并以此确定关键因素。用敏感方向反映因素的变化会引起评价指标同向变化还是反向变化，并以此确定因素的变化给项目带来有利影响还是有害影响。

对于受诸多因素影响的建设项目，研究某一因素的变化对评价指标的影响，而令其他因素不变，是所谓的单因素敏感性分析。用这种方法对每个主要因素进行敏感性分析，比较其影响程度，从而确定关键因素，并进行风险性估计、方案比较。

4.3.2 敏感性分析的步骤

敏感性分析通常以单因素敏感性分析为主，因此，单因素敏感性分析的步骤也就是敏感性分析的一般步骤。其分析的步骤如下。

（1）确定敏感性分析指标

分析指标是敏感性分析的具体分析对象，技术方案经济效果评价指标体系中的一系列评价指标都可以成为敏感性分析指标，如投资回收期、投资效果系数、内部收益率等。敏感性分析的指标必须与确定性分析的评价指标相一致，这是因为敏感性分析是在确定性分析的基础上，进一步分析不确定因素变化对经济效果的影响程度，指标一致便于进行对比。例如，在确定性分析中，评价指标采用了投资回收期或内部收益率指标，则敏感性分析的指标也应该选定投资回收期或内部收益率。具体确定分析指标时应遵循以下两个原则。

① 分析指标应与经济效果评价指标具有的特定含义有关　如果是主要分析技术方案状态和参数变化对技术方案投资回收快慢的影响，则可选用投资回收期作为分析指标；如果是主要分析产品价格波动对技术方案超额净收益的影响，则可选用净现值作为分析指标；如果是主要分析投资大小对技术方案资金回收能力的影响，则可选用内部收益率指标等。

② 分析指标与分析深度和技术方案的特点有关　如果是在技术方案机会研究阶段，深度要求不高，可以选用静态的分析指标；如果是在详细可行性研究阶段，可以选用动态的分析指标。在技术项目评价中，一般是对项目内部收益率或净现值等指标进行敏感性分析，必要时也可以对投资回收期和借款偿还期进行敏感性分析。

（2）选择敏感性分析的不确定因素

影响技术方案经济指标的不确定因素有很多，逐个进行分析是不可能的，也没有必要，因此，要选择主要的不确定因素进行分析。选择主要的不确定因素应遵循以下原则。

① 选择的因素要与确定的分析指标相联系　在可能的变动范围内，所选因素的变动应该比较强烈地影响技术方案的经济效果指标，否则，当不确定因素变化一定幅度时，并不能反映分析指标的相应变化，也就达不到敏感性分析的目的。如折现率因素对静态评价指标就不起作用。

② 根据技术方案的具体情况选择　可以根据技术方案的具体情况选择那些在确定性经济分析中采用的、预测准确性把握不大的因素，或者未来变化的可能性较大且其变动会比较强烈地影响分析指标的因素。如高档消费品的销售受市场供求关系变化的影响较大，这种变化不是技术方案本身所能控制的，因此销售量是主要的不确定因素。

对于一般的投资项目来说，敏感性分析的因素主要从下列因素中选定：投资额，包括固定资产投资与流动资金占用，根据需要还可将固定资产投资划分为设备费用、建设安装费用等；项目建设期限、投产期限、投产时的产出能力及达到设计能力所需时间；产品产量、销售量；产品价格；经营成本，特别是其中的变动成本；项目寿命期；项目寿命期末的资产残值；折现率；外币汇率。

（3）计算设定的不确定因素的变动对分析指标的影响数值

首先对所选定的需要进行分析的不确定因素，按照一定的变化幅度（如±5%、±10%、±20%等）改变它的数值，然后再计算出这种变化对经济效果评价指标的影响数值，并将其与该指标的原始值相比较，从而得出该指标的变化率。

(4) 找出敏感性因素

敏感性因素就是其数值变动能显著影响技术方案经济效果的因素。判断敏感性因素的方法有相对测定法和绝对测定法两种。相对测定法是指设定要分析的因素均从确定性经济分析中所采取的数值开始变动，且各因素每次变动的幅度（增或减的百分数）相同，比较在同一变动幅度下各因素的变动对经济效果指标的影响程度。绝对测定法是指设定各因素均向对技术方案不利的方向变动，并取其有可能出现的对技术方案最不利的数值，据此计算技术方案的经济效果指标，看其是否变化到使技术方案无法被接受的程度。在实践中可以把这两种方法结合起来使用。

反映敏感程度的指标是敏感系数，敏感系数是指目标值的变动与参数值的变动之比。例如，以某产品的售价为参数值，以项目的净现金流量现值作为目标值，已知售价增加10%，净现金流量现值增加20%，则售价的敏感系数为20%/10%＝2。敏感系数可正可负。若敏感系数为负，说明目标值的变化与参数值的变化方向相反，敏感系数绝对值越大，则说明该因素的变化对目标值影响越大。

敏感性分析图是寻找敏感性因素的一种有效工具。敏感性分析图是通过在坐标图上作出各个不确定因素的敏感曲线，进而确定各个因素的敏感程度的一种图解方法。基本作图方法如下。

① 以横坐标表示各个不确定因素（自变量）的变化幅度（即不确定因素变化率%），以纵坐标表示项目经济评价指标（因变量）的变化幅度。

② 根据敏感性分析的计算结果绘出各个自变量的变化曲线，其中与横坐标相交角度较大的变化曲线所对应的因素就是敏感性因素（曲线斜率最大的因素）。

③ 在坐标图上作出项目分析指标的临界曲线（如 $NPV=0$，$IRR=i_0$ 等），求出自变量的变化曲线与临界曲线的交点，则交点处的横坐标就表示该不确定因素允许变化的最大幅度，称临界变动率，即项目由盈到亏的极限变化值。如果不确定因素的变化超过了这个极限，项目就由可行变为不可行。临界变动率绝对值小的不确定因素为敏感性因素。

(5) 结合确定性分析进行综合评价

通过分析和计算敏感性因素的影响程度，可以确定项目可能存在的风险大小及风险影响因素，作出风险情况的大致判断，为科学决策提供进一步的依据。

根据敏感性因素对技术方案分析指标的影响程度，结合确定性分析的结果作进一步的综合评价，优先考虑接受对主要不确定因素变化不敏感的技术方案。这种技术方案抵抗风险的能力比较强，获得满意经济效益的潜力会比较大。

另外，决策人员还可以根据敏感性分析结果，采取必要的措施。如通过敏感性分析发现经营成本上升将使技术方案净现值指标急剧下降，就应采取相应的对策，制定强有力的节约措施使经营成本控制在一定的水平之下。

4.3.3 敏感性分析的应用

(1) 单因素敏感分析

单因素敏感性分析适合分析技术方案的最敏感性因素。当计算某个不确定因素对项目投资分析指标的影响因素时，是以其他不确定因素均保持不变为假设前提的。

【例 4-4】 现准备建设一个项目,预计年生产能力为 10 万吨,项目计划总投资为 1800 万元,建设期 1 年,投资初期一次性投入,产品销售价格 63 元/t,年经营成本为 250 万元,项目生产期为 10 年,期末预计设备残值收入为 60 万元,基准收益率为 10%,试就投资额、产品价格(销售收入)、经营成本等因素对该投资技术方案的净现值指标进行敏感性分析。

解 根据敏感性分析的步骤做如下分析:

(1) 确定敏感性分析指标。根据题意可知,以净现值为敏感性分析指标。由净现值指标的计算公式得知:

$$NPV = -1800 + (63 \times 10 - 250) \times (P/A, 10\%, 10) + 60 \times (P/F, 10\%, 10)$$
$$= 558.23 (万元)$$

由于 $NPV > 0$,说明该技术方案可行。

(2) 选择敏感性分析的不确定因素。由题意可知,投资额、产品价格(销售收入)、经营成本为敏感性分析的不确定因素。

(3) 计算设定的不确定因素变动对分析指标的影响数值。投资额、产品价格和经营成本在基准值的基础上按 10% 和 20% 的变化幅度变动。分别计算相应的净现值的变化情况,见表 4-2。

表 4-2 不确定因素对净现值的影响分析表   单位:万元

变动因素 变动量	投 资 额	销 售 收 入	经 营 成 本
-20	918.23	-216.04	865.48
-10	738.23	170.10	711.86
0	588.23	588.23	588.23
10	378.23	945.37	404.61
20	198.23	1332.50	250.98
平均变动+1	-3.224%	+6.935%	-2.752%
平均变动-1	+3.225%	-6.935%	+2.752%
敏感程度	敏感	最敏感	不敏感

(4) 找出敏感性因素。根据表 4-2 绘制敏感性分析图,如图 4-4 所示。由表 4-2 和图 4-4 可知,产品销售收入的变动对净现值的影响程度最大,当其他因素不变化时,产品销售收入每下降 1%,净现值下降 6.935%。按净现值对各因素的敏感程度排序依次是:产品销售收入、投资额、经营成本,最敏感的因素是产品销售收入。因此,从项目决策的角度来讲,应该对产品价格进行进一步的分析,进行更准确的测算。

同时,可以进行临界变动率分析:由图 4-4 可知,产品销售收入的下降不应超过 14.2%,投资的增加不应超过 31%,经营成本的增加不应超过 36.3%。如果这三个变量中任意一个的变化超过上述

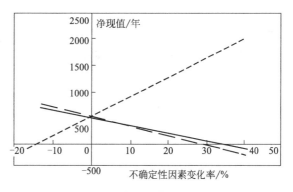

图 4-4 某方案净现值敏感性分析图
— —投资额;……销售收入;——经营成本

极限,净现值开始小于零,项目就由可行变为不可行。

(2) 多因素敏感性分析

在进行单参数敏感性分析时,假定一次只允许一个因素变动,而保持其他因素不变。而实际中各种因素的变动可能存在着相互关联性,一个因素的变动往往引起其他因素随之变化,例如固定资产投资的变化可能导致设备残值的变化、产品价格的变化可能引起需求量的改变。而单参数敏感性分析忽略了各因素之间的这种相关性,从而影响到敏感性分析结论的可靠性。改进的方法就是同时考虑多种因素同时变化的可能性,使敏感性分析更接近于实际过程。

双参数敏感性分析是指保持方案现金流量中其他参数不变,每次考察两个参数同时变化对方案效果的影响。双参数敏感性分析一般是在单参数敏感性分析基础上进行的,首先通过单参数敏感性分析确定出两个关键因素,然后用双参数敏感性分析图来反映两个参数同时变化时对投资效果的影响。

当对参数同时变化的数目不加以任何限定,所作的敏感性分析更接近于实际。但是,当同时变化的参数在 3 个以上,由于每个参数的变化有多种数值,由此构成的状态组合数目就非常多,从而使计算非常复杂。

【例 4-5】 某建设方案期初一次性投资为 15 万元,年销售收入为 3 万元,年经营费用为 2000 元,项目寿命期为 10 年,固定资产残值为 2 万元。基准收益率为 10%,试就初始投资和年销售收入对该项目的净现值进行双因素的敏感性分析。

解 设 X 表示初始投资变化率,Y 表示同时改变的年销售收入的变化率,则有

$$NPV(10\%) = -15(1+X) + 3(1+Y)(P/A, 10\%, 10) - 0.2(P/A, 10\%, 10) + 2(P/A, 10\%, 10)$$

当 $NPV(10\%) \geq 0$,则该技术方案可行。即

$$2.977 - 15X + 18.435Y \geq 0$$

$$Y \geq -0.1615 + 0.8137X$$

将这个不等式在坐标图上表示出来,如图 4-5 所示。斜线以上的区域,$NPV(10\%) > 0$;斜线以下的区域,$NPV(10\%) < 0$,显示了两因素允许同时变化的幅度,也就是初始投资和销售收入同时变动,只要变动范围不超过斜线以上的区域(包括斜线上的点),技术方案就可以接受。

双因素敏感性分析一般保持技术方案现金流中其他参数不变,每次考虑两因素同时变化对技术方案影响。

4.3.4 敏感性分析的局限性

敏感性分析在技术经济分析中具有广泛的应用,具有能与技术方案的具体经济分析指标紧密结合、分析方法容易掌握、便于分析和决策等优点,但敏感性分析也具有不可忽略的局限性。

① 敏感性分析要求被分析的各个经济参数是互不相关的,但事实上,很多参数之间有某种相关性,如收益与产品售价及产量之

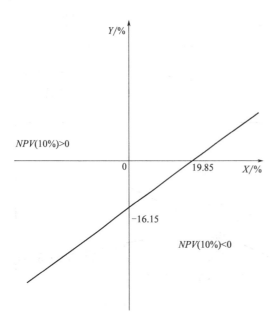

图 4-5 双因素敏感性分析图

间也有密切的相关性，价格下降，产量会减少，收益也会减少。各因素之间的关系有时是相当复杂的，这就给敏感性分析带来困难。

② 敏感性分析最多只能同时对三个经济参数的变化作分析，当四个及四个以上经济参数同时变化时，现有的敏感性分析法就无法完成了。

③ 分析因素的选择及变化量的设定，都受到分析人员的主观意愿的影响。

④ 敏感性分析没有考虑各不确定因素发生变动的概率及其影响，因此，根据评价技术方案的特点和实际需要，有条件时还应该进行概率分析。

4.4 概率分析

有些项目只需作敏感性分析就可以说明问题。但对于要求不同的特殊项目，就需要进一步标明不确定因素的变化对评价指标的影响产生的可能性大小和对评价指标的影响程度，这就有必要进行概率分析。概率分析主要分析项目净现值的期望值及净现值大于或等于零时的累计概率。另外，也可以通过模拟法测算项目的内部收益率等评价指标的概率分布，根据概率分析的结果，提出项目评价的决定性意见。

4.4.1 概率分析的含义及分析方法

概率分析，也称风险分析，是通过研究各种不确定因素发生不同程度变动的概率，及其对技术方案经济评价指标影响的一种定量分析方法。概率分析的关键是确定各种不确定因素变动的概率，概率分析的内容则应根据经济评价的要求和技术方案的特点确定。

概率就是事件发生所产生的某种后果可能性的大小。确定事件发生概率的方法有客观经验和主观预测两类方法。前者是以客观统计数据为基础确定概率，后者是以人为预测和估计为基础确定概率。由于科学技术进步的步伐加快，投资项目很少重复过去的同样模式。所以，对于大多数技术方案来讲，不大可能单独使用客观概率就能完成，需要结合主观预测进行分析。

4.4.2 概率分析的步骤

这里介绍的概率分析可称为简单概率分析，它是在根据经验设定各种情况发生的概率后，计算项目净现值的期望值、标准差及净现值大于或等于零的累计概率。其具体步骤如下。

(1) 选定分析指标

选定项目效益指标作为分析对象，并分析与这些指标有关的不确定因素，同时注意概率分析时所选定的分析指标应与确定性分析的评价指标保持一致。一般应列入的指标有：

① 投资回收期（动态）；

② 贷款偿还期（动态）；

③ 收支平衡时的年产量及销售收入；

④ 净现值；

⑤ 内部收益率；

⑥ 国民收入新增值（动态）；

⑦ 换汇能力及换汇率。

(2) 确定各主要因素可能发生的状态或变化范围

找出各主要因素的变化范围，最好将变化范围划分为若干个区间，并根据历史资料或经验做出预测或统计，判断出变化发生在各个区间内的可能性。例如，销售量按设计能力全部销售出去的概率为多少，超过设计能力若干个档次也能销售出去的概率各为多少，不能达到设计能力的若干档次发生概率各为多少。习惯上只选择三至五个关键性的影响因素（在计算期内可能有很大变化的因素）即可。每种不确定因素可能发生的各种情况的概率之和必须等于1。

(3) 计算投资经济效益的期望值和标准差

计算在各关键因素的影响下，投资经济效益的期望值和表明期望值稳定性的标准差，必要时还需计算变异系数。

① 期望值 期望值也称数学期望，它是在大量重复事件中，随机变量的各种取值与相应概率的加权平均值，也是最大可能取值。随机变量可以分为离散型随机变量和连续型随机变量。离散型随机变量是指事件发生的可能结果是有限的，并且每个结果发生的概率为确定的随机变量；连续型随机变量是指可能的取值在有限的区间内可以有无限多个，且概率总和为1的随机变量。在技术经济分析中，任何不确定因素的变化一般为有限次数，可以采用离散型变量的期望值公式，即：

$$E(X) = \sum_{i=1}^{n} X_i P_i \qquad (4-9)$$

式中 $E(X)$——随机变量的期望值；

i——随机变量的序号；

X_i——随机变量值；

n——随机变量的数量；

P_i——随机变量的概率。

② 标准差 标准差也称"均方差"，用来表示随机变量的离散程度。当随机变量的可能值密集在期望值的附近时，均方差较小；反之，均方差较大。其公式为：

$$\sigma(X_i) = \sqrt{\sum_{i=1}^{n} P_i [X_i - E(X)]^2} \qquad (4-10)$$

式中 σ——标准差。

标准差越小，说明实际发生的情况与期望值可能越接近，期望值的稳定性也就越高，项目的风险就小；反之亦然。

【例 4-6】 某投资建设工程，其投资回收期在5至9年间，其中5年的概率是0.1，6年的概率是0.4，7年的概率是0.2，8年的概率是0.2，9年的概率是0.1，试求该项目投资回收期的期望值和标准差。

解 随机变量 X 是投资回收期，所以期望值为

$$E(X) = 5 \times 0.1 + 6 \times 0.4 + 7 \times 0.2 + 8 \times 0.2 + 9 \times 0.1 = 6.8 \approx 7 (年)$$

标准差为：

$$\sigma(X_i) = \sqrt{\sum_{i=1}^{n} P_i [X_i - E(X)]^2}$$

$$= \sqrt{0.1 \times (5-6.8)^2 + 0.4 \times (6-6.8)^2 + 0.2 \times (7-6.8)^2 + 0.2 \times (8-6.8)^2 + 0.1 \times (9-6.8)^2}$$

$$\approx 1.17 (年)$$

这说明上述投资建设工程最大可能的投资回收期是 7 年，前后会有 1.17 年的偏差。

③ 变异系数　由于标准差不能准确反映不同技术方案风险程度的差异，因此引入了变异系数。变异系数是指均方差与期望值之比值。在投资额很大的情况下，存在着不同技术方案下的期望值和标准差很大的情况，这时就应采用变异系数来估算项目的相对风险。变异系数比较小的技术方案风险比较小，较为经济合理，可以考虑接受。

变异系数的计算公式为：

$$v=\frac{\sigma}{E(X)} \tag{4-11}$$

式中　v——变异系数。

4.4.3　概率分析的方法

概率分析方法很多，主要有三类。

第一类是分析法，这类问题的特点是主观概率未知，完全靠主观判断决策。

第二类是期望值法，这类方法的特点是主观概率已知，通过计算不同方案的损益期望值以做出正确决策，常用的方法有列表法、决策树法、矩阵法、灵敏度分析法等。

第三类是模拟法，这是一种定量预测建设工程各种获利可能性大小的方法，常用的有蒙蒂卡洛模拟法。下面主要介绍期望值法。

(1) 期望值法

期望值法是一种不确定状态下的决策方法，这里说的期望值，就是概率论中离散随机变量的数学期望：

$$E(x)=\sum_{i=1}^{n}x_iP(x_i)$$

其中，$P(x_i)$ 是 $x=x_i$ 时的概率。

所谓期望值法，就是把每个方案的期望值求出来，加以比较。如果决策目标是效益最大，则采用收益期望值最大的方案。如果方案中对应的损益值为费用值，而且决策目标是费用最小，则应选择期望值最小的投资方案。

(2) 列表法

这是一种通过决策表判断、选择方案的方法。表 4-3 是产品批量决策表，这是一张典型的决策表。

表 4-3　产品批量决策表　　　　　　　　　　　　　　　　单位：千元

效益值 \ 状态及概率 \ 方案	产品销路			损益值的期望值
	θ_1(好)	θ_2(一般)	θ_3(差)	
	$P(\theta_1)=0.3$	$P(\theta_2)=0.5$	$P(\theta_3)=0.2$	
A_1(大批量生产)	20	12	8	13.6
A_2(中批量生产)	16	16	10	14.8
A_3(小批量生产)	12	12	12	12.0

根据表中所列的各种状态概率和效益值，可以算出每一行方案的效益值期望。

$$E(A_1)=20\times0.3+12\times0.5+8\times0.2=13.6(千元)$$

$$E(A_2)=16\times0.3+16\times0.5+10\times0.2=14.8(千元)$$
$$E(A_3)=12\times0.3+12\times0.5+12\times0.2=12.0(千元)$$

通过比较可知，$E(A_2)=14.8$ 千元最大，所以采用行动方案 A_2，也就是采取中批量生产，可能获得的效益最大。

（3）决策树法

决策树法也是一种在不确定情况下，利用各方案的损益期望值进行决策的方法。由于这种决策方法及其思路如树枝形状，所以起了个形象化的名字叫决策树。在进行多级决策时，决策树有明显的优越性。决策树模型如图 4-6 所示。

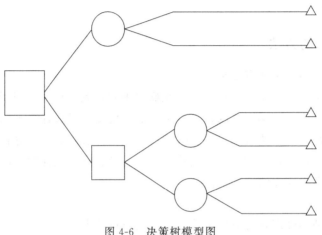

图 4-6　决策树模型图

图中符号的含义如下：

□——决策结点，由此点引出的每条直线代表一个方案，称为方案枝。方案交线表示由结点引出几种可能方案；

○——决策变点，引起的每条直线代表一种自然状态，称为概率枝；

△——决策终点，表示方案在该自然状态下的结果。

在决策变点应计算出各段决策终点的平均期望值，在决策结点只是根据各变点的损益期望值取舍方案。在计算每一变点的损益期望值时，一定要注意考虑资金的时间价值。

【例 4-7】　某化工厂为保护环境，拟建一个废水处理厂。现有两个方案：建大厂或建小厂，其中建大厂需初始投资 300 万元，而建小厂又有两个方案：若只建一套装置需初始投资 50 万元；若建两套装置则需投资 80 万元，大厂和小厂的寿命期均为 10 年。由于化工厂原材料来源不同，致使废水中有害物质含量不同，估计在使用期间，含有害物质高的可能性为 0.7，两个方案的年经营费如表 4-4 所示。试用决策树法做出正确决策（贴现率 $i=8\%$）。

表 4-4　方案经营费用表

状态（概率）年经营费方案/万元		含有害物质高(0.7)	含有害物质低(0.3)
建大厂		10	5
建小厂	建一套装置	20	3
	建二套装置	14	4

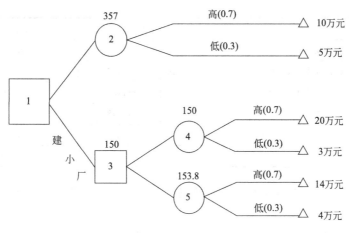

图 4-7 决策树

解 第一步,画决策树,如图 4-7 所示。

第二步,计算各变点费用现值的期望值。

点 2:$0.7 \times 10(P/A, 8\%, 10) + 0.3 \times 5(P/A, 8\%, 10) + 300 = 357$(万元)

点 4:$0.7 \times 20(P/A, 8\%, 10) + 0.3 \times 3(P/A, 8\%, 10) + 50 = 150$(万元)

点 5:$0.7 \times 14(P/A, 8\%, 10) + 0.3 \times 4(P/A, 8\%, 10) + 80 = 153.8$(万元)

第三步,做出决策。

根据最小费用原理,在决策树上舍弃方案。最后的结论是采取建小厂建一套装置的方案,可能花费最少。

4.4.4 概率分析的应用

(1) 衡量技术项目承担风险大小

概率分析一般是计算项目净现值的期望值及其分布状况和净现值大于或等于零时的概率,如果计算出的概率值越大,说明技术项目承担的风险越小。

【**例 4-8**】 某建设项目年初投资 140 万元,建设期为 1 年,生产经营期 9 年,内部收益率为 10%。经科学预测,生产经营期间每年销售收入为 80 万元的概率为 0.5,销售收入变为 96 万元和 64 万元的概率分别为 0.3 和 0.2。每年经营成本为 50 万元的概率为 0.5,经营成本变为 60 万元和 40 万元的概率为 0.3 和 0.2,若此项目的投资额不变,其他因素的影响忽略不计,试计算该投资项目净现值的期望值以及净现值大于或等于零的概率。

解 (1) 计算净现值的期望值。计算步骤如下。

第一步:分别计算各可能发生事件发生的概率。例如,在销售收入为 80 万元,经营成本为 50 万元情况下的事件概率为 $0.5 \times 0.5 = 0.25$。依此类推可以得出各事件的概率,见表 4-5。

表 4-5 某技术项目净现值期望值的计算表

事 件	事件概率	净现值/万元	加权净现值/万元
销售收入为 80 万元、经营成本为 60 万元	$0.5 \times 0.3 = 0.15$	−35.29	$-35.29 \times 0.15 = -5.29$
销售收入为 80 万元、经营成本为 50 万元	$0.5 \times 0.5 = 0.25$	17.07	$17.07 \times 0.25 = 4.27$
销售收入为 80 万元、经营成本为 40 万元	$0.5 \times 0.2 = 0.10$	69.42	$69.42 \times 0.10 = 6.94$

续表

事　件	事件概率	净现值/万元	加权净现值/万元
销售收入为64万元、经营成本为60万元	0.2×0.3=0.06	−119.06	−119.06×0.06=−7.1
销售收入为64万元、经营成本为50万元	0.2×0.5=0.10	−66.70	−66.70×0.10=−6.67
销售收入为64万元、经营成本为40万元	0.2×0.2=0.04	−14.35	−14.35×0.04=−0.57
销售收入为96万元、经营成本为60万元	0.3×0.3=0.09	48.48	48.48×0.09=4.36
销售收入为96万元、经营成本为50万元	0.3×0.5=0.15	100.83	100.83×0.15=15.12
销售收入为96万元、经营成本为40万元	0.3×0.2=0.06	153.19	153.19×0.06=9.19

第二步：分别计算各可能发生事件的净现值。例如，在销售收入为80万元，经营成本为50万元情况下的净现值为

$$NPV = -140 + (80-50)(P/A, 10\%, 9)(P/F, 10\%, 1) = 17.07(万元)$$

依此类推可以得出各事件的净现值，见表4-5。

第三步：将各事件发生的概率与其净现值分别相乘，得到加权净现值。例如在销售收入为80万元、经营成本为50万元情况下的加权净现值为17.07×0.25=4.27(万元)。依此类推可以得出各事件的加权净现值，见表4-5。

第四步：将各加权净现值相加，得到净现值的期望值，其计算公式为

$$E(x) = \sum_{i=1}^{n} x_i P(x_i)$$
$$= -5.29 + 4.27 + 6.94 - 7.14 - 6.67 - 0.57 + 4.36 + 15.12 + 9.19$$
$$= 20.21(万元)$$

(2) 计算净现值累计概率。将以上计算出的净现值由负到正进行排列，并将其累计相加，可以得到净现值的期望值大于或等于零的概率，见表4-6。

表4-6　某技术项目的净现值累计概率表

净现值/万元	累计概率	净现值/万元	累计概率	净现值/万元	累计概率
−119.06	0.06	−14.35	0.35	69.42	0.79
−66.70	0.16	17.07	0.60	100.83	0.94
−35.29	0.31	48.48	0.69	153.19	1

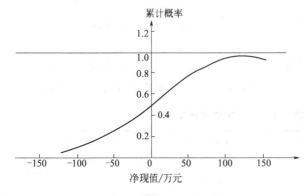

图4-8　净现值累计概率

(3) 画出净现值概率图。以净现值为横坐标，累计概率为纵坐标，绘制出净现值累计概率图，见图4-8。该图反映了项目获利的机会大小和可能存在的风险情况。由图4-8可知，净现值小于零的概率约为0.45，则净现值大于等于零的概率为：

$$P(NPV \geqslant 0) = 1 - P(NPV < 0)$$
$$= 1 - 0.45 = 0.55$$

(4) 分析。通过计算结果可以看出，这个投资项目净现值的期望值为

20.21万元,净现值大于或等于零的概率为0.55,项目经济效益比较好,可以考虑接受。

(2) 验证技术方案的可行性

【例4-9】 某公司有一拟建项目,计划1年建成,项目使用年限10年,计划总投资240万元,基准收益率9%,预计该项目投产后每年有52万元的净现金流入。由于目前处于生产资料价格调整阶段,总投资可能会变动,预测总投资变动如表4-7所示。现规定投资回收期不超过7年,在其他条件保持不变的情况下,试用概率分析验证该项目是否可行。

表4-7 拟建项目总投资及净现值流量变动情况表

年 份	指 标	估 计 值	
		第一种情况	第二种情况
0	总投资/万元	250	200
1~10	年净现金流量/万元	46	60
概率		0.6	0.4

解 计算各指标的期望值为:

总投资的期望值=250×0.6+200×0.4=230(万元)

年净现金流量的期望值=46×0.6+60×0.4=51.6(万元)

按9%的基准收益率计算各种净现金流量的折现值和累计折现值,并计算动态投资回收期,计算结果见表4-8。

表4-8 项目投资回收期

项 目	年 份	年净现金流量期望值/万元	折现值/万元	累计折现值/万元
建设期	0	−230	−230	−230
生产期	1	51.6	47.3	−182.7
	2	51.6	43.5	−139.2
	3	51.6	39.8	−99.4
	4	51.6	36.6	−62.8
	5	51.6	33.5	−29.3
	6	51.6	30.8	1.5
投资回收期		6−1+29.3/30.8=5.95(年)		

通过上述计算可知,在总投资存在不确定性的情况下,该项目仍可望在不到6年的时间里回收全部投资,所以该项目可行。

(3) 选定最优技术方案

利用概率分析来选择项目的最优技术方案,一般情况下,若项目风险基本相同时,应选择期望值最优的技术方案;若项目期望值相同时,则应选择标准差小的技术方案;对期望值、标准差都不相同的方案,应选择变异系数小的技术方案。

【例4-10】 某建设项目的基础工程有可以选择的三个互斥施工方案,各个施工方案的施工进度、净现值、概率情况如表4-9所示,要求从中选择一个最优技术方案。

表 4-9 三个互斥技术方案的净现值概率分布表

施工进度状况	概 率	施工方案净现值/万元		
		A	B	C
滞后	0.25	200	0	100
正好	0.5	250	250	280
提前	0.25	300	500	370

解 （1）计算各施工方案净现值的期望值和标准差。利用所给的数据以及期望值的计算公式计算各施工方案净现值的期望值和标准差如下：

$E_A(X_i) = 0.25 \times 200 + 0.5 \times 250 + 0.25 \times 300 = 250(万元)$

$\sigma_A(X_i) = \sqrt{0.25 \times (200-250)^2 + 0.5 \times (250-250)^2 + 0.25 \times (300-250)^2} = 35.36(万元)$

$E_B(X_i) = 0.25 \times 0 + 0.5 \times 250 + 0.25 \times 500 = 250(万元)$

$\sigma_B(X_i) = \sqrt{0.25 \times (0-250)^2 + 0.5 \times (250-250)^2 + 0.25 \times (500-250)^2} = 176.78(万元)$

$E_C(X_i) = 0.25 \times 100 + 0.5 \times 280 + 0.25 \times 370 = 257.5(万元)$

$\sigma_C(X_i) = \sqrt{0.25 \times (100-257.5)^2 + 0.5 \times (280-257.5)^2 + 0.25 \times (370-257.5)^2} = 98.08(万元)$

（2）确定最优施工方案。根据各技术方案净现值的期望值和标准差确定最优技术方案。

因为 $E_A(X_i) = E_B(X_i)$，$\sigma_A(X_i) < \sigma_B(X_i)$，所以技术方案 A 的风险小于技术方案 B，应优选技术方案 A。

再比较施工方案 A 和 C。因为 $E_A(X_i) < E_C(X_i)$，而 $\sigma_A(X_i) < \sigma_C(X_i)$ 所以需要计算变异系数。$v_A = \frac{\sigma_A(X_i)}{E_A(X_i)} = 0.14$，$v_C = \frac{\sigma_C(X_i)}{E_C(X_i)} = 0.38$。因为 $v_A < v_C$，所以最后应选择施工方案 A 为最优技术方案。

课后习题

1. 什么是盈亏平衡分析？如何进行盈亏平衡分析？
2. 线性盈亏平衡分析的前提是什么？盈亏平衡点的生产能力利用率说明什么问题？
3. 什么是敏感性分析？敏感性分析的目的是什么？如何进行敏感性分析？
4. 什么是概率分析？如何进行概率分析？
5. 某建设工程公司开发一楼盘，预计售价为 8000 元/平方米，其成本 y 是销售面积 x 的函数，即企业总成本为 $y = 50000 + 5000x$。试计算盈亏平衡点的销售量。
6. 某购置设备方案，投资 3791 元，使用期 5 年，每年纯收入 1000 元，统一按年利率 8% 计算，试问该方案是否可行；若使用期不变，试问其纯收入在多少范围内变动，方案是可行的。
7. 某装饰公司设计每次可装饰 60000m²，每平方米估算为 500 元，项目每次固定性开支为 660000 元，每平方米成本为 280 元。求：①公司的最大可能盈利；②公司不盈不亏时的最少设计面积；③企业年利润为 50 万元的设计面积。
8. 某项目的总投资为 450 万元，年经营成本为 36 万元，年销售收入为 98 万元，项目寿命周期为 10 年，基准贴现率为 13%。试找出敏感性因素，并就投资与销售收入同时变动进行敏感性分析。
9. 某投资项目健身临时基础工程的初始投资 15000 元，寿命为 10 年，残值为 0，年收入为 3500 元，年支出为 1000 元，投资收益为 15%。①当年收入变化时，试对内部收益率的影响进行敏感性分析；②试分析初始投资、年收入与寿命三个参数同时变化时对净现值的敏感性。

10. 为生产某种建设材料,现有两种备选设备。若选用设备 A,初始投资为 20 万元,加工的费用为 8 万元;若选用设备 B,初始投资为 30 万元,加工每件产品的费用为 6 万元。若不计设备的残值,试问:
    ① 若设备使用年限为 8 年,基准贴现率为 12%,年产量为多少时选用设备 A 比较有利?
    ② 若设备使用年限为 8 年,年产量 1300 件,基准收益率在什么范围内选用设备 A 比较有利?
    ③ 若年产量 1500 件,基准收益率为 12%,设备使用年限多长时选用设备 A 比较有利?

11. 某沿河岸台地铺设地下管道工程施工期内(1 年)有可能遭到洪水的袭击,据气象预测,施工期内不出现洪水或出现洪水不超过警戒线水位的可能性为 60%,出现超过警戒水位的洪水的可能性为 40%。施工部门采取的相应的措施:不超过警戒水位时只需进行洪水期间边坡维护,工地可正常施工,工程费约 10000 元,出现超警戒线水位时为维护正常施工,普遍加高堤岸,工程费约为 70000 万元。工地面临两个选择。①仅做边坡维护,但若出现超警戒水位的洪水工地要损失 10 万元。②普遍加高堤岸,即使出现警戒水位也万无一失,试问应如何决策?

12. 某工程进行设备改造,初始投资为 1000 万元,使用期为 10 年,每年可节省生产费用 300 万元,设备基准贴现率为 10%,作如下分析。
    ① 就初始投资和生产费用节省额变动 ± 5%、± 10%、± 15%、± 20% 及使用年限变动 ± 10%、± 20% 对该方案的净现值和内部收益率作单因素敏感性分析,画出敏感性分析图,指出敏感因素。
    ② 就初始投资与生产费用节省额两个变量对方案净现值作双因素敏感性分析,指出方案的可行区域。

13. 设某拟建建设工程总投资为 2000 万元,建设期为 1 年。根据分析预测,该项目在生产期内的年净现金流量有三种情况,即 300 万元、400 万元和 500 万元,它们出现的概率为 0.2、0.3、0.5。项目的生产期有 8 年、10 年、12 年三种情况,其发生的概率为 0.2、0.5、0.3,基准收益率为 12%,试对项目净现值的期望值进行累计概率分析。

14. 某公司拟投资生产一种目前畅销的产品,根据技术预测与市场预测,该产品很可能在两年后开始换代,有三种可能的市场前景。
    θ_1:两年后出现换代产品,出现换代产品后,换代产品畅销,现有产品滞销,发生的概率为 50%。
    θ_2:两年后出现换代产品,但出现换代产品后 6 年内,换代产品与现有产品都能畅销,发生的概率为 40%。
    θ_3:8 年内不会出现有竞争力的换代产品,现有产品一直畅销,发生的概率为 10%。

    公司面临一个阶段风险决策问题,目前需要做出的选择是立即建厂生产现有产品还是暂时不投资。如果立即建厂生产现有产品需投资 300 万元,两年后要根据市场情况决定是否对生产线进行改造以生产换代产品,生产线改造需投资 150 万元;如果目前暂不投资等两年后视市场情况决定是建厂生产现有产品还是建厂生产换代产品,两年后建厂生产现有产品需投资 340 万元,建厂生产换代产品需投资 380 万元。设计算期为 8 年,基准贴现率为 15%,在各种情况下可能采取的方案及各方案在不同情况下的年净收益(包括期末设备残值)见表 4-10。试用概率分析方法进行决策。

表 4-10 不同情况时的年净收益

年净现值 方案		年份 θ_1				θ_2				θ_3			
		1~2	3	4~7	8	1~2	3	4~7	8	1~2	3	4~7	8
立即建厂	两年后改造	120	60	130	180	120	60	130	180				
	两年后不改造	120	100	60	90	120	120	120	150	120	120	120	150
暂不投资	两年后建厂生产现有产品	0	60	130	200	0	60	130	200				
	两年后建厂生产换代产品					0	60	120	180	0	60	120	180

15. 建设工程建设期需要 1 年，项目实施后第二年可开始生产经营，但项目初始投资额、投产后每年的净收益以及项目产品的市场寿命是不确定的，表 4-11 给出了各不确定因素在乐观状态、最可能状态以及悲观状态下的估计值，各不确定因素间相互独立。设基准贴现率为 20%，试求各种可能的状态组合的发生概率及相应的方案净现值，分别用解析法和图示法进行风险估计。

表 4-11 不同情况下的估计值

状　　态	发 生 概 率	初始投资/万元	寿命期/年	年净收益/万元
乐观状态	0.17	900	10	500
最可能状态	0.66	1000	7	400
悲观状态	0.17	1200	4	250

第 5 章　建设工程可行性研究

【知识点】
建设工程可行性研究的含义、作用，可行性研究报告的编制依据，可行性研究的程序及内容。
【重点和难点】
可行性研究报告编写。

5.1 建设工程可行性研究概述

5.1.1 建设工程可行性研究的含义和目的

建设工程可行性研究，是在项目决策前，通过对拟建项目有关的工程、技术、经济、社会等各方面情况进行深入细致的调查、研究、分析，对各种可能拟定的技术方案和建设方案进行认真的技术经济分析和比较论证，对项目建成后的经济、环境和社会效益进行科学的预测和评价。在此基础上，综合研究项目在技术上的先进性和适用性、经济上的合理性和有效性，以及建设上的可能性和可行性。由此确定该项目是否应该投资和为何投资，或就此终止投资等结论性意见，为项目投资决策者提供可靠的科学决策依据，并可作为开展下一步工作的基础。

可行性研究的主要任务，是根据国民经济发展规划和地区、行业规划的要求，从市场需求的预测开始，通过多方案比较，论证项目建设规模、使用规模、使用功能、建设地址选择的合理性，交通、水、电、燃料、市政等建设条件的可靠性，并对项目投资方案进行详细规划，最后通过分析项目投资、经营成本，评价项目在财务上的生存能力、偿还能力和经济合理性，提出项目可行与否的结论。由此可见，建设工程可行性研究是保证建设项目以最少的投资取得最佳经济、社会效果的科学手段，也是实现建设项目在技术上先进、经济上合理和建设上可行的科学分析方法。

一个建设项目一般要经历投资前期、建设期及生产经营期三个时期，其全过程如图 5-1 所示。

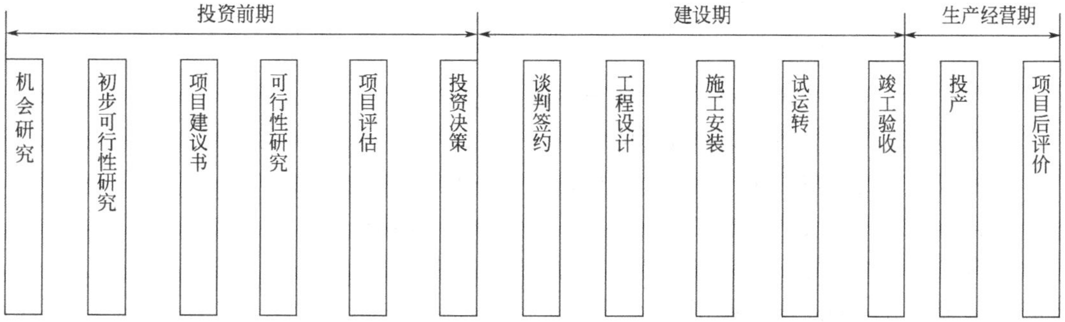

投资前期						建设期					生产经营期	
机会研究	初步可行性研究	项目建议书	可行性研究	项目评估	投资决策	谈判签约	工程设计	施工安装	试运转	竣工验收	投产	项目后评价

图 5-1　建设项目投资决策和建设全过程

可行性研究的根本目的，是实现项目决策的科学化、民主化，减少或避免投资决策的失误，提高项目开发建设的经济、社会和环境效益。

5.1.2 建设工程可行性研究的作用

投资前期是决定建设工程经济效果的关键时期，是研究和控制的重点。如果在项目实施中才发现工程费用过高、投资不足，或原材料不能保证等问题，将会给投资者造成巨大的损失。因此，无论是工业发达国家还是发展中国家，都把可行性研究视为工程建设的首要环节。投资者为了排除盲目性，减少风险，在竞争中取得最大利润，宁肯在投资前花费一定的代价，也要进行投资项目的可行性研究，以提高投资获利的可靠程度。

总的来说，可行性研究的作用归纳起来有以下几点。

(1) 可行性研究是项目投资决策的依据

一个工程建设项目，特别是大中型项目，花费的人力、物力、财力很多，不是只凭经验或感觉就能确定的，而是要通过投资决策前的可行性研究，明确该项目的建设地址、规模、建设内容与方案等是否可行，从而得出这项工程应不应该建或建设时应按哪种方案才会取得最佳的效果，作为投资建设项目投资决策的依据。国家规定，凡是没有经过可行性研究的工程建设项目，不能批准设计任务书，不能进行设计，不能列入计划。

(2) 可行性研究是筹集建设资金的依据

银行等金融机构都把可行性研究报告作为建设项目申请贷款的先决条件。他们对可行性研究报告进行全面、细致的分析评估后，才能确定是否给予贷款。

(3) 可行性研究是开发商与有关各部门签订协议、合同的依据

项目所需的建筑材料、协作条件以及供电、供水、供热、通信、交通等很多方面，都需要与有关部门协作。这些供应的协议、合同都需根据可行性研究报告进行商谈。有关技术引进和建筑设备进口必须在可行性研究报告审查批准后，才能据以同国外厂商正式签约。

(4) 可行性研究是编制下阶段规划设计的依据

在可行性研究报告中，对项目的规模、地址、建筑设计方案构想、主要设备造型、单项工程结构形式、配套设施和公用辅助设施的种类、建设速度等都进行了分析和论证，确定了原则，推荐了建设方案。可行性研究报告批准后，规划设计工作就可据此进行，不必另作方案比较选择和重新论证。

5.1.3 可行性研究的依据

可行性研究依据主要有：
① 国家和地区经济建设的方针、政策和长远规划；
② 批准的项目建议书和同等效力的文件；
③ 国家批准的城市总体规划、详细规划、交通等市政基础设施等；
④ 自然、地理、气象、水文地质、经济、社会等基础资料；
⑤ 有关工程技术方面的标准、规范、指标、要求等资料；
⑥ 国家所规定的经济参数和指标；
⑦ 开发项目备选方案的土地利用条件、规划设计条件以及备选规划设计方案等。

5.1.4 可行性研究的工作阶段

可行性研究是在投资前期所做的工作。它分为四个工作阶段，每阶段的内容逐步由浅到深。

(1) 投资机会研究

该阶段的主要任务是对投资项目或投资方向提出建议，即在一定的地区和部门内，以自然资源和市场的调查预测为基础，寻找最有利的投资机会。投资机会研究分为一般投资机会研究和特定项目的投资机会研究。前者又分三种：地区研究、部门研究和以利用资源为基础的研究，目的是指明具体的投资方向。后者是要选择确定项目的投资机遇，将项目意向变为概略的投资建议，使投资者可据以决策。

投资机会研究的主要内容有：地区情况、经济政策、资源条件、劳动力状况、社会条件、地理环境、国内外市场情况、建设工程建成后对社会的影响等。投资机会研究相当粗略，主要依靠笼统的估计而不是依靠详细的分析。该阶段投资估算的精确度为±30%，研究费用一般占总投资的0.2%～0.8%。

如果机会研究认为是可行的，就可以进行下一阶段的工作。

(2) 初步可行性研究

初步可行性研究亦称"预可行性研究"，在机会研究的基础上，进一步对项目建设的可能性与潜在效益进行论证分析。主要解决的问题包括：

① 分析机会研究的结论，在详细资料的基础上做出是否投资的决定；

② 是否有进行详细可行性研究的必要；

③ 有哪些关键问题需要进行辅助研究。

在初步可行性研究阶段，需对以下内容进行粗略的审查：市场需求与供应、建筑材料供应状况、项目所在地区的社会经济情况、项目地址及其周围环境、项目规划设计方案、项目进度、项目销售收入与投资估算、项目财务分析等。

初步可行性研究阶段投资估算的精度可达±20%，所需费用约占总投资的0.25%～1.5%。所谓辅助研究是对投资项目的一个或几个重要方面进行单独研究，用作初步可行性研究和详细可行性研究的先决条件，或用以支持这两项研究。

(3) 详细可行性研究

即通常所说的可行性研究。详细可行性研究是开发建设项目投资决策的基础，是在分析项目技术、经济可行性后作出投资与否决策的关键步骤。

这一阶段对建设投资估算的精度在±10%，所需费用：小型项目约占投资的1.0%～3.0%，大型复杂的工程约占0.2%～1.0%。

(4) 项目的评估和决策

按照国家有关规定，对于大中型和限额以上的项目及重要的小型项目，必须经有权审批单位委托有资格的咨询评估单位就项目可行性研究报告进行评估论证。未经评估的建设项目，任何单位不准审批，更不准组织建设。

项目评估是由决策部门组织或授权于建设银行、投资银行、咨询公司或有关专家，代表国家对上报的建设项目可行性研究报告进行全面审核和再评估阶段。

5.1.5 可行性研究的工作程序

可行性研究是一次系统工程,其内容涉及学科较多,工作任务很重,其中既有工程技术问题,又涉及经济、财务、评价系统分析等各方面的问题。要选择技术力量强、实践经验丰富的咨询公司、设计单位、监理单位承担。参加编制的专业一般有工业经济、市场分析、企业管理、营销、规划、财会、经济、法律、工艺、机械、土建、文秘等,另可根据具体情况诸如地质勘探、地球物理、实验研究、通信等专业人员协助工作。

国家有关部门发布的文件、条例中明确指出可行性研究的程序如下(图5-2)。

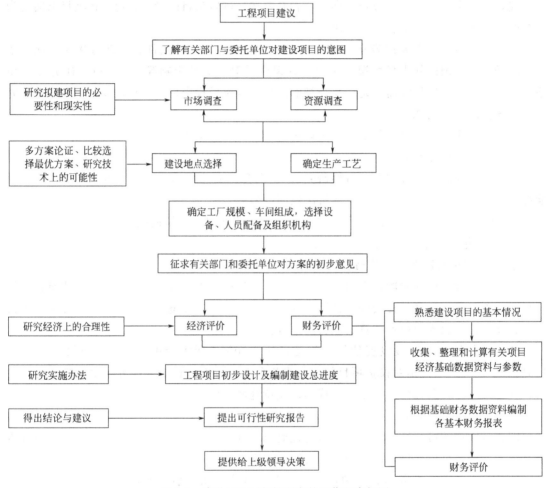

图 5-2 建设工程可行性研究的工作程序框图

5.2 建设工程可行性研究的内容

5.2.1 项目背景和历史

在这里,主要介绍该项目与其他经济部门的关系、对经济发展的影响,说明项目成立的必要性,具体有以下几点。

(1) 项目背景

介绍该项目的设想打算；列出与项目有关的各项主要参数，作为编制可行性研究报告时的指导原则，例如，建设工程建设进度等；概述经济、工业、财政、社会以及其他有关政策；说明该项目的地位，如国际的、区域的、国家的、地区的，或者地方等的各种级别；说明本项目对国民经济部门及有关经济方面的影响等。

(2) 项目历史

对这一项目，需要列出在本项目历史中发生过的重大事件、发生日期及当时情况；叙述已经进行过哪些调查研究，写明调查题目、作者和完成日期，以及从调查研究中得出的，并拟在可行性研究中采用的某些结论和决定。

(3) 项目主办人或发起人

说明项目主办人或发起人的姓名、住址，是否有可能为项目提供资金以及他们在项目中所起的作用等。

5.2.2 市场研究与建设规模的确定

市场分析在可行性研究中的重要地位在于，任何一个建设项目，其建设规模的确定、技术的选择、投资估算甚至场址的选择，都必须在对市场需求情况有了充分了解之后才能解决，并且市场分析影响项目的盈利性和可行性。在可行性研究报告中，要详细阐述市场需求预测，并确定建设规模。这一阶段的主要内容如下。

(1) 市场需求

这里的主要任务是了解建设项目在当前和今后建筑市场上的需求情况，为确定拟建项目的建设规模提供依据。通过调查，应该提出当前市场对本建设项目的需求情况和结构以及该项目建设的必要性。

(2) 市场预测

在对市场需求分析的基础上，进行建设项目经济和社会效益的预测，是可行性研究的又一个重要内容。因为判断建设工程是否可行，在很大程度上取决于建设项目的经济效益。

(3) 确定建设规模

在对不同阶段的经济效益进行预测之后，就应着手制定详细的建设计划，也就是对在一定时期内所要达到的建设水平加以确定。

5.2.3 场区及场址的选择

在对市场需求、项目的建设规模、生产规划和投入需要等做出估算以后，必须确定适于该项目建设的场址。也就是通过对该项目建设经营与场址周围环境的相互影响的研究，进行场址选择。场址选择包括选择项目的坐落地点和确定具体场址两项内容。选择地点是指在相当广阔的范围内，在一个地区、或省、或某段河岸等范围内选择适宜的区域；然后在已选择的区域内考虑几个可供选择的场址。

场址选择应主要研究场址的位置、占地面积、地形地貌、气象条件、地震情况、工程地质与水文地质条件、征地拆迁及移民安置条件、交通运输条件、水电供应条件、环境保护条件、法律支持条件、生活设施依托条件、施工条件等内容。

在确定工业项目地点时，应该考虑以下几个方面的因素。

(1) 国家的方针政策

在选择建厂地区时，应考虑到力求合理地配置工业，减少在工业城市建设大型工业企业的必要性；考虑到国防要求；考虑到禁止在风景区建设工厂的政策要求；还应考虑到鼓励和帮助兄弟民族地区和边远落后地区发展工业等政策。

(2) 当地的社会、经济条件

建厂地区必须考虑到地区的基础结构和社会经济环境。基础结构主要是指该地区的能源、运输、水源、通信、工业结构的状况，因为它们与项目选址的关系很大。如果某一地区供电不足或单位电费很高，那么，对那些在建设过程中需要大量耗电的项目，就无法将该地区作为建厂地区来加以考虑。

5.2.4 建设方案、设备方案和工程方案

项目的建设规模与建设方案确定以后，应进行技术方案、设备方案和工程方案的具体研究论证工作。

(1) 建设方案的选择

建设方案主要指项目使用功能的确定、建筑设计方案、结构设计方案、公用设施方案等。建设方案的选择要体现先进性、适用性、可靠性、安全性和经济合理性的要求。

(2) 主要设备方案选择

设备方案选择是在研究和初步确定技术方案的基础上，对所需主要设备的规格、型号、数量、来源、价格等进行研究比选。

设备方案的选择，首先要根据建设规模、建设方案和技术方案，研究提出所需主要设备的规格、型号和数量，然后通过调查和询价，研究提出项目所需主要设备的来源、投资方案和供应方式。对于超大、超重、超高设备，还应提出相应的运输和安装的技术措施方案。

设备方案主要是比选各设备方案对建设规模的满足程度，对项目建设质量和生产工艺要求的保证程度，设备的使用寿命和物料消耗指标，备品备件保证程度，安装试车技术服务以及所需设备投资等。

(3) 工程方案选择

工程方案选择是在已选定项目建设规模、建设方案和设备方案的基础上，研究论证主要建筑物、构筑物的建造方案。包括主要建筑物和构筑物的建筑特征、建筑结构及建筑面积；建筑安装工程量及"三材"用量估算；技术改造项目原有建筑物、构筑物的利用情况以及主要建筑物、构筑物工程一览表等。

工程方案的选择，要满足生产使用功能要求，适应已选定的场址，符合工程标准规范要求，并且经济合理。

5.2.5 原材料供应

原材料是项目运营中的投入品，是保证项目正常生产的重要因素。在项目可行性研究中，对项目的主要原材料情况要进行详细的研究和调查。尤其是项目的原料，一定要有可靠的原料基地和稳定的原料供应。对可供原料的数量、质量、距离及其可用的运输工具都要调查清楚和表明，对不清楚或拿不准的疑点问题，应采用专题研究或委托权威部门研究。对于需要大量原料的项目，原料价格及运输费用是项目经济型的决定因素，原材料可能供应的数

量也是确定合理规模的重要因素。对需要进口原料的项目，对进口地、进口数量、进口质量、运输费用等要进行研究和经济比较。在进行项目原材料的路线选择时应遵循以下原则。

第一，可用性。即用所选原材料符合项目的预定要求。

第二，可供性。即项目原材料有稳定可靠的供应来源。

第三，经济性。即用所选原材料所需投资与成本在经济上应该合算。

第四，合理性。即从国民经济角度对资源的利用是充分的，配置是合理的。

5.2.6 投资估算

投资估算是在对项目的建设规模、技术方案、设备方案、工程方案及项目实施进度等进行研究并基本确定的基础上，估算项目投入总资金，并测算建设期内分年资金需要量，作为制定融资方案、进行经济评价以及编制初步涉及概算的依据。对于建设项目而言，投资估算包括建设投资估算和流动资金估算两部分，其中建设投资估算包括：建筑工程费、设备及工器具购置费、安装工程费、工程建设其他费、基本预备费、涨价预备费和建设期利息等七项。

在此阶段，需要编制投资估算表，包括项目投入总资金估算汇总表、单项工程投资估算表、分年投资计划表和流动资金估算表等。

5.2.7 融资方案

一个建设项目所需要的投资资金，可以从多个来源渠道获得，项目可行性研究阶段，资金筹措工作是根据对建设项目固定资产投资估算和流动资金估算的结果，研究落实资金的来源渠道和筹措方式，从中选择条件优惠的资金。可行性研究报告中，应对每一种来源渠道的资金及其筹措方式逐一论述。并附有必要的计算表格和附件。可行性研究中，应对下列内容加以说明。

（1）资金来源

筹措资金首先必须了解各种可能的资金来源，如果筹集不到资金，投资方案再合理，也不能付诸实施，可能的资金渠道有：

① 国家预算内拨款；

② 国内银行贷款（包括拨改贷、固定资产贷款、专项贷款等）；

③ 国外资金（包括国际金融组织贷款、国外政府贷款、赠款、商业贷款、出口借贷、补偿贸易等）；

④ 自筹资金（包括部门、地方、企业自筹资金）；

⑤ 其他资金来源。

可行性研究中，要分别说明各种可能的资金来源、资金使用条件，利用贷款的，要说明贷款条件、贷款利率、偿还方式、最大偿还时间等。

（2）项目融资方案

融资方案要在对项目资金来源、建设进度进行综合研究后提出。为保证项目有适宜的融资方案，要对可能的融资方式进行比选。

可行性研究中，要对各种可能的融资方式的融资成本、资金使用条件、利率和汇率风险等进行比较，寻求财务费用最经济的融资方案。

5.2.8 项目的财务评价

(1) 财务评价的概念

财务评价是根据国家现行财税制度和价格体系,分析、计算项目直接发生的财务效益和费用,编制财务报表,计算评价指标,考察项目盈利能力、清偿能力以及外汇平衡等财务状况,据以判别项目的财务可行性。财务评价是建设项目经济评价中的微观层次,它主要从微观投资主体的角度分析项目可以给投资主体带来的效益以及投资风险。作为市场经济微观主体的企业进行投资时,一般都进行项目财务评价。

(2) 财务评价的作用

① 考察项目的财务盈利能力。

② 用于制定适宜的资金规划。

③ 为协调企业利益与国家利益提供依据。

(3) 财务评价的内容(表5-1)

① 财务盈利能力评价 财务盈利能力评价主要考察投资项目的盈利水平,为此目的,需编制项目投资现金流量表、项目资本金现金流量表和利润与利润分配表三个基本财务报表。计算财务内部收益率、财务净现值、投资回收期、投资收益率等指标。

② 项目的偿债能力分析 投资项目的资金构成一般可分为借入资金和自有资金。自有资金可长期使用,而借入资金必须按期偿还。项目的投资者自然要关心项目偿债能力;借入资金的所有者——债权人也非常关心贷出资金能否按期收回本息。项目偿债能力分析可在编制贷款偿还表的基础上进行。为了表明项目的偿债能力,可按尽早还款的方法计算。

表 5-1 财务评价的内容与评价指标

评价内容	基本报表	评价指标	
		静态指标	动态指标
盈利能力分析	项目投资现金流量表	投资回收期	财务内部收益率 财务净现值
	项目资本金现金流量表		财务内部收益率 财务净现值
	利润与利润分配表	投资利润率 投资利税率 资本金利润率	
偿债能力分析	财务计划现金流量表	借款偿还期	
	资产负债表	资产负债率 流动比率 速动比率	
外汇平衡分析	财务外汇平衡表		

③ 外汇平衡分析 外汇平衡分析主要是考察涉及外汇收支的项目在计算期内各年的外汇余缺程度,在编制外汇平衡表的基础上,了解各年外汇余缺状况,对外汇不能平衡的年份根据外汇短缺程度,提出切实可行的解决方案。

5.2.9 项目的国民经济评价

项目建设的最终目的是实现国民经济的真正增长,因此,在对建设项目进行经济评价时，除了要从投资者的角度考察项目的盈利状况及借款偿还能力外，还应从国家整体的角度考察项目对国民经济的贡献和需要国民经济付出的代价，后者称为国民经济评价。它是项目经济评价的核心部分，是决策部门考虑项目取舍的重要依据。

在项目的国民经济评价中，常用影子价格代替财务价格，以反映资源对国民经济的真实价值。主要指标是经济内部收益率和经济净现值，它们是在编制经济现金流量表的基础上计算得出的。

以上介绍了可行性研究的基本内容，但对每一个具体项目，其内容则不同，根据项目的性质而有所增减和侧重。例如，对于轻纺工业项目，首先应考虑产品的销售条件；对于宾馆饭店的建设，重点应考虑客源，分析其数量和特点，以确定建设项目的规模等级等。总之，在进行可行性研究论证工作时，必须采取认真客观的态度，还要根据建设项目的特点，实事求是地进行分析。

5.3 案例

××写字楼项目可行性研究报告

5.3.1 概论

（1）可行性研究报告编制依据
① 《建设项目经济评价方法与参数（第三版）》，2006，中国计划出版社。
② 建设工程开发机构发布的工程建设方面的标准、规范、定额。
③ 项目周边地区市场调研和现场勘察资料。
④ 投资项目方签订的协议书或意向书。
⑤ 其他有关依据资料。
⑥ 项目批复文件。

（2）项目的提出
随着A省对内对外的不断发展，现有××公司写字楼其规模、功能越来越不能适应需要，为改善办公条件，增强服务功能，树立城市形象，×年，A省委、省政府研究决定，在×市适当位置选址，新建一处规模较大、综合性、多功能的写字楼大厦。A省政府办事处聘请×××市建筑设计院进行规划论证，提出可行性研究报告。

（3）项目建议书的批复意见
×年×月×日，A省计划委员会回复《××写字楼项目建议书的批复》，主要内容如下："经研究同意，建设××市××写字楼"，总建筑面积46192m^2，项目总投资控制在20256.19万元。

（4）合作方概况（略）

（5）项目概况
① 项目名称
××写字楼项目
② 项目申办单位
××有限公司

③ 项目拟选厂址

××市××区商业大街

④ 技术经济指标：

项目总建筑面积46192m²，共由四个部分组成：自用办公部分、经营办公部分、经营网点部分、地下面积（车库和仓储）。地上两幢28层高层，4层裙房，地下两层，具体技术经济指标见表5-2。

表5-2 ××写字楼项目技术经济指标

序 号	项 目	技术经济指标	单 位
1	规划用地面积	0.81	hm²
2	总建筑面积	46192	m²
3	自用办公面积	15585	m²
4	经营办公面积	14401	m²
5	经营网点面积	7880	m²
6	地下面积	8326	m²
7	容积率(地上部分)	4.67	
8	建筑密度	35.4	%

⑤ 可行性研究报告工作范围

a. 项目建设的必要性。

b. 项目市场前景分析。

c. 项目选址的可行性。

d. 总平面布局的可行性。

e. 建筑工程的可行性。

f. 公用工程的可行性。

g. 消防、节能、抗震、劳动安全与卫生防疫等方面的可行性。

h. 项目实施进度。

i. 投资估算及经济可行性。

j. 结论与建议。

⑥ 主要经济指标与研究结论 ××写字楼项目经测算，预计总投资为20256.19万元，预计销售收入达到6984万元，经营收入146400万元（经济寿命期30年），税后内部收益率达到16.85%，税后净现值（基准收益率8%）达到16659万元，税后静态投资回收期为7.3年（含2年建设期），该项目的盈利水平较高，销售收入及建设投资等不确定性因素基本处于可控范围之内，因此，项目可行，值得投资。表5-3所示为××项目主要经济指标。

表5-3 ××项目主要经济指标表

序 号	项 目	经济指标
1	总投资	20256万元
2	内部收益率(所得税前)	20.58%
3	内部收益率(所得税后)	16.85%
4	净现值(所得税前)	24993万元

续表

序 号	项 目	经济指标
5	净现值(所得税后)	16659万元
6	投资回收期(税前)	6.17 年
7	投资回收期(税后)	7.30 年

(6) 项目建设必要性

① 是推动××市政府城区经济发展战略的需要 改革开放以来，××城区经济发展持续增长，目前已经到了一个能否再上新台阶的关键时期。××写字楼项目建设将为该地区经济发展，乃至全市经济建设起到推动作用。

② 是实施行业精品战略，进行结构调整的需要 目前该区各类写字楼数量并不少，但软硬件设施堪称一流、服务水平高、各消费者满意的高档写字楼并不多，且存在布局过于集中、经营结构不尽合理的问题。××写字楼项目的建立将对缓解此类矛盾起到应有的作用。

③ 商务活动的发展需要 本项目紧邻该市的金融与商业中心，建成后可为周边各大金融及其他机构公务人员提供商务活动场所。

5.3.2 项目选址及建设条件

(1) 项目区域分析

××写字楼项目所在地××市是中国交通最发达的地区之一，已形成陆海空立体交通网络。以该市为中心，至各地的高速公路网已经建成。该项目所在城区是一个具有两千多年历史的古老城区，更是一个充满活力的现代化城区，是该市的政治中心、商贸中心、金融中心、文化中心、旅游胜地以及开放门户。

(2) 项目建设地点

××写字楼项目所占地块原为某公司办公旧址，原有建筑物包括办公楼、车库、食堂、礼堂、独身楼和住宅等，总建筑面积约15003m²，需要出让土地面积为4075m²。原有建筑年代久远，并多次发生火灾及漏雨现象。该地块原有居民超过80%系建设单位职工，拆迁意愿强烈，能够保证项目拆迁工作顺利实施。

建设单位与该区政府初步达成了建设意向，按照建设单位长期与当地政府建立的融洽关系，该项目该扩建计划将会得到政府支持，顺利实施。

(3) 建设条件

① 自然环境条件 该项目位于城区的东部和东北部，位于北温带亚洲季风气候区的北缘，属受季风影响的温带半湿润气候。据统计资料，市内区最高气温年平均为13.7℃，最低气温年平均为2.6℃，全年平均温度为7.9℃，极端最高气温32.3℃，极端最低气温−24.7℃。市内平均降雨量为734.5mm，最多年降水量1055.3mm(1953年)，最少为445mm(1965年)，降水日数历年平均是92.8天，日最大降水量为215.4mm(1973年8月21日)，霜期开始于10上旬，结束于4月下旬，平均210天左右，无霜期平均155天左右。气候主要特征是：冬寒时间较长少雪，夏季时间较短多雨，春秋两季气温变化迅速，春季多风，秋季晴朗。

② 工程地质条件 该项目选址处经工程地质初勘，地基岩土稳定、无不良地质现象，

适宜工程建设,一般高层均可采用常规基础。

③ 基础设施条件 该项目选址地城市基础设施较为完善,供水、排水、电力设施、燃气管线、城市热网及通信设施环绕周边,有能力为本工程提供完善的服务。且区域环境良好,无噪声源及污染源。

给排水:由附近道路上的市政给水管道分别引入两条独立的输水管线,其管径均为 $DN300$,供水压力$>0.20MPa$。

电力:自建一座公用的 35kV 变电站,从不同的上级电网引入两路来电。并设自备柴油发电机作为备用电源,以满足一级负荷供电可靠性的要求及甲级写字楼和底层商铺的要求。

暖通:本项目拟采用地源热泵技术,通过输入少量的高位能源(如电能),实现低温位热能向高温位转移。地能分别在冬季作为热泵供暖的热源和夏季空调的冷源。通常地源热泵消耗 1kW 的能量,用户可以得到 4kW 以上的热量或冷量。地源热泵要比电锅炉加热节省三分之二以上的电能,比燃料锅炉节省约二分之一的能量;由于地源热泵的热源温度全年较为稳定,一般为 10~25℃,其制冷、制热系数可达 3.5~4.4,与传统的空气源热泵相比,要高出 40% 左右,其运行费用为普通中央空调的 50%~60%。

5.3.3 市场分析

(1) ××写字楼项目市场现状分析

对于××写字楼项目,从直观上看主要集中在……

(2) 项目影响因素分析(略)

(3) 项目 SWOT 分析

① SWOT 分析简介 SWOT 分析即态势分析,用来确定项目本身的竞争优势(strength),竞争劣势(weakness),机会(opportunity)和威胁(threat)。按照项目竞争战略的完整概念,战略应是一个项目"能够做的"(即强项和弱项)和"可能做的"(即机会和威胁)之间的有机组合。图 5-3 所示为 SWOT 综合分析结果。

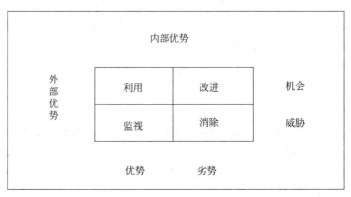

图 5-3 SWOT 综合分析结果

② 优势

a. 地理位置优越 ××写字楼项目位于地理位置绝佳,区位优势明显,市场预期好。项目周边有多条公交线路,交通十分便利,未来成为枢纽地带潜力大,区域的辐射能力将大幅提升。

b. 绿化与景观　××写字楼项目地处南运河北岸，环境优美，眼前展现密集而有序的绿化景观。

c. 成熟的环境配套　××写字楼项目的周边过去是老城区的传统小商业，经过近几年现代生活区的开发，现代商业已经形成；而这里的文化氛围是久已形成的，有省市的重点学校、专业医院、国家重点研究所等；邮政、银行、商业、宾馆和商务公寓等环境配套逐渐积聚和发展起来。深厚的文化积淀、雄厚的科技实力、完善的基础设施，可满足多方面需求，形成良好的投资创业环境。××写字楼项目的开发建设必将成为这里的亮点。

d. 项目的建筑质量和内在环境　发展商丰富的开发经验，严谨的施工管理，先进的建筑技术，低能耗的功能设计，楼宇智能化的引入，生态环境的构建，是××写字楼项目的质量保证和内涵所在。

e. 购买前景　××写字楼项目立足于系统行业优势，面向配套服务，并获得了众多潜在客户的支持，达成初步意向，购买前景看好。

③ 劣势

a. 临时停车受到限制　由于临近马路，临时停车量有一定局限。

b. 商住氛围不明显　目前项目区域内未形成成熟的商住氛围，是销售不可忽略的难点。

c. 物业要求高　本项目定位为甲级办公中心，对物业管理要求较高。

④ 机会

a. 地理位置具有发展潜力　××写字楼项目是地理位置极具发展潜力和投资升值空间的多功能建筑。项目周边正在建设或拟建多个建筑，形成了集聚效应，提升项目自身的价值。

b. 项目顺应建筑潮流　"××写字楼项目"是具有高品位、高素质、高智能、高质量、低能耗的生态建筑。本项目依托良好的市场环境，发展机遇巨大。

c. 项目适应办公居住需求　"××写字楼项目"在空间划分上具有灵活性，即同一楼层中单元格局的处理可按需间隔，以适应不同买家的规模需要；项目提出"整合型商务楼"概念。引入"整合型商务楼"的理念，更具市场竞争优势。

d. 行业优势　××写字楼项目主要面向系统内部及配套服务，具有准确行业定位，将有利于宣传推广。

⑤ 威胁

a. 周边有类似销售项目　项目对面是正在销售中的商务公寓，对项目的销售有一定的影响，但由于这些项目楼盘供不应求，短时间内不会形成市场需求风险。

b. 商住楼有集中趋势　全市的行政办公楼盘、商务公寓楼盘项目大多处于地理位置优越、保有量丰富的状态。

c. 缺乏商务氛围　区域内没有商务氛围，写字楼、商务公寓的原有量和现有量几乎为零，没有集中商务广场的优势。

d. 商业贷款政策调整　项目的公建属性，给销售过程中的银行按揭带来局限，不利于销售。

e. 政策　随着国家对建设工程市场的调整，本项目面临一定的政策风险。土地增值税清算会对开发商施压，可能影响价格决策。两税合并，可能减少开发商的利润。

⑥ 项目SWOT的综合分析　表5-4所示为SWOT综合分析表。

表 5-4　SWOT 综合分析表

项　　目	优势（strength）	劣势（weakness）
机会（opportunity）	SO 战略 1. 项目应尽快动工，以赶在 2013 年前全盘推向市场，以合理利用下一个需求高峰 2. 充分利用交通和区位的优势，宣传以写字楼供应为主，提高项目的知名度	WO 战略 1. 物业交由高质量的专业物业管理公司进行管理 2. 学习、借鉴成功经验，例如国际知名品牌的统一招商、管理等 3. 把握机会做好宣传，提高影响，突出该项目楼盘的优势，以降低竞争对手给予的写字楼的租售压力
威胁（threat）	ST 战略 1. 营销和宣传是关键，要把握好尺度，促进租售及资金回笼 2. 做好融资相关工作，保证项目按规定进度进行 3. 尽量提升使用价值 4. 为弱化不确定因素带来的影响，按月进行滚动预算，不断修正项目管理的细部	WT 战略 1. 注意品质，保证达到甲级写字楼的标准 2. 密切关注写字楼市场的供需、价格等情况 3. 保证资金链的连续性 4. 注意宏微观及区域市场的定期和不定期分析，以降低风险

从市场消化能力来看，销售、租赁都会有一定的空间。但从资金回笼的角度看，则应利用好优势，引入新的主题概念和卖点，以缩短销售周期、提高项目附加值。

从以上的分析可以看出，此项目有较大的优势，虽然也有自身的不足，面临一些威胁，但如能发扬自身优势，将不利因素化为最小，结合当前市场形势，利用优势回避威胁的 ST 战略，建立自己的竞争优势，在设计、开发、管理上突出自身特点，运用科学的营销理论，制定有效的营销策略，克服建设工程营销中容易产生的一些问题，则将事半功倍。

通过以上 SWOT 分析，得出只要策略处理得当，完全可以转化为对本项目有利的因素。特别在劣势威胁中，只要控制、引导得当，这些影响不至于成为本项目的硬伤。其他几点只能根据市场及项目实施进行修正。所以从理论上来看，只要方法到位，本项目是完全可以成功的。

5.3.4　项目建设方案

（1）使用功能确定

根据市场调研情况及对周边地区已建建筑类别、性质、规模分析，并充分考虑到该市建设持续发展的需要，本项目的使用功能确定为集自用办公楼、甲级写字楼、人才科技交流、金融服务产业集聚一体的大型综合建筑。每项使用功能的确定均源自市场需求，其功能的配置齐全，在建筑群体内可满足各种人群不同的使用要求，这里既有标准办公楼供某公司自用，又有高档甲级写字楼供该地区行业人员办公使用，还有高档的商业设施配套相关金融服务设施。因此项目功能的多样化、专业化，使该地区的功能配套更趋完美，同时项目功能定位的准确性，也为项目建设成功打下良好的基础。

（2）建筑设计方案

① 建筑面积和内容

a. 建筑面积　本项目的基本功能由行政办公楼、甲级写字楼、商业店铺及地下停车场等组成。地块规划面积 46192m^2，建筑形式为一组双高层建筑综合体（两幢 28 层高层，4 层裙房，地下两层），共由四个部分组成：自用办公部分、经营办公部分、经营网点部分、地下面积（车库和仓储）。

各功能分区面积如下。

总建筑面积46192m^2；其中地下二层，建筑面积8326m^2。

地上37866m^2。

行政办公楼建筑面积15585m^2。

写字楼地上建筑面积14401m^2。

商业店铺建筑面积7880m^2。

地下一、二层，每层建筑面积4163m^2；地下一层车库可向外出租150辆机动车停车位，地下二层车库可向外出租150辆机动车停车位，合计300辆。

b. 建筑高度　共28层。

c. 建筑群组成

ⓐ 行政办公楼部分　行政办公楼供某公司办公使用，设四层对内外服务综合交流商务区。首层设有大堂，二层为大型综合对外办公区，三层为职工餐厅，四层设有多功能报告厅。五层以上为办公部分，标准层建筑面积500m^2。考虑到只有一个单位使用，因此避免了在内部交通组织上采用电梯分设的方式，电梯设置成并排形式，这样便于管理、流线清晰。办公标准层布局灵活，可适应不同的办公需求布局方式。

ⓑ 写字楼部分　写字楼是一个28层建筑物，与相邻2栋4层裙房建筑物贴建，中间设抗震缝分隔，标准层建筑面积合计600m^2。由于写字楼单层面积适中，且应能根据市场需求进行灵活划分空间，故不再将其进行划分，届时将按照客户具体需求灵活划分。在首层设独立的出入口及交通厅，从五层以上相对独立设置，并在四层设有统一的交易多功能厅，为写字楼部分使用。

ⓒ 商业店铺部分　商业店铺部分分布在写字楼的底部一～四层和两次裙房内，商铺的基本形式为跃层式布置，每个商铺均有独立的出入口。每个店铺建筑面积约500m^2。根据该地区已经形成的商业氛围，将商业设施定位在冶金行业相关仪器销售、技术服务和其他金融服务上。

ⓓ 地下部分　地下一层为地下停车库及洗衣房、中、西餐厨房、库房等；地下二层为地下停车库、人防、各类设备用房。

② 总体规划设计

a. 总体平面布局　项目将各不同使用功能的单体建筑有机地组合，朝正南向并列布置。

b. 道路系统的规划与设计　根据整体的规划要求，主要的出入口设计在车流量压力相对较小的南面，在两栋高层之间空白区域，节省了空间的同时又保证了人流和物流路线的明确分开，路线清晰。道路等级明确区分，标识性强。

c. 功能分区设计　本项目以主入口经线方向分成两个部分，东侧为自用办公区域，西侧为写字楼商务区。

d. 景观与视觉设计　园区在南主入口的内部设计了大面积的内庭院，用于集中绿化，不仅可以形成良好的景观效果，而且可以达到良好的视觉效果，不仅和建筑的对话关系形成良好的关系，并且注重了建筑群体的视觉景观协调性。

③ 建设标准

a. 大堂装修/门柱　地面及墙面铺砌优质进口大理石，艺术吸顶天花吊顶及艺术灯饰；柱面为磨光花岗岩踏步板（或不锈钢材料）。

b. 电梯厅/电梯间　办公楼和写字楼均同时配备六组电梯，垂直交通直达地下一层，地下一层设通往地下车库的出入口；电梯间内地面采用优质花岗岩，墙面采用优质大理石，电梯厅吊顶主要以不锈钢及玻璃为主，配发光灯槽；商务楼标准层地面为优质大理石，墙面为高能环保涂料，所有楼层电梯间均采用大理石门套，顶棚造型吊顶；地下一层电梯厅吊顶为轻钢龙骨石膏板，刷白色乳胶漆。

c. 楼道/楼梯间　公共部分墙面为刷高级乳胶漆，吸声天花吊顶；标准层楼道地面为地面石材，高能环保涂料墙面；楼梯间地下一层采用花岗岩踏步及踢脚，墙面为高级环保涂料；标准层楼梯间层采用水泥踏步及踢脚，墙面为高级环保涂料；车库地面为水泥压光，墙面为白色乳胶漆，天花为白色乳胶漆。

d. 办公楼交房标准　办公楼按照中档标准，以满足日常办公需求为原则进行简单装修；地面为中档大理石石材；隔墙为轻钢龙骨双面双层石膏板隔声隔墙，使用高能环保涂料。

e. 写字楼清水房交房标准　大部分写字楼的使用面积仅粗装修，由未来的入驻商户进一步装修；地面水泥找平，预留客户自装面层空间，不刷墙、不吊顶；隔墙为轻钢龙骨双面双层石膏板隔声隔墙；洁具预留客户自装。

f. 写字楼精装房交房标准（待确定后编制交房手册）　考虑公用面积精装修，同时预留一定面积的高档次精装写字间；隔声天花吊顶，高级木地板，墙面乳胶漆、艺术照明灯、高级开关（品牌）；卫生间配套精装修，墙地面为高级瓷砖、高级卫生洁具（品牌）、高级照明灯、玻璃淋浴间隔断。

④ 外观形象

a. 外立面风格　现代风格，色调整体统一的通透落地玻璃窗，结构凸出部分配饰高级外立面贴砖；周围裙房单元外立面保证整体风格的统一和谐，突出裙房之间的独特性，从而达到相互独立而又整体协调的效果。

b. 外立面色系　以冷色调通透感强的玻璃窗为主，辅以浅色（暖色）高档贴面砖墙面，以达到稳重、高档的效果。

c. 外立面材料　外墙玻璃窗为高档中空双层隔声保温玻璃，贴面砖采用质地密实、釉面光亮、耐磨、防水、耐腐和抗冻性好的品牌外墙面砖。

d. 静音设计　选用低噪声设备，并采用减震基础，在各类机房墙面建筑均做专业吸声处理；并采用隔声门；采用中空玻璃，外片为反射玻璃，内片为低辐射玻璃，具有良好的热工性能，防止外来噪声干扰及光污染。

⑤ 楼层功能设计

a. 办公楼层与商务楼层规划　两楼首层入口大堂层高均为4.2m（二层），标准层高为3.15m。主入口均设在南面，临东滨河路；地下停车场入口设于两楼之间。

每层办公楼层面积约为 $500m^2$，标准层使用率为 100%。

每层商务楼层面积约为 $600m^2$，标准层使用率为 70% 以上。

b. 室内厨、卫功能设置　办公楼与写字楼每层设置公用卫生间、通风换气管道及上下水管道；写字楼部分独立单元设置厨房区域，不设管道煤气；每层防火通道前厅，设立为楼层的公共吸烟区。

c. 主体楼与附楼地下一层利用　办公楼地下一层设立物业办公室、设备间。

附楼地下一、二层为地下车库，与两高层地下一、二层相通，设三个独立入口，电梯直接可从地下一层直达顶层。

(3) 结构设计方案

抗震设防措施如下。

a. 工程概况及结构设计要求　××写字楼项目总建筑面积46192m²，其中地下建筑面积8326m²，地上建筑面积37866m²。

本工程为甲类建筑；建筑结构的安全等级为一级；框架及剪力墙的抗震等级均为一级；地基基础设计等级为甲级；桩基础的安全等级为一级。

本地区抗震基本烈度7度，设计基本地震加速度值0.15g。由于本项目属于甲类建筑，按照《建筑抗震设计规范》，应提高一度，按8度（设计基本地震加速度值0.20g）采取抗震构造措施。

b. 结构选形　上部结构为东西两个高层，均为28层。两者之间通过地下基础相连，之间设抗震缝，各自成抗震体系，在平面布置上有利于提高建筑物的抗震能力。两楼平面抗震体系利用大体均匀布置的楼梯间、电梯间墙体剪力墙，以及框架梁柱，组成现浇钢筋混凝土框架——剪力墙抗震体系。

裙房采用全现浇钢筋混凝土框架结构。

c. 基础形式　基础采用箱型基础，将各塔楼和裙房基础连为一体。基础下采用钻孔灌注桩。提高基础的承载力并减小建筑物沉降量。

综上所述，本工程结构和抗震设计可行。

(4) 公用设施方案（略）

① 给排水（略）

a. 生活给水（略）

b. 生活排水（略）

② 暖通（略）

a. 设计参数（略）

b. 空调系统（略）

c. 通风及防排烟设计（略）

d. 自控设计（略）

③ 电气（略）

④ 弱电（略）

5.3.5　专篇设计（略）

(1) 消防（略）

(2) 节能（略）

(3) 防雷（略）

(4) 环保（略）

(5) 智能配套方案（略）

5.3.6　项目组织机构与进度计划

(1) 组织机构与人力资源

① 组织机构　本项目是既有项目法人项目，因此，项目组织机构不需重新设立，只需

在公司成立本项目管理部,负责本项目实施的组织和管理。

为了加强对本建设项目的管理,确保工程质量、工期和控制造价,应按项目管理模式组织工程建设。考虑到国家对建设工程有专门的法律规定,由公司履行项目法人职责,全面负责基础设施项目的规划、筹资、建设管理、协调和决策,具体负责建设工程的规划、设计、招标、施工的组织管理和办理各种建设手续。选调有经验和管理能力强的技术人员承担项目的管理工作,保证建设工程在质量、进度和造价三个方面按预定目标建成投入使用。

② 项目管理人力资源配置 本项目人力资源配备的主要任务是在项目管理部内配备土建、电气、水暖、造价等方面的专业技术人员从事建设工程管理;项目运行后实行物业管理。

(2) 项目招投标管理(略)

(3) 项目实施进度安排

① 建设工期 经过论证,本项目总的周期约为 24 个月(包括项目的立项申请)。自 2011 年 1 月起至 2012 年 12 月止。其中,建设工期约为 16 个月。

2011 年 11 月一期工程竣工并投入使用。

2012 年 12 月二期工程竣工并投入使用。

② 项目实施进度安排 根据建设程序的要求,结合本项目的特点和工程量以及对项目的使用要求。确定本项目实施进度安排见表 5-5。

表 5-5 项目进度计划表

序号	工作名称	持续时间	开始时间	结束时间
1	立项申请与审批	3 个月	2011 年 1 月	2011 年 4 月
2	场地拆迁	5 个月	2011 年 1 月	2011 年 6 月
3	初步设计及审批	1 个月	2011 年 2 月	2011 年 3 月
4	施工图设计与审查	2 个月	2011 年 3 月	2011 年 5 月
5	施工招投标	1 个月	2011 年 5 月	2011 年 6 月
6	平整场地	1 个月	2011 年 5 月	2011 年 6 月
7	一期主体施工工程	4 个月	2011 年 6 月	2011 年 10 月
8	一期装修与设备安装工程	2 个月	2011 年 10 月	2011 年 12 月
9	一期室外配套工程	2 个月	2011 年 10 月	2011 年 12 月
10	一期竣工验收交付使用	1 个月	2011 年 12 月	2012 年 1 月
11	二期主体施工工程	4 个月	2012 年 5 月	2012 年 9 月
12	二期装修与设备安装工程	2 个月	2012 年 9 月	2012 年 11 月
13	二期室外配套工程	2 个月	2012 年 9 月	2012 年 11 月
14	二期竣工验收交付使用	2 个月	2012 年 11 月	2013 年 1 月
15	项目销售与运营	18 个月	2012 年 07 月	2014 年 1 月

5.3.7 投资估算与资金筹措

(1) 投资估算的依据及说明

① 土地费用 本项目共占土地面积 $4075m^2$,土地用途为商业,以出让方式取得,取得土地过程所支付的费用包括土地使用权出让金、动迁及安置补助费、契税及其他费用,按照

目前该市土地出让的基本制度及公司实际投入情况，可确定此项费用约为 7500 元/m^2。

② 前期费用　××写字楼项目的主要前期工作费用，包括政府收费、社会费用两大部分，其中政府收费包括工程定额编制测定费、建设工程质量监督费、规划服务费、卫生设施审查费等；社会费用包括勘察规划设计费、工程监理费和建筑工程保险费等，大约为每平方米建筑面积 180 元。

③ 建筑安装工程　根据原国家建设部、财政部联合发布的关于印发《建筑安装工程费用项目组成》的通知，结合该地区的有关工程、设备及材料等的市场行情，并适当考虑《建设工程工程量清单计价规范》(GB 50500) 的有关精神，估算得出本项目的建筑安装工程费（含土建、水电、设备等）及装修费的估算结果，大约为 3556 元/m^2。

④ 园区配套费　包括园区内场地平整、路面、软制环境及硬制环境建设等相关费用，大约为 300 元/m^2。

⑤ 项目开发费用　××写字楼项目的开发费用包括管理费用、销售费用、财务费用等，其主要估算过程如下。

a. 管理费用　包括管理人员的工资、办公费及差旅费等，预计为①～⑤项投资总和的 3%。

b. 销售费用　由于该公建类建设工程市场的竞争日趋激烈，××写字楼项目也应采取科学的营销策略、有效的营销手段，进而在市场上赢得主动。

因此，本报告将销售费用划分为营销费用（例如，广告宣传、售楼员工薪金等）和其他费用两大部分，大约的费用标准预计为销售收入的 2%。

c. 建设期利息　全部自筹资金。

⑥ 预备费　包括基本预备费和涨价预备费。基本预备费，又称不可预见费，是指在项目实施中难以预料的支出。它需要事先预留，并主要用于设计变更和施工过程中可能增加工程量的费用。涨价预备费是指针对建设期内由于可能的价格上涨引起投资增加，需要事先预留的费用。

对于××写字楼项目及工期，上两项费用根据估算大概为总投资的 4%。

(2) 总投资估算及投资计划

① 总投资估算　依据投资估算的依据及说明，项目总投资 20256.19 万元，见表 5-6。

表 5-6　总投资估算表

序号	类　别	计算基数	单位	技术经济指标	单位	金额/万元	备注
1	土地取得费用	4075	m^2	7500	元/m^2	3056.25	
2	前期费用	37866	m^2	180	元/m^2	681.59	
3	城市基础设施配套费	37866	m^2	148	元/m^2	560.42	
4	建筑安装工程费	37866	m^2	3556	元/m^2	13465.15	
5	园区配套费	37866	m^2	300	元/m^2	1135.98	
6	管理费用	14601	万元	3.00%		438.03	
7	销售费用	6984	万元	2.00%		139.69	
8	财务费用		万元	7.47%	/年	0.00	
9	预备费	19477	万元	4.00%		779.08	
合计			万元			20256.19	

② 投资计划 依据投资估算的依据及说明与总投资估算结果,结合项目进度计划,可以得到项目投资计划,见表 5-7。

表 5-7 投资计划表 单位:万元

序号	类别	2011年	2012年	2013年	合计
1	土地取得费用	3056			3056
2	前期费用	682			682
3	城市基础设施配套费	287	273		560
4	建筑安装工程费	6905	6560		13465
5	园区配套费	583	553		1136
6	管理费用	225	213		438
7	销售费用		112	28	140
8	财务费用				0
9	预备费	470	308	1	779
合计		12207	8020	29	20256

5.3.8 经济效益分析

(1) 营业收入

① 销售价格的确定 根据××写字楼项目地块周边楼盘的情况分析,结合该地区建设工程市场发展的趋势,本报告认定的××写字楼项目各类物业的平均售价为:

a. 写字间租金 1100 元/(年·m²);售价 12000 元/m²;

b. 网点平均租金 3000 元/(年·m²);不出售;

c. 车位 18 万元/个。

② 销售与经营计划 根据各类建设工程项目的面积以及相应的销售均价,将"××写字楼项目"的经营收入情况汇总于表 5-8。

项目出租经营收入每年增加 2.5%,第一年租金如表 5-8 所示。

表 5-8 项目出租经营收入汇总表

项目	数量	单价	年收入/万元
经营办公面积	10081	1100 元/(年·m²)	1108.9
经营网点面积	7880	3000 元/(年·m²)	2364
地下车库	200	10000 元/个	200
合计			3672.9

项目销售收入如表 5-9 所示。

表 5-9 项目销售收入汇总表

项目	数量	单价	收入/万元
经营办公面积	4320	12000 元/m²	5184.4
地下车库	100	180000 元/个	1800
合计			6984.4

③ 营业税金

a. 项目缴纳的营业税及附加综合税率5.55%。

b. 企业预交土地增值税暂定为销售收入的1.5%，待项目清盘后按增值的30%计，多退少补。

c. 企业所得税收率25%。

（2）财务及经济效益分析

① 财务现金流量分析（表5-10～表5-12）

表5-10　现金流量表（全部投资）1　　　　　　　单位：万元

序号	项目	2011年	2012年	2013年	2014年	2015年	2016年	2017年
1	现金流入			10657	3765	3859	3955	4054
1.1	销售收入			6984	0			
1.2	经营收入			3673	3765	3859	3955	4054
2	现金流出	12207	8020	1019	510	523	536	549
2.1	建设投资	12207	8020	29				
2.2	经营成本			294	301	309	316	324
2.3	预交土地增值税			105	0			
2.4	营业税及附加			591	209	214	220	225
3	净现金流量	－12207	－8020	9638	3255	3336	3419	3505
4	累计所得税前净现金流量	－12207	－20227	－10589	－7334	－3998	－579	2926
5	所得税			1395	570	590	611	633
6	所得税后净现金流量	－12207	－8020	8243	2685	2746	2808	2872
7	累计所得税后净现金流量	－12207	－20227	－11984	－9300	－6554	－3746	－873

表5-11　现金流量表（全部投资）2　　　　　　　单位：万元

序号	项目	2018年	2019年	2020年	2021年	2022年	2023年	2024年
1	现金流入	4156	4259	4366	4475	4587	4702	4819
1.1	销售收入							
1.2	经营收入	4156	4259	4366	4475	4587	4702	4819
2	现金流出	563	577	592	606	622	637	653
2.1	建设投资							
2.2	经营成本	332	341	349	358	367	376	386
2.3	预交土地增值税							
2.4	营业税及附加	231	236	242	248	255	261	267
3	净现金流量	3592	3682	3774	3869	3965	4065	4166
4	累计所得税前净现金流量	6518	10200	13975	17843	21809	25873	30039
5	所得税	654	677	700	723	748	849	874
6	所得税后净现金流量	2938	3005	3074	3145	3218	3216	3292
7	累计所得税后净现金流量	2065	5070	8145	11290	14507	17723	21015

表 5-12　现金流量表（全部投资）3　　　　　　　　　　　　单位：万元

序号	项目	2025年	2026年	2027年	2028年	2029年	2030年	2031年
1	现金流入	4940	5063	5190	5319	5452	5589	5728
1.1	销售收入							
1.2	经营收入	4940	5063	5190	5319	5452	5589	776
2	现金流出	669	686	703	721	739	757	
2.1	建设投资							
2.2	经营成本	395	405	415	426	436	447	458
2.3	预交土地增值税							
2.4	营业税及附加	274	281	288	295	303	310	318
3	净现金流量	4270	4377	4486	4599	4714	4831	4952
4	累计所得税前净现金流量	34310	38687	43173	47772	52486	57317	62269
5	所得税		927	954	982	1011	1041	1071
6	所得税后净现金流量		3450	3532	3616	3703	3791	3881
7	累计所得税后净现金流量		27835	31367	34984	38686	42477	46358

② 资产负债分析（表 5-13～表 5-15）

表 5-13　资产负债表 1　　　　　　　　　　　　单位：万元

序号	项目	2011年	2012年	2013年	2014年	2015年	2016年	2017年
1	资产	20227	20227	24413	26123	27893	29727	31624
1.1	流动资产总额	8020	0	8243	10928	13673	16481	19354
1.1.1	累计盈余资金	8020	0	8243	10928	13673	16481	19354
1.2	在建工程	12207	20227					
1.3	固定资产及无形资产净值			16170	15195	14220	13245	12270
2	负债及所有者权益	20227	20227	24413	26123	27893	29727	31624
2.1	负债	0	0	0	0	0	0	0
2.2	所有者权益	20227	20227	24413	26123	27893	29727	31624
2.3.1	资本金	20227	20227	20227	20227	20227	20227	20227
2.3.2	累计盈余公积金	0	0	165	336	513	696	886
2.3.3	累计盈余公益金	0	0	83	168	257	348	443
2.3.4	累计未分配利润	0	0	3938	5391	6897	8455	10068

表 5-14　资产负债表 2　　　　　　　　　　　　单位：万元

序号	项目	2018年	2019年	2020年	2021年	2022年	2023年	2024年
1	资产	33587	35618	37718	39888	42131	44678	47300
1.1	流动资产总额	22292	25297	28372	31517	34735	37950	41242
1.1.1	累计盈余资金	22292	25297	28372	31517	34735	37950	41242
1.2	在建工程							
1.3	固定资产及无形资产净值	11296	10321	9346	8371	7396	6727	6058

续表

序号	项目	2018年	2019年	2020年	2021年	2022年	2023年	2024年
2	负债及所有者权益	33587	35618	37718	39888	42131	44678	47300
2.1	负债	0	0	0	0	0	0	0
2.2	所有者权益	33587	35618	37718	39888	42131	44678	47300
2.3.1	资本金	20227	20227	20227	20227	20227	20227	20227
2.3.2	累计盈余公积金	1083	1286	1496	1713	1937	2192	2454
2.3.3	累计盈余公益金	541	643	748	856	968	1096	1227
2.3.4	累计未分配利润	11737	13463	15247	17092	18999	21163	23392

表 5-15　资产负债表 3　　　　　　　　单位：万元

序号	项目	2025年	2026年	2027年	2028年	2029年	2030年	2031年
1	资产	500001	52782	55645	58592	61625	64747	67959
1.1	流动资产总额	44612	48062	51594	55211	58913	62704	66586
1.1.1	累计盈余资金	44612	48062	51594	55211	58913	62704	66586
1.2	在建工程							
1.3	固定资产及无形资产净值	5389	4720	4050	3381	2712	2043	1374
2	负债及所有者权益	500001	52782	55645	58592	61625	64747	67959
2.1	负债	0	0	0	0	0	0	0
2.2	所有者权益	500001	52782	55645	58592	61625	64747	67959
2.3.1	资本金	20227	20227	20227	20227	20227	20227	20227
2.3.2	累计盈余公积金	2724	3002	3288	3583	3886	4198	4520
2.3.3	累计盈余公益金	1362	1501	1644	1791	1943	2099	2260
2.3.4	累计未分配利润	25688	28052	30485	32990	35569	38222	40953

③ 财务指标分析

a. 静态指标

ⓐ 静态投资利润率　本项目年均利润额为5478万元，项目静态投资利润率为27.04%。

ⓑ 静态投资回收期　项目投资回收期（所得税前）=6.17年；项目投资回收期（所得税后）=7.30年。

b. 动态指标

ⓐ 净现值　根据银行贷款利率及风险因素，本项目采用银行贷款利率加风险调整值合计为8%的财务基准收益率。

$$净现值(所得税前,全部投资,i_c=8\%)=24993 万元$$
$$净现值(所得税后,全部投资,i_c=8\%)=16659 万元$$

ⓑ 内部收益率　项目投资财务内部收益率（所得税前，全部投资）=20.58%；项目投资财务内部收益率（所得税后，全部投资）=16.85%。

5.3.9　风险分析

(1) 敏感性分析

敏感性分析是指从众多不确定性因素中找出对投资项目经济效益指标有重要影响的敏感性因素，并分析、测算其对项目经济效益指标的影响程度和敏感性程度，进而判断项目承受风险能力的一种不确定性分析方法。

以项目土地价格、建造成本和销售价格为影响因素，进行敏感性分析。经过计算，敏感性分析结果如图 5-4 和图 5-5 所示。

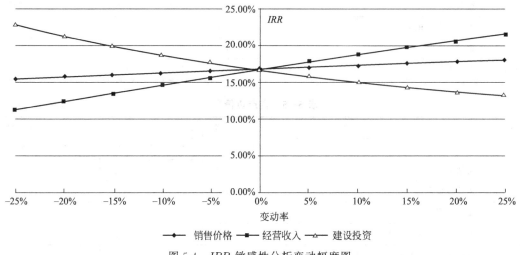

图 5-4　IRR 敏感性分析变动幅度图

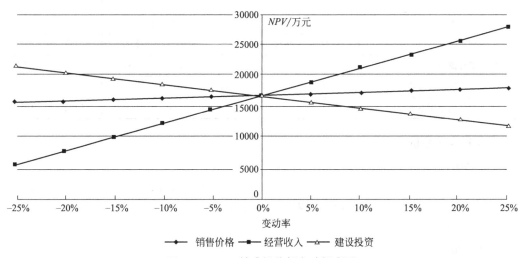

图 5-5　NPV 敏感性分析变动幅度图

经营收入为最敏感因素，在项目运行过程中需要密切关注，但是当经营收入降低 20% 时，项目净现值为 7859 万元，内部收益率为 12.59%，说明该项目抗风险能力比较强。另外，项目建设投资规模为次敏感因素，在项目建设过程中也要给予相对重视。

综上所述，本项目具有非常好的抗风险能力。

（2）市场风险（略）

（3）经营管理风险（略）

（4）财务风险（略）

5.3.10 综合评价及结论建议

(1) 结论

经过论证，可以认为本项目将推动该地区经济的快速发展、完善，促进地区产业结构升级，该项目的建设是十分必要的。

本项目拟定的建设规模和建设方案科学合理，经市场调查和预测分析，本项目的开发与建设符合所在地区的发展目标和方向，同时，由于该项目所处的地理位置优越，因此招商引资的市场前景比较乐观。本项目的各项技术经济指标比较理想。

敏感性分析表明该项目在土地价格、建造成本和销售价格变化时，经济效益指标（IRR和NPV）变化不明显，说明项目具有较强的抗风险能力。

综上所述，可以认定该项目是可行的。

(2) 建议

本项目的各项经济指标说明项目在经济上是可行的，并且具有较强的抗风险能力。建议严格控制建设期，尽量使各项工程按期完工，以保证项目的整体经济效益。

随着环境保护意识的提高，企业对生态环境的要求也越来越高。因此，项目应注重健全法律和法规体系，提高地区整体的生态意识，营造良好的生态氛围；同时，应该加快区域环境建设步伐，改善投资环境，提高区域招商形象和吸引力。

综上，本研究报告认为，项目在总体上应积极采取增长性战略，抓紧落实项目融资、施工单位选择等事宜，以利于本项目的尽快全面正式启动。进而，在××市建设工程市场形势大好的机遇中，获得更大的经济与社会效益。

===== 课后习题 =====

1. 建设工程可行性研究的内容有哪些？
2. 可行性研究报告的编制依据有哪些？
3. 可行性研究的作用是什么？
4. 建设可行性研究的基本工作程序？
5. 可行性研究报告的工作范围有哪些？
6. 可行性研究中如何进行风险分析？
7. 初步可行性研究与详细可行性研究有何区别？
8. 可行性研究中如何确定项目厂区及厂址？
9. 项目融资方案中资金来源有哪些？
10. 财务评价在可行性研究中的作用如何？
11. 谈谈你身边接触过的项目的可行性研究。

第6章 设备更新

【知识点】

设备磨损、磨损的补偿方式及经济寿命，设备大修理，设备更新的技术经济分析及其基本原则，原型更新、新型更新及现代化改装的分析决策方法，建筑企业根据现有设备的技术状态采用与之相宜的设备更新政策。

【重点及难点】

设备磨损规律、特点及度量，各种磨损的区别及补偿方式，设备经济寿命及计算方法，设备更新方案的经济分析、设备现代化改装的经济分析和设备租赁的经济分析。

6.1 设备的磨损及其补偿

随着新工艺、新技术、新器具、新材料的不断涌现，工程施工在更大的深度和广度上实现了机械化，施工机械设备已成为施工企业生产力不可缺少的重要组成部分。因此，建筑施工企业都存在着如何使企业的技术结构合理化，如何使企业设备利用率、机械效率和设备运营成本等指标保持在良好状态的问题，要解决这些问题，就必须对设备磨损的类型及补偿方式、设备更新方案的比选进行科学的技术经济分析。

6.1.1 设备磨损的类型

设备是企业生产的重要物质条件，企业为了进行生产，必须花费一定的投资，用以购置各种机器设备。设备购置后，无论是使用还是闲置，都会发生磨损。设备磨损分为两大类、四种形式。

（1）有形磨损（又称物理磨损）

有形磨损包括两种形式。

① 设备在使用过程中，在外力的作用下实体产生的磨损、变形和损坏，称为第一种有形磨损。

② 设备在闲置过程中受自然力的作用而产生的实体磨损，称为第二种有形磨损。

以上两种有形磨损都造成设备的性能、精度等的降低，使得设备的运行费用和维修费用增加，效率低下，反映了设备使用价值的降低。

（2）无形磨损（又称精神磨损、经济磨损）

无形磨损是技术进步的结果，无形磨损又有两种形式。

① 设备的技术结构和性能并没有变化，但由于技术进步，设备制造工艺不断改进，社会劳动生产率水平的提高，同类设备的再生产价值降低，致使原有设备相对贬值。这种磨损称为第一种无形磨损。

② 第二种无形磨损是由于科学技术的进步，不断创新出结构更先进、性能更完善、效率更高、耗费原材料和能源更少的新型设备，使原有设备相对陈旧落后，其经济效益相对降低而发生贬值。

有形和无形两种磨损都引起机器设备原始价值的贬值，这一点两者是相同的。不同的是，遭受有形磨损的设备，特别是有形磨损严重的设备，在修理之前，常常不能工作；而遭受无形磨损的设备，即使无形磨损很严重，其固定资产物质形态却可能没有磨损，仍然可以使用，只不过继续使用它在经济上是否合算，需要分析研究。

（3）设备的综合磨损

设备的综合磨损是指同时存在有形磨损和无形磨损的损坏和贬值的综合情况。对任何特定的设备来说，这两种磨损必然同时发生和同时相互影响。某些方面的技术进步可能加快设备有形磨损的速度，例如高强度、高速度、大负荷技术的发展，必然使设备的物理磨损加剧。同时，某些方面的技术进步又可提供耐热、耐磨、耐腐蚀、耐振动、耐冲击的新材料，使设备的有形磨损减缓，但是其无形磨损加快。

6.1.2 设备磨损的补偿方式

设备发生磨损后，需要进行补偿，以恢复设备的生产能力。由于机器设备遭受磨损的形式不同，补偿磨损的方式也不一样。补偿分局部补偿和完全补偿。设备有形磨损的局部补偿是修理，设备的无形磨损的局部补偿是现代化改装。有形磨损和无形磨损的完全补偿是更新，如图 6-1 所示。

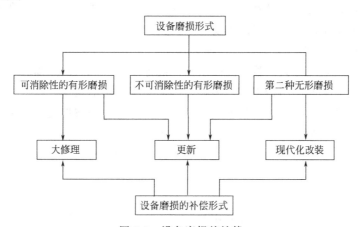

图 6-1　设备磨损的补偿

大修理是更换部分已磨损的零部件和调整设备，以恢复设备的生产功能和效率为主；现代化改造是对设备的结构作局部的改进和技术上的革新，如增加新的、必需的零部件，以增加设备的生产功能和效率为主。这两者都属于局部补偿。更新是对整个设备进行更换，属于完全补偿。

由于设备总是同时遭受到有形磨损和无形磨损，因此，对其综合磨损的补偿形式应进行更深入的研究，以确定恰当的补偿方式。

6.1.3 设备维修

设备大修理及其经济界限如下。

(1) 大修理的经济实质

设备在使用过程中不断地经受着有形磨损。设备的零件、部件是由各种不同性质的材料制成的,它们的使用条件也各不相同,因此设备的零件、部件有着不同的服务期限。

修理就是恢复设备在使用过程中局部丧失的工作能力的过程。其中大修理是通过调整修复或更新磨损的零部件的办法恢复设备的精度、生产率,恢复零部件及整机的全部或接近全部的所有功能,以达到设备原有出厂水平。而日常修理是通过调整、修复或更换易损零部件的办法,保持设备在使用过程中的工作能力。

大修理能够利用被保存下来的零部件,这一点与购置新设备相比具有很大的优越性,因而它成为修理存在的经济前提。

(2) 长期的大修理所引起的弊端

设备使用过程中,由于各部分之间的摩擦及材料的疲劳和老化,性能也是逐渐劣化的。这种物理的劣化或者性能的劣化,可以借助修理的方法得到全面或局部补偿。但是,修理是有限度的。

① 严重阻碍技术进步。一个企业如果不及时更换技术上陈旧的设备,靠修理来维持生产,设备水平至多能维持出厂时的精度和效率。可是设备技术的发展很快,设备水平没有提高,就意味着落后。

② 对技术上陈旧的设备,长期进行修理在经济上是不合理的。尽管设备在大修理中可利用原有设备零件的大部分,但大修的成本是很高的,而且是一次比一次高,即越修越贵。

③ 长期地进行修理,并不能保持设备的原有性能。其精度、效率总是越来越低,性能总是越来越差的,其修理周期是越来越短的。这样,设备就成了提高产量和加速产品更新换代的最大障碍,成了阻碍生产发展的重要因素。

④ 多次大修过的设备,其使用费将随之增加。由于设备使用时间的加长,设备保养、维护、中小修费用也随之增大。技术故障所造成的停工损失和废次品损失越来越大,这种设备的劣化程度就使设备的使用费剧烈增加,因而继续使用旧设备,是十分不经济的。

综合以上几点可以看出,随着技术进步的加快,修理的经济性质将发生变化。我们必须打破传统观念,不能认为修理总是经济的。对于现有设备,不能总是靠修理。尤其是靠大修来维持生产,设备只能越修越贵、越修越落后。设备现代化靠修理是实现不了的,不应长期实行无止境修理的方针。

(3) 确定设备大修理的经济界限

大修理的经济界限是一次大修理所用的费用 (R) 必须小于在同一年份该种设备的再生产价值 (K_n),即:

$$R < K_n$$

采用这一评价标准时,还应该考虑大修理时设备的残值 (K_L) 因素,如果设备在该时期的残值加上大修理费用等于或大于新设备价值时,则大修理费用在经济上是不合理的,此时宁可去买新设备也不进行大修,所以大修理的经济界限条件为:

$$R > K_n - K_L$$

符合上述条件的大修理,在经济上是不是最佳方案呢?

如果设备在大修理后,生产技术特性与同种新设备没有区别,则修理的经济性便是合理的。但实际情况并非如此。设备大修之后,常常缩短了到下一次大修理的间隔期。同时,修理后的设备与新设备相比,技术上的故障多,设备停歇时间长,日常维护和小修理的费用多，与设备使用有关的费用增加，因此修理的质量对于单位产品成本的大小有很大影响。

只有大修后使用该设备生产的单位产品的成本，在任何情况下，都不超过用相同新机器生产的单位产品的成本时，这样的大修理经济上才是合理的，即：

$$C_n - C_r \geqslant 0 \text{ 或 } \frac{C_r}{C_n} \leqslant 1$$

式中 C_n——在新设备上加工单位产品成本；
C_r——在大修过的设备上加工单位产品的成本。

6.1.4 设备现代化改装及其技术经济分析

(1) 设备现代化改装的概念和意义

设备超过最佳使用期限之后，就存在更换问题。但是，这里有两个问题尚需研究，第一，国家能否及时提供国民经济各部门更换所需的新设备？第二，陈旧设备一律更换是否最佳？

一种设备从构思、设计、研制到成批生产，一般要经历较长的时间。随着技术进步的加快，这个周期在不断地缩短。例如，在发达的工业国家，从构思、设计、试制到商业性生产，其周期在第二次世界大战前为 40 年左右，到 20 世纪 60 年代中期缩短到 20 年，70 年代缩短到 10 年，最快的仅 5 年。要按这个周期更换掉所有的陈旧设备是不可能的。何况我国设备制造部门的产品更新换代缓慢，用相同结构的新设备去更换现有设备，也体现不出设备更新的优越性。

解决这个矛盾的有效途径是现有设备的现代化改装。所谓设备的现代化改装，是指应用现代的技术成就和先进经验，适应生产的具体需要，改变现有设备的结构，给旧设备换上新部件、新装置、新附件，改善现有设备的技术性能，使之全部达到或局部达到新设备的水平。设备现代化改装是克服现有设备的技术陈旧状态、消除第二种无形磨损、促进现有设备技术进步的方法之一，也是扩大设备生产能力、提高设备质量的重要途径。

在多数情况下，通过设备现代化改装使陈旧设备达到需要的水平，所需的投资往往比用新设备更换为少。因此在不少情况下，设备现代化改装在经济上有很大的优越性。

设备现代化改装具有很大的针对性和适应性。经过现代化改装的设备更能适应生产的具体要求，在某些情况下，其适应具体生产需要的程度，甚至可以超过新设备。有时设备经过现代化改装，其技术特性比新设备水平还高。所以，在个别情况下，对新设备也可以进行改装。这在我国产品更新换代缓慢的情况下，有其特定的意义。

(2) 设备现代化改装的技术可能性

设备的现代化改装并不是在任何情况下都是可行的。当出现完全不同于现有方法的新方法而且这种新的加工方法比老方法又有很大的优越性时，通常要求采用另一种设备，这时现代化改装的技术可能性就不存在了。此外，还有一种情况：加工工艺虽然没有变化，但为了进行现代化改装，设备结构要有重大改动，最后保留的可能仅剩机座，有时甚至连机座也要重新加工，这时，对设备进行现代化改装也可以理解为是不可能的。

但是机械加工技术发展最典型、最普遍的情况，并不是从根本上改变设备的结构，而是在原来的基础上建立较完善的结构，使之具有较好的技术特性。因此，对过去生产的设备完全可以通过周期性的现代化改装使之达到或接近先进的技术水平。如果设备机构的完善化是按上述过程在制造厂进行，那么现有旧结构设备的完善化同样可以通过现代化改造的方法在使用厂进行。

据此，现有设备现代化改装在技术上可能做到：①提高设备所有技术特性使之达到现代新设备的水平；②改善设备某些技术特性，使之局部达到现代新设备的水平。

设备的役龄对设备的现代化改装的技术可能性有具体影响。现有设备技术特性的完善程度与役龄有很大关系。对役龄大的特别陈旧的设备进行现代化改装，技术上常常是很困难的，所需费用也较高，对这类设备尽量采取更换的方针。役龄较小的设备进行现代化改装，技术上较容易。一般说来，役龄10~20年的设备应是现代化改装的主要对象。

（3）设备现代化改装的技术经济分析

设备现代化改装是广义设备更新的一种方式，因此，研究现代化改装的经济性应与设备更新的其他方法相比较。一般情况下，与现代化改装并存的可行方案有：旧设备原封不动地继续使用，旧设备的大修理，用相同结构新设备更换旧设备或用效率更高、结构更好的新设备更换旧设备。决策的任务就在于从中选择总是成本最小的方案。

6.2 设备更新的方案比选原则

6.2.1 设备更新的概念

设备更新就是用新设备去替换由于各种原因不宜继续使用的旧设备。就实物形态而言，设备更新是用新的设备代替旧的设备；就价值形态而言，它使设备在运转中消耗掉的价值重新得到补偿。设备更新有以下两种形式。

① 用相同的设备去更新有形损耗严重、不能继续使用的旧设备。这种更新只是解决设备的损坏问题，不具有更新技术的性质，不能促进技术的进步。

② 用较经济和完善的新设备，即用技术更先进、结构更完善、效率更高、性能更好、耗费能源和原材料更少的新型设备来更换那些技术上不能继续使用或经济上不宜继续使用的旧设备。这种更新不仅能解决设备损坏问题，而且能解决设备技术落后的问题。在当今技术进步很快的条件下设备更新应该主要是第二种。

6.2.2 设备更新的客观必然性

设备需要不断地更新，这是由以下三类矛盾所引出的必然结果。

① 社会需要不断发展与现有设备的功能不能相适应之间的矛盾。人们的需求是不断发展变化的，并且越来越多样化、高功能化，但是，作为物质化了的科学技术——设备，一经形成，其功能就被限定。因此，当企业的产品要求改变时，就必须对相应的设备进行更新与改造，以满足生产发展的新需要。

② 科学技术不断发展与"凝结"的科学技术水平固定不变的矛盾。技术与产品一样有其经济寿命周期，一项新技术的出现，开始不太完善，经济效益也不高，但经过不断改进，经济效益会越来越高；当技术发展到一定程度后，改进的速度趋向缓慢；当新的、更先进的技术被发现后，旧的技术就开始被淘汰。这是一项技术从产生、发展、成熟直至衰亡的过程，表现为典型的"S"形曲线。实际的技术在不断发展，而已经固化的技术却失去了发展的能力，并逐渐走向灭亡，旧设备被新设备替代就是必然的。

③ 设备维修的局限性和要求提高综合经济效益的矛盾。设备的修理固然可以使大量的零部件继续使用，但修理往往是单件小批作业，成本高、效率低，而且修理后设备的生产费用往往比新设备高；设备更新一次性投资大，而且旧设备的废弃也会给企业造成一定的损失。但设备更新能提高企业生产的现代化水平，尽快形成新的成产能力。因此，当设备使用了一定年限后，修理的经济效益比更新差时，就应当进行设备更新。

6.2.3 设备寿命期的类型

(1) 设备的自然寿命（物质寿命）

设备的自然寿命，又称物质寿命。它主要是由设备的有形磨损所决定的。做好设备维修和保养可延长设备的物质寿命，但不能从根本上避免设备的磨损，任何一台设备磨损到一定程度时，都必须进行更新。因为随着设备使用时间的延长，设备不断老化，维修所支出的费用也逐渐增加从而出现恶性使用阶段，即经济上不合理的使用阶段，因此，设备的自然寿命不能成为设备更新的估算依据。

(2) 设备的技术寿命

由于科学技术迅速发展，一方面，对产品的质量和精度的要求越来越高；另一方面，也不断涌现出技术上更先进、性能更完善的机械设备，这就使得原有设备虽然还能继续使用，但已不能保证产品的精度、质量和技术要求而被淘汰。因此，设备的技术寿命就是指设备从投入使用到因技术落后而被淘汰所延续的时间，也即是指设备在市场上维持其价值的时间，故又称为有效寿命。例如一台挖土机，即使完全没有使用过，它也会被功能更完善、技术更为先进的挖土机所取代，这时它的技术寿命可以认为等于零。由此可见，技术寿命主要是由设备的无形磨损所决定的，它一般比自然寿命要短，而且科学技术进步越快，技术寿命越短。所以，在估算设备寿命时，必须考虑设备技术寿命期限的变化特点及其使用的制约或影响。

(3) 设备的经济寿命

经济寿命是指设备从投入使用开始，到继续使用在经济上不合理而被更新所经历的时间。它是维护费用的提高和使用价值的降低决定的。设备使用年限越长，所分摊的设备年资产消耗成本越少。但是随着设备使用年限的增加，一方面需要更多的维修费维持原有功能；另一方面机器设备的操作成本及原材料、能源耗费也会增加，年运行时间、生产效率、质量将下降。因此，年资产消耗成本的降低，会被年度运行成本的增加或收益的下降所抵消。在整个变化过程中存在着某一年份，设备年平均使用成本最低，经济效益最好，如图6-2所示。

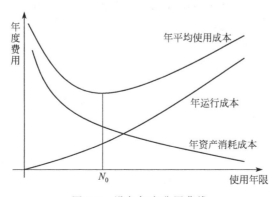

图6-2 设备年度费用曲线

在 N_0 年时，设备年平均使用成本达到最低值。我们称设备从开始使用到其年平均使用成本最小（或年盈利最高）的使用年限 N_0 为设备的经济寿命。所以，设备的经济寿命就是从经济观点（即成本观点或收益观点）确定的设备更新的最佳时刻。

6.2.4 设备经济寿命的估算

确定设备经济寿命期的原则是：
① 使设备在经济寿命内平均每年净收益（纯利润）达到最大；
② 使设备在经济寿命内年平均使用成本达到最小。
确定设备经济寿命的方法可以分为静态模式和动态模式两种。

（1）静态模式下设备经济寿命的确定方法

静态模式下设备经济寿命的确定方法，就是在不考虑资金时间价值的基础上计算设备年平均使用成本 $\overline{C}_N$。使 $\overline{C}_N$ 为最小的 N_0 就是设备的经济寿命。

$$\overline{C}_N = \frac{P - L_N}{N} + \frac{1}{N}\sum_{t=1}^{N} C_t \tag{6-1}$$

式中 $\overline{C}_N$ —— N 年内设备的年平均使用成本；
P —— 设备目前实际价值；
C_t —— 第 t 年的设备运行成本；
L_N —— 第 N 年末的设备净残值。

在式（6-1）中，$\dfrac{P-L_N}{N}$ 为设备的平均年度资产消耗成本，而 $\dfrac{1}{N}\sum_{t=1}^{N} C_t$ 为设备的平均年度运行成本。

【例 6-1】某设备目前实际价值为 30000 元，有关统计资料见表 6-1，求其经济寿命。

表 6-1 设备有关统计资料

继续使用年限 t/年 项　目	1	2	3	4	5	6	7
年运行成本/元	5000	6000	7000	9000	11500	14000	17000
年末残值/元	15000	7500	3750	1875	1000	1000	1000

解 由统计资料可知，该设备在不同使用年限时的平均成本如表 6-2 所示。

表 6-2 设备在不同使用年限时的静态年平均成本　　　　　　　　　　单位：元

使用年限 N ①	资产消耗成本 $(P-L_N)$ ②	平均年资产消耗成本 ③=②/①	年度运行成本 C_t ④	运行成本累计 $\sum C_t$ ⑤	平均年度运行成 ⑥=⑤/①	年平均使用成本 $\overline{C}_N$ ⑦=③+⑥
1	15000	15000	5000	5000	5000	20000
2	22500	11250	6000	11000	5500	16750
3	26250	8750	7000	18000	6000	14750
4	28125	7031	9000	27000	6750	13781
5	29000	5800	11500	38500	7700	13500
6	29000	4833	14000	52500	8750	13583
7	29000	4143	17000	69500	9929	14072

由计算结果可以看出，该设备在使用 5 年时，其平均使用成本 13500 元为最低。因此，该设备的经济寿命为 5 年。

由于设备使用时间越长，设备的有形磨损和无形磨损越加剧，从而导致设备的维护修理费用越增加，这种逐年递增的费用 ΔC_t 称为设备的低劣化。用低劣化数值表示设备损耗的方法称为低劣化数值法。如果每年设备的劣化增量是均等的，即 $\Delta C_t = \lambda$，每年劣化呈线性增长。假设评价基准年（即评价第一年）设备的运行成本为 C_1，则平均每年的设备使用成本 $\overline{C}_N$ 可用下式表示：

$$C = \frac{P-L_N}{N} + \frac{1}{N}\sum_{t=1}^{N}C_t$$
$$= \frac{P-L_N}{N} + C_1 + \frac{1}{N}[\lambda + 2\lambda + 3\lambda + \cdots + (N-1)\lambda]$$
$$= \frac{P-L_N}{N} + C_1 + \frac{1}{2N}[N(N-1)\lambda]$$
$$= \frac{P-L_N}{N} + C_1 + \frac{1}{2}[(N-1)\lambda]$$

要使 $\overline{C}_N$ 为最小，对上式的 N 进行一阶求导，并令其导数为零，据此，可以简化经济寿命的计算，即：

$$N_0 = \sqrt{\frac{2(P-L_N)}{\lambda}} \tag{6-2}$$

式中 N_0——设备的经济寿命；
  λ——设备的低劣化值。

【例 6-2】 设有一台设备，目前实际价值 $P=8000$ 元，预计残值 $L_N=800$ 元，第一年的设备运行成本 $Q=600$ 元，每年设备的劣化增量是均等的，年劣化值 $\lambda=300$ 元，求该设备的经济寿命。

解 设备的经济寿命 $N_0 = \sqrt{\frac{2\times(8000-800)}{300}} = 7$（年）

将各年的计算结果列表（见表 6-3），进行比较后，也可得到同样的结果。

表 6-3 用低劣化数值法计算设备最有更新期 单位：元

使用年限 N ①	平均年资产消耗成本 $(P-L_N)/N$ ②	年度运行成本 C_t ③	运行成本累计 $\sum C_t$ ④	平均年度运行成本 ⑤=④/① ⑤	年平均使用成本 C_N⑥=②+⑤ ⑥
1	7200	600	600	600	7800
2	3600	900	1500	750	4350
3	2400	1200	2700	900	3300
4	1800	1500	4200	1050	2850
5	1440	1800	6000	1200	2640
6	1200	2100	8100	1350	2550
7	1029	2400	10500	1500	2529
8	900	2700	13200	1650	2550
9	800	3000	16200	1800	2600

(2) 动态模式下设备经济寿命的确定方法

动态模式下设备经济寿命的确定方法，就是在考虑资金的时间价值的情况下计算设备的净年值 NAV 或年成本 AC，通过比较年平均效益或年平均费用来确定设备的经济寿命 N_0。

$$NAV(N) = \sum_{t=0}^{N}(CI-CO)_t(P/F,i_c,t)(A/P,i_c,N) \tag{6-3}$$

或

$$AC(N) = \sum_{t=0}^{N}(CO_t,i_c,t)(A/P,i_c,N) \tag{6-4}$$

在上式中，如果使用年限 N 为变量，则当 $N_0(0 < N_0 \leqslant N)$ 为经济寿命时，应满足：

$$NAV(N_0) \to 最大(\max)$$

$$AC(N_0) \to 最小(\min)$$

如果设备目前实际价值为 P，使用年限为 N 年，设备第 N 年的净残值为 L_N，第 t 年的运营成本为 C_t，基准折现率为 i_c，其经济寿命为年成本 AC 最小时所对应的 N_0，即：

$$AC_{\min} = P(A/P,i_c,N_0) - L_{N_0}(A/F,i_c,N_0) + \sum_{t=0}^{N_0}C_t(P/F,i_c,t)(A/P,i_c,N_0) \tag{6-5}$$

或 $AC_{\min} = (P-L_{N_0})(A/P,i_c,N_0) + L_{N_0}i_c + \sum_{t=0}^{N_0}C_t(P/F,i_c,t)(A/P,i_c,N_0)$ (6-6)

由式（6-5）和式（6-6）可以看到用净年值或年成本估算设备的经济寿命的过程是：在已知设备现金流量和折现率的情况下，逐年计算出从寿命 1 年到 N 年全部使用期的年等效值，从中找出平均年成本的最小值（仅考虑项目支出时），或是平均年盈利的最大值（全面考虑项目收支时），及其所对应的年限，从而确定设备的经济寿命。

【例 6-3】 假设折现率为 6%，计算【例 6-1】中设备的经济寿命。

解 计算设备不同使用年限的年成本 AC，如表 6-4 所示。可以看出，第 6 年的年成本最小值为 14405.2 元，因此该设备的经济寿命为 6 年。

表 6-4　设备在不同使用年限时的动态年平均成本　　　　　单位：元

N	$P-L_N$	$(A/P,6\%,t)$	$L_N \times 6\%$	②+③+④	C_t	$(P/F,6\%,t)$	$[\sum ⑥⑦] \times ③$	$AC=⑤+⑧$
①	②	③	④	⑤	⑥	⑦	⑧	⑨
1	15000	1.0600	900	16800	5000	0.9434	5000	21800
2	22500	0.5454	450	12721.5	6000	0.8900	5485.1	18206.6
3	26250	0.3741	225	10045.1	7000	0.8396	5961.0	16006.1
4	28125	0.2886	112.5	8229.4	9000	0.7921	6656.0	14885.4
5	29000	0.2374	60	6944.6	11500	0.7473	7515.4	14460.0
6	29000	0.2034	60	5958.6	14000	0.7050	8446.6	14405.2
7	29000	0.1791	60	5253.9	17000	0.6651	9462.5	14716.4

6.2.5　设备更新方案的比选

设备更新方案的比选就是对新设备方案与旧设备方案进行比较分析，也就是决定现在马上购置新设备、淘汰旧设备，还是至少保留使用旧设备一段时间，再用新设备替换旧设备。新设备原始费用高，营运和维修费低；旧设备目前净残值低，营运费和维修费高；必须进行权衡判断，才能做出正确的选择，一般情况是要进行逐年比较的。

由于新设备方案与旧设备方案的寿命在大多数情况下是不等的，各方案在各自的计算期内的净现值不具有可比性。因此，设备更新方案的比选主要应用的仍然是净年值或年成本。

在进行设备更新方案比选时，可按如下步骤进行。

① 按表 6-4（或表 6-2）计算新旧设备方案不同使用年限的动态（或静态）年平均成本和经济寿命。

② 设备更新即便在经济上是有利的，却也未必应该立即更新。换言之，设备更新分析还包括一种所谓的更新实际选择问题。现有已用过一段时间的旧设备究竟在什么时候更新最经济？

如果旧设备继续使用 1 年的年成本低于新设备的年成本，即 $AC(旧) < AC(新)$ 时，不更新旧设备，继续使用旧设备 1 年。

当新旧设备方案出现 $AC(旧) > AC(新)$ 时，应更新现有设备，这即是设备更新的时机。

总之，以经济寿命为依据的更新方案比较，使设备都使用到最有利的年限来进行分析。

6.2.6 设备费用要素的确定

设备更新经济分析的核心问题是经济寿命，而经济寿命确定的是否符合实际，依赖于对设备各项费用要素的正确估计。设备费用要素有设备投资、折旧费和维持费。下面介绍设备费用要素的确定和计算方法。

6.2.7 设备投资的确定

对一项新设备而言，设备投资就是设备的购置费，它包括设备价格、运输费、安装及试运转费用，但对运行中旧设备价值的确定，却不断引起人们的争论。旧设备的价值有原始价值和扣除历年折旧后的账面价值，如果将其出售或转让，可以得到其实际价值，如果以旧换新还可以得到其抵扣价值。更新经济分析是从现在状态来研究使用现有设备的经济合理性问题，因此不应以原始价值作为它的投资是显而易见的。抵扣价值往往随着夸大了新设备价格而被扭曲，不能反映现有设备的真实价值。至于账面价值要作分析，要看它是否符合实际情况而定，要正确地确定现有设备正常运行追加的投资。账面价值高出实际价值的部分叫沉没成本，它是过去的支出，现在和将来都不能复得的价值损失，在设备更新经济分析时，不应把沉没成本计入现有设备的投资中。因为更新时现有设备只能以市场价格出售，不更新时，表面上看来似乎可以通过提取折旧费的方式把这部分损失全部收回，但从机会成本的观点来看，企业失掉了采用新设备获得较多收益的机会，事实上也是一种损失，所以若账面价值高于实际价值时不应按账面价值估计现有设备的投资。

6.2.8 设备折旧费的计算

（1）设备折旧费的概念

设备在长期参加生产过程中，虽然能保持其实物状态，但要产生损耗。损耗是消耗设备的过程，也是其价值逐渐地、一部分一部分地转移到由它产生的产品中去的过程。为了补偿设备的损耗，保持设备价值摊入成本，并在产品销售出去后及时提取出来，以便维持设备简单再生产的顺利进行。这部分补偿设备损耗的价值叫作设备折旧，它是设备使用费用的一部分。

通常用折旧率的形式来计算折旧费的大小，折旧率大小反映设备折旧费占设备价值的百分比。

合理制定设备的折旧率不仅是正确计算成本的依据，而且是促进技术进步、有利设备更新的政策问题。正确的折旧率应该既反映设备的有形损耗，又反映设备的无形损耗，应该与设备的实际损耗相符合。如果折旧率规定得太低，则设备使用期满还没有把设备的价值全部转移到产品中去，也就是提取的折旧费不足以抵偿设备的损耗，使生产的资产受到侵蚀，设备更新就会受到影响。这样会使企业设备得不到及时更新，影响企业生产的正常进行。相反，如果折旧率规定得太高，使折旧费抵偿设备实际损耗而有余，就会人为地增加成本而缩小企业盈利。

设备折旧费是设备的大修理、更新和现代化改装的主要资金来源，合理的折旧制度对加速资金周转，增强企业自我改造、自我发展的能力，促进技术进步、提高竞争能力和经济效益都有着重要的意义。

（2）设备折旧费的计算方法

折旧率是按年分摊设备价值的比率，年折旧费的大小与设备本身的价值及其使用年限有密切关系。设备价值是个常数，而折旧率的大小则主要取决于设备的使用期限。折旧率之所以难确定，其原因主要是难以准确地估计设备的折旧年限。常用的折旧方法有以下几种。

① 直线法　又称平均年限法，它是最简单，也是最常用的一种方法。该法是将设备原始值减去预估净残值（最终残值扣除清理费的余额），求得应折旧的价值，然后再除以折旧寿命，即得每年的折旧额。因此，用直线法计算的各年折旧额是完全相等的。

若设备的原始价值为 K_0，预估的设备净残值为 K_L，设备的折旧年限为 N，则年折旧额 D 的计算公式为：

$$D=\frac{K_0-K_L}{N} \tag{6-7}$$

年折旧率 γ 的计算公式为：

$$\gamma=\frac{K_0-K_L}{NK_0} \tag{6-8}$$

【例 6-4】　一台设备原始价值为 16000 元，预计折旧年限为 5 年，净残值为 1000 元，则该设备按直线计算的折旧额为：

$$D=\frac{16000-1000}{5}=3000(元)$$

② 余额递减法　这种折旧方法的特点是折旧率不变，而作为计算折旧依据的折旧价值不是设备的原始价值，是逐年减少的折旧余值，即原值扣除折旧额后的剩余值。其计算方法如下。

设 K_0 为设备的原始价值，K_L 为设备的净残值，γ 为固定的年折旧率，$C_1,C_2,C_3,\cdots,C_n$ 分别为第 $1,2,3,\cdots,n$ 年末的账面价值。则：

$$C_1 = K_0(1-\gamma)$$
$$C_2 = C_1(1-\gamma) = K_0(1-\gamma)^2$$
$$C_3 = C_1(1-\gamma) = K_0(1-\gamma)^3$$
$$\vdots$$
$$C_n = K_0(1-\gamma)^n$$

由于最后一年,即第 n 年末的残值应等于预计的净残值 K_L。于是:

$$K_L = C_n = K_0(1-\gamma)^n$$

由此可以求得固定的年折旧率公式为:

$$\gamma = 1 - \sqrt[n]{\frac{K_L}{K_0}} \quad (K_L > 0) \tag{6-9}$$

第 m 年折旧额的计算公式如下:

$$D_m = K_0(1-\gamma)^{m-1}\gamma \tag{6-10}$$

【例 6-5】 仍采用【例 6-4】的数据,余额递减法的年折旧率为:

$$\gamma = 1 - \sqrt[5]{\frac{1000}{16000}} = 1 - 0.5743 = 0.4257$$

设备各年的折旧额如表 6-5 所列。

表 6-5 余额递减法计算表

使用年数 N	折旧额/元	折旧额累计/元	折旧余值/元
0	—	—	16000
1	6811	6811	9189
2	3912	10732	5277
3	2246	12969	3031
4	1290	14259	1741
5	741	15000	1000

③ 双倍余额递减法 这种方法所用的折旧率是残值为零时直线折旧率的两倍,逐年折旧的基数是按原始价值扣除累计折旧额计算的。该法于折旧年限终了时,设备的折旧余值并不等于残值,为此到最后两年用直线法计算。

第 m 年折旧额的计算公式如下:

$$D_m = \frac{2K_0}{N}\left(1-\frac{2}{N}\right)^{m-1}$$

【例 6-6】 仍采用【例 6-4】的数据,这时折旧率为 0.4,改用直线法的年度为第四、第五年,则各年折旧额的计算如表 6-6 所示。

表 6-6 双倍余额递减法计算表

使用年数 N	折旧额/元	折旧额累计/元	折旧余值/元
0	—	—	16000
1	6400	6400	9600
2	3840	10240	5760
3	2304	12544	3456
4	1228	13772	2228
5	1228	15000	1000

④ 年数总和法 这种折旧方法的折旧率是逐年变化的，它可用从 1 到 n 的年度数字之和为分母，以包括欲求折旧额当年在内的剩余年数作分子求得，折旧的基数与直线法一样，是设备原始价值扣除残值后的折旧价值。

第 m 年折旧额的计算公式如下：

$$D_m = \frac{N-(m-1)}{\sum_{j=1}^{N} j}(K_0 - K_L) \tag{6-11}$$

式中：

$$\sum_{j=1}^{N} j = 1+2+3+4+\cdots+(N-1)+N = \frac{N(N+1)}{2} \tag{6-12}$$

【例 6-7】 仍采用【例 6-4】的数据，用年数总和法求各年折旧额，利用式（6-11）可求 1~5 年的折旧额如下：

$$D_1 = \frac{5}{15} \times (16000 - 1000) = 5000$$

$$D_2 = \frac{4}{15} \times (16000 - 1000) = 4000$$

$$D_3 = \frac{3}{15} \times (16000 - 1000) = 3000$$

$$D_4 = \frac{2}{15} \times (16000 - 1000) = 2000$$

$$D_5 = \frac{1}{15} \times (16000 - 1000) = 1000$$

余额递减法、双倍余额递减法和年总和法又称快速折旧法。采用这些方法的理由是：设备在整个使用过程中，其效能是变化的，其使用的前几年设备处在较新状态，效能较高，可为企业提供较多的经济效益；后几年特别是接近更新前夕，效能较低，为企业提供的经济效益相对减少，因此前几年分摊的折旧费应比后几年多一些。

(3) 设备维持费用

设备维持正常运行，要支出营运费，它包括操作人员工资、燃料和动力费、保险费、税金等。除此之外，设备旧的时候和新的时候相比较，有两点明显差异：一是产量下降；二是品质不良率上升。品质不良率的上升，不但影响产品的销售收入，也使返工费用增加，所有上述原因都会使产品成本提高。因此，因产品质量下降造成的损失，也应包含在设备维持费之中。

6.3 设备租赁

6.3.1 设备租赁的概念

租赁，从字面上讲就是租用他人的物件。设备租赁是设备使用者（承租人）按照合同规定，按期向设备所有者（出租人）支付一定费用而取得设备使用权的一种经济活动。设备租赁一般有融资租赁和经营租赁两种方式。在融资租赁中，租赁双方承担确定时期的租让和付费义务，而不是任意终止和取消租约，贵重的设备（如重型机械设备等）宜采用这种方法；在经营租赁中，租赁双方的任何一方可以随时以一定方式在通知对方后的规定期限内取消或终止租约，临时使用的设备（如车辆、仪器等）通常采用这种方式。

由于租赁具有把融资和融物结合起来的特点，这使得租赁能够提供及时而灵活的资金融通方式，是企业取得设备进行生产经营的一个重要手段。

(1) 对于承租人来说，设备租赁与设备购买相比的优越性

① 在资金短缺的情况下，既可用较少资金获得生产急需的设备，也可以引进先进设备，加速技术进步的步伐；

② 可获得良好的技术服务；

③ 可以保持资金的流动状态，防止呆滞，也不会使企业资产负债状况恶化；

④ 可避免通货膨胀和利率波动的冲击，减少投资风险；

⑤ 设备租金可在所得税前扣除，能享受税费上的利益。

(2) 设备租赁的不足之处

① 在租赁期间承租人对租用设备无所有权，只有使用权，故承租人无权随意对设备进行改造，不能处置设备，也不能用于担保、抵押贷款；

② 承租人在租赁期间所交的租金总额一般比直接购置设备的费用要高；

③ 长年支付租金，形成长期负债；

④ 融资租赁合同规定严格，毁约要赔偿损失，罚款较多等。

正是由于设备租赁有利有弊，故在租赁前要进行慎重的决策分析。

6.3.2 影响设备租赁与购买的主要因素

企业在决定进行设备投资之前，必须进行多方面考虑。因为，决定企业租赁或购买的关键在于能否为企业节约尽可能多的支出费用，实现最好的经济效益。为此，首先需要考虑影响设备投资的因素。

(1) 影响设备投资的因素

影响设备投资的因素较多，其主要包括：

① 项目的寿命期；

② 企业是否需要长期占有设备，还是只希望短期占有这种设备；

③ 设备的技术性能和生产率；

④ 设备对工程质量（产品质量）的保证程度，对原材料、能源的消耗量，以及设备生产的安全性；

⑤ 设备的成套性、灵活性、耐用性、环保性和维修的难易程度；

⑥ 设备的经济寿命；

⑦ 技术过时风险的大小；

⑧ 设备的资本预算计划、资金可获得量（包括自由资金和融通资金），融通资金时借款利息或利率高低；

⑨ 提交设备的进度。

(2) 影响设备租赁的因素

对于设备租赁，除考虑上述因素外，还应考虑如下影响因素：

① 租赁期长短；
② 设备租金额，包括总租金额和每租赁期租金额；
③ 租金的支付方式，包括租赁期起算日、支付日期、支付币种和支付方法等；
④ 企业经营费用减少与折旧费和利息减少的关系，租赁的节税优惠；
⑤ 预付资金（定金）、租赁保证金和租赁担保费用；
⑥ 维修方式，即是由企业自行维修，还是由租赁机构提供维修服务；
⑦ 租赁期满，资产的处理方式；
⑧ 租赁机构的信用度、经济实力，与承租人的配合情况。

(3) 影响设备购买的因素

对于设备购买，除考虑前述（1）的因素外，也应该考虑如下影响因素：
① 设备的购置价格、设备价款的支付方式，支付币种和支付利率等；
② 设备的年运转费用和维修方式、维修费用；
③ 保险费，包括购买设备的运输保险费，设备在使用过程中的各种财产保险费。

总之，企业是否做出租赁与购买决定的关键在于技术经济可行性分析。因此企业在决定进行设备投资之前，必须充分考虑影响设备租赁与购买的主要因素，才能获得最佳的经济效益。

6.3.3 掌握设备租赁与购买力方案的分析方法

采用购置设备或是采用租赁设备应取决于这两种方案在经济上的比较，比较的原则和方法与一般的互斥投资方案的比选方法相同。

(1) 设备租赁与购买方案的步骤

① 根据企业生产经营目标和技术状况，提出设备更新的投资建议。
② 拟定若干设备投资、更新方案，包括购置（有一次性付款和分期付款购买）、租赁。
③ 定性分析筛选方案，包括分析企业财务能力，分析设备技术风险、使用维修特点。

a. 分析企业财务能力，如果企业不能一次筹集并支付全部设备价款，则去掉一次付款购置方案。

b. 分析设备技术风险、使用维修特点，对技术过时风险大、保养维护复杂、使用时间短的设备，可以考虑租赁方案；对技术过时风险小、使用时间长的大型专用设备则融资租赁方案或购置方案均是可以考虑的方式。

④ 定量分析并优选方案，结合其他因素，作出租赁还是购买的投资决策。

(2) 设备经营租赁与购置方案的经济比选方法

进行设备经营租赁与购置方案的经济比选，必须详细地分析各方案寿命期内各年的现金流量情况，据此分析方案的经济效益，确定以何种方式投资才能获得最佳收益。

① 设备经营租赁方案的净现金流量

采用设备经营租赁的方案，租赁费可以直接计入成本，其净现金流量每期为：

$$净现金流量 = 销售收入 - 经营成本 - 租赁费用 - 与销售相关的税金 - 所得税率 \times (销售收入 - 经营成本 - 租赁费用 - 与销售相关的税金) \quad (6-13)$$

式中，租赁费用主要包括：租赁保证金、租金、担保费。

a. 租赁保证金　为了确认租赁合同并保证其执行，承租人必须先交纳租赁保证金。当租赁合同结束时，租赁保证金将被退还给承租人或在偿还最后一期租金时加以抵消。保证金一般按合同金额的一定比例计，或是某一期数的金额（如一个月的租金额）。

b. 担保费　出租人一般要求承租人请担保人对该租赁交易进行担保，当承租人由于财务危机付不起租金时，由担保人代为支付租金。一般情况下，承租人需要付给担保人一定数目的担保费。

c. 租金　租金是签订租赁合同的一项重要内容，直接关系到出租人与承租人双方的经济利益。出租人要从取得的租金中得到出租资产的补偿和收益，即要收回租赁资产的购进原价、贷款利息、营业费用和一定的利润。承租人则要比照租金核算成本。影响租金的因素很多，如设备的价格、融资的利息及费用、各种税金、租赁保证金、运费、租赁利差、各种费用的支付时间，以及租金采用的计算公式等。

对租金的计算主要有附加率和年金法。

ⓐ 附加率法　附加率法是在租赁资产的设备货价或概算成本上再加上一个特定的比率来计算租金。每期租金 R 表达式为：

$$R = P\frac{(1+N\times i)}{N} + P\times r \tag{6-14}$$

式中　P——租金资产的价格；
　　　N——租赁期数，可按月、季、半年、年计；
　　　i——与租赁期数相对应的利率；
　　　r——附加率。

【例 6-8】　租赁公司拟出租给某企业一台设备，设备的价格为 68 万元，租期为 5 年，每年年末支付租金，折现率为 10%，附加率为 4%，问每年租金为多少？

解　$R = 68\times\dfrac{(1+5\times 10\%)}{5} + 68\times 4\% = 23.12（万元）$

ⓑ 年金法　年金法是将一项租赁资产价值按相同比率分摊到未来各租赁期间内的租金计算方法。年金法计算有期末支付和期初支付租金之分。

期末支付方式是在每期期末等额支付租金。每期租金 R 的表达式为：

$$R = P\frac{i(1+i)^N}{(1+i)^N - 1} \tag{6-15}$$

式中　P——租赁资产的价格；
　　　N——租赁期数，可按月、季、半年、年计；
　　　i——与租赁期数相对应的利率或折现率。

期初支付方式是在每期期初等额支付租金，期初支付要比期末支付提前一期支付租金。每期租金 R 的表达式为：

$$R = P\frac{i(1+i)^{N-1}}{(1+i)^N - 1} \tag{6-16}$$

【例 6-9】　折现率为 12%，其余数据与【例 6-8】相同，试分别按每年年末、每年年初支付方式计算租金。

解　若按年末支付方式：

$$R = 68\times\frac{12\%\times(1+12\%)^5}{(1+12\%)^5 - 1} = 68\times 0.2774 = 18.86（万元）$$

若按年初支付方式：

$$R = 68 \times \frac{12\% \times (1+12\%)^{5-1}}{(1+12\%)^5 - 1} = 68 \times 0.2477 = 16.84(万元)$$

② 购买设备方案的净现金流量　与租赁相同条件下的购买设备方案的净现金流量每期为：

净现金流量＝销售收入－经营成本－设备购置费－贷款利息－与销售相关的税金－
　　　　　所得税率×(销售收入－经营成本－折旧－贷款利息－与销售相关的税金)
(6-17)

③ 设备租赁与购买方案的经济比选　对于承租人来说，关键的问题是决定租赁，还是购买设备。而设备租赁与购置的经济比选也是互斥方案选优问题，一般寿命相同时可以采用净现值法，设备寿命不同时可以采用年值法。无论用净现值法，还是年值法，均以收益效果较大或成本较少的方案为宜。

在工程经济互斥方案分析中，为了简化计算，常常只需比较它们之间的差异部分。而设备租赁与购置方案经济比选，最简单的方法是在假设所得到设备的收入相同的条件下，将租赁方案和购买方案的费用进行比较。根据互斥方案比选的增量原则，只需比较它们之间的差异部分。从式（6-15）和式（6-16）两式可以看出，只需比较以下几点。

设备租赁：所得税率×租赁费－租赁费；

设备购置：所得税率×(折旧＋贷款利息)－设备购置费－贷款利息。

由于每个企业都要依利润大小缴纳所得税，按财务制度规定，租赁设备的租金允许计入成本；购买设备每期计提的折旧费也允许计入成本；若用借款购买设备，其每期支付的利息也可以计入成本。在其他费用保持不变的情况下，计入成本越多，则利润总额越少，企业交纳的所得税也越少。因此在充分考虑各种方式的税收优惠影响下，应该选择税后收益更大或税后成本更小的方案。

【例 6-10】某企业需要某种设备，其购置费为 20 万元，可贷款 10 万元，贷款利率为 8%，在贷款期 3 年内每年年末等额还本付息。设备试用期为 5 年，期末设备残值为 5000 元。这种设备也可以租赁到，每年末租赁费为 56000 元。企业所得税税率为 33%，采用直线折旧，基准折现率为 10%，试为企业选择方案。

解　1. 企业若采用购置方案

(1) 计算年折旧费

$$年折旧费 = \frac{200000 - 5000}{5} = 39000(元)$$

(2) 计算年借款利息

各年支付的本利和 A 按下式计算，则各年的还本付息如表 6-7 所列。

表 6-7　各年支付的利息　　　　　　　　　　　单位：元

年　份	期初剩余本金	本期还款金额	其中本期支付本金	其中本期支付利息
1	1000000	38803	30803	8000
2	69197	38803	33267	5536
3	35930	38803	35929＋1	2874

注：第 3 年剩余本金 "＋1" 是约去尾数误差的累计值。

(3) 计算设备购置方案的净现值 NPV（购）

当贷款购买时，企业可以将所支付的利息及折扣从成本中扣除而免税，并且可以回收残值。

$$\begin{aligned}NPV(租) =& 0.33\times(39000+8000)(P/F,10\%,1)+(39000+5536)(P/F,10\%,2)+\\&(39000+2874)(P/F,10\%,3)+39000(P/F,10\%,4)+39000(P/F,10\%,5)-\\&200000+2000(P/F,10\%,5)-8000(P/F,10\%,1)-5536(P/F,10\%,2)-\\&2874(P/F,10\%,3)\\=&0.33\times(47000\times0.9091+44536\times0.8264+41874\times0.7513+\\&39000\times0.6830+39000\times0.6209)-200000+5000\times0.6209-\\&8000\times0.9091-5536\times0.8264-2874\times0.7513\\=&-157493.87(元)\end{aligned}$$

2. 计算设备租赁方案的现值 NPV（租）

当租赁设备时，承租人可以将租金计入成本而免税。

$$\begin{aligned}NPV(租)&=0.33\times56000(P/A,10\%,5)-56000(P/A,10\%,5)\\&=0.33\times56000\times3.7908-56000\times3.7908\\&=-142230.82(元)\end{aligned}$$

因为，NPV（购）>NPV（租），所以从经济角度出发，应该选择租赁设备的方案。

6.4 案例分析

6.4.1 原型设备更新分析

在现实中存在着很多将来用以更新的设备购置价格和净收益与现有设备大致相同的情况。由于物价上升，越是未来的设备，其投资额及净收益值就越大。因此，此时如果按实质价值计算将来的投资额、各种收入和支出，资本的利率也按实质价值计算的话，则将这种更新过程看作是周期性的更新，在很多情况下不会有太大的出入。

假设某设备的购置价格为 C_0，此后，随着设备使用年数的增加，维修、保养等费用也在增加，由于设备故障渐增、不合格品率增加，因而销售收益逐年减少，造成投资后每年的净收益渐减。令第 $1,2,\cdots,j,\cdots$ 年末的渐减的净收益分别为 $R_1, R_2, \cdots, R_j$；该设备使用 n 年后的处理价格 L_n 将随着使用年数的增加而减少。令资本的利率为 i，该设备在使用的 n 年内净等额年值的计算公式如下：

$$AC(n)=\left[C_0+\sum_{j=1}^{n}\frac{E_j}{(1+i)^j}-\frac{L_n}{(1+i)^n}\right]\times(A/P,i,n)$$

由于前面已经假定为周期性更新问题，因而在周而复始地使用的整个期间内，净年值与第一周期的净年值是完全相等的，所以只要找到使上式值为最大的 n 值，就等于找到了最佳经济寿命，即更新间隔的年数。

如所生产产品的收益一定，可以用每年年末的作业费用 E_1、E_2 代替每期期末的净收益值。则依据下式求出的使总费用年值为最小的年数，即为经济寿命：

$$AW(n) = \left[\sum_{j=1}^{n} \frac{R_j}{(1+i)^j} + \frac{L_n}{(1+i)^n} - C_0\right] \times (A/P, i, n)$$

【例 6-11】 某污水处理设备投资额为 3000 万元，估计其在运行时的作业费用为：第 1 年 500 万元，第 2 年 600 万元，……，即逐年以 100 万元的速度递增。设备的处理价值：第 1 年年末为 2100 万元，第 2 年年末为 1470 万元，……，即处理价值每年为前一年的 70%。该设备预计将周期性的更新，资本的利率 $i=12\%$。那么每隔多少年更新一次有利？此时年平均费用为多少？

解 该设备的使用目的也已确定，因此多少年更新并不由收益所左右。该问题是已知 C_0、E_j 和 L_N 的类型，因此只要求出使年等额费用为最小的年数即可。为了计算方便，可采用列表的形式求解，如表 6-8 所列。

表 6-8 列表求解法

①	②	③	④	⑤	⑥	⑦	⑧	⑨
年数	作业费用	②×$(P/F,i,n)$	③的累计值	④×$(A/P,i,n)$	300×$(A/P,i,n)$	处理价值	⑦×$(A/F,i,n)$	⑤+⑥-⑧
1	500	446.5	446.5	500	3360	2100	2100	1760
2	600	478.3	924.8	547.2	1775.1	1470	693.4	1629
3	700	498.3	1423.1	592.6	1249.2	1029	305.0	1537
4	800	508.4	1931.5	635.8	987.6	720	150.7	1473
5	900	510.7	2442.2	677.5	832.5	504	79.3	1430
6	1000	506.6	2948.8	717.1	729.6	353	43.5	1403
7	1100	497.6	3446.4	755.1	657.3	247	24.5	1388
8	1200	484.7	3931.1	791.3	603.9	173	14.1	1381.1
9	1300	468.8	4399.9	825.9	563.1	121	8.2	1380.8
10	1400	450.8	4850.7	858.6	531.0	85	4.8	1384.8
11	1500	431.3	5282.0	889.5	505.2	60	2.9	1391.8

在实际应用时，如果根据经验即可大致估计出经济寿命的范围，则只需计算在此范围内各年的总费用的年值，然后加以比较也是可以的。例如，估计该题设备的经济寿命可能在 7～10 年间，则只需计算 4 个年份的总费用年值，找出最小值所在的年数即可。这样做可以减少有些栏目数值计算的工作量，在很多情况下设备的处理价值很小，可以忽略，此时即可以省略表 6-8 中的⑦栏和⑧栏；在第⑨栏中，只需计算⑤栏与⑥栏数值之和即可。

6.4.2 新设备与现有设备的比较

经济寿命的概念经常提醒人们是否应该将现有设备更新的问题。此时所谓"不更新"，准确地说是"现时点不更新"，因此就意味着是否将现有设备更新成新设备的互斥方案有如下数种。

① 方案 0：现时点更换成新设备，此后每隔 n 年更新一次。
② 方案 1：现有设备再使用 1 年，1 年后更新成新设备，此后每隔 n 年更新一次。
③ 方案 2：现有设备再使用 2 年，2 年后更新成新设备，此后每隔 n 年更新一次。
④ 方案 m：现有设备再使用 m 年，m 年后更新成新设备，此后每隔 n 年更新一次。

在现实经济生活中，经常会发生下述情况：虽然存在有利的投资方案，但是，由于无法筹措所需的资金或者由于其他原因而不得不将这种投资机会推迟 1 年或 1 年以上；有时由于种种原因还不得不从几个有利的投资方案中确定哪些方案推迟进行。对于设备的更新方案也是如此。因而就需要研究上述情况下的净收益（或损失）的数值。那么，如何评价提前（或推迟），用新设备更换现有设备所产生的收益（或损失）值呢？

提前（或推迟）更新时的净收益（或损失）值的计算可按下述定理进行。

定理 1 若新设备的投资额为 C_0，而后由此而产生的每年净收益分别为 $R_1, R_2, \cdots, R_n$，假设上述过程周期性出现；现有设备的投资额（如改造、大修理等）为 C_0，净收益每年分别为 $R_1, R_2, \cdots, R_n$，则提前（或推迟）k 年更新时的净收益（或损失）值为新设备尾年时的净年值的现值与现有设备的净现值的差。

当需要更新的设备有几个，或者将更新方案与其他投资方案混杂在一起进行方案的选择和投资分配时，往往要求出更新方案的效率以便确定优先选择的顺序。应该注意的是：更新的决策是进行立即更新还是推迟 k 年（通常为 1 年）更新的互斥方案选择问题，因此效率的尺度必须是追加投资收益率。

定理 2 若新设备的现金流量有周期性特征，则采用新设备的净年值与现有设备的净年值相等时的 r 值，即是确定立即更新或推迟更新设备的追加投资收益率。

【**例 6-12**】 为了使 X 产品商品化，除了利用现在正在使用的 A 设备之外，还需要投资购置新设备。设备的购置价格为 3000 万元，可以使用 10 年。A 设备当初是以 2000 万元购置的，如果不生产 X 产品，则剩余寿命为 4 年，此后预计每隔 8 年更新一次；但是，如果生产 X 产品，则现有的 A 设备的寿命尚有 2 年，此后每隔 6 年将更新一次。两设备按实质价值皆可看作是周期性更新，由于开发 X 产品，则每年的净收益按实质价值计算平均每年较现在增加 620 万元。实质的资本利率 $k=7\%$，试求该投资计划的净收益是多少？

解 使 X 产品商品化时，除了投资购置 B 设备外，还将影响现有的 A 设备。因而，这两种情况合在一起相当于商品化时的投资状况。上述投资状况与不使 X 产品商品化，即按预定使用年限继续使用 A 设备的情况相比，就可以判断执行哪个方案为好。

1. 采用投资额的年值进行比较。投资额的年值分别为：

$$A_{a1}^c = 3000 \times (A/P, 7\%, 10) = 427.1 (万元)$$

$$A_{a2}^c = 2000 \times (A/P, 7\%, 6) \times \frac{1}{0.07} \times (P/F, 7\%, 2) \times 0.07 = 366.5 (万元)$$

$$A_b^c = 2000 \times (A/P, 7\%, 8) \times \frac{1}{0.07} \times (P/F, 7\%, 4) \times 0.07 = 255.5 (万元)$$

2. 因此，X 产品商品化与不商品化时投资年差值为：

$$A^c = A_{a1}^c + A_{a2}^c - A_b^c = 538.1 (万元)$$

3. 年净收益值是 620 万元，因此，净年值 A 为：

$$A = 620 - 538.1 = 81.9 (万元)$$

4. 设备 A 寿命内造成的损失值是：

$$A_{a2}^c - A_b^c = 366.5 - 255.5 = 111 (万元)$$

课后习题

1. 什么是有形磨损？什么是无形磨损？什么是综合磨损？
2. 怎样对设备磨损进行补偿？
3. 简述设备的磨损及补偿方式。
4. 设备的物理寿命、技术寿命、折旧寿命和经济寿命分别指什么？
5. 设备更新的概念及其意义是什么？
6. 设备更新途径有几种？分别是什么？
7. 怎样选择设备更新时机？
8. 普通型的设备价格是 200000 元，使用寿命预计为 10 年；如果增加 50000 元就可以购买一台节能型的同类设备，寿命也为 10 年，寿命期内每年可以节约能源使用费 12000 元。假设基准收益率为 15%，试问选择哪种设备更加合理？
9. 某公司现有设备可以市价 4000 元转让，如不转让，尚可继续服务 10 年，年使用费用为 15000 元，10 年后残值为零。如果花费 5000 元对现有设备进行大修和改造，将使年使用费减为 12000 元，经济寿命仍为 10 年，到时的净残值为 1000 元。如购置同类新机器，价格为 15000 元，经济寿命为 10 年，到时的净残值为 2000 元，年使用费用为 10000 元。最低希望收益率为 10%，该公司应如何决策。
10. 某机械加工设备原始价值 70000 元，预计残值 6000 元，年运行成本劣化增加值 2000 元/年，试求该设备的经济寿命。
11. 某企业用 1000 元购置一台仪器，计划使用 10 年，该企业同型号一期的逐年运行费用及残值统计资料如 6-9 所示，请计算该仪器的最佳更新期。

表 6-9 同型号仪器的逐年运行费及设备净残值

年 份	1	2	3	4	5	6	7
运行费	700	600	500	400	350	350	300
设备净残值	280	300	330	360	400	440	490

12. 设备初始投资为 I，第 t 年的残值为 L，第 1 年运行费用为 C_1，以后每年递增，若考虑 L，则设备的经济寿命应怎样求出？写出思路即可。
13. 某工程设备原始价值为 8000 元，每年低劣化为 320 元。设该设备使用到任何时候的残值都为零，那么求该设备的经济寿命及最小年费用？
14. 某厂压缩机的购置价为 6000 元，第 1 年的运营成本为 1000 元，以后每年以 300 元定额递增。压缩机使用一年后的余值为 36000 元，以后每年以 400 元定额递减，压缩机的最大使用年限为 8 年。若基准折现率为 15%，试用动态方法计算压缩机的经济寿命。
15. 某企业希望继续实施某项生产业务 9 年，8 年后就要停止这项业务，现有的旧设备可以立即以 5000 元出售，该设备从现在起预计的残值和设备使用成本如表 6-10 所示。目前市场上出现的新设备的购置投资为 9000 元，服务期中份额年的设备使用成本和年末残值资料如表 6-10 所示。试问旧设备继续使用几年再更新较经济？

表 6-10 某设备有关情况

项 目	旧设备资料					新设备资料							
年限	1	2	3	4	5	1	2	3	4	5	6	7	8
成本	1500	1800	2000	2400	2800	1000	1400	1800	2000	2400	2800	3200	3600
残值	4500	4000	3500	3000	2500	4800	4600	4400	4000	4000	3800	3600	3400

第 7 章　价值工程

【知识点】
价值工程的基本原理，价值工程涉及功能、寿命周期成本和价值三个基本概念，最低的寿命周期成本，价值工程的组织与对象选择、功能分析与评价、方案创造评价与实施。

【重点与难点】
价值工程的组织、方法以及在建设项目中的应用。

7.1　价值工程的基本原理

7.1.1　价值工程的产生和发展

价值工程（Value Engineering，简称 VE），1947 年前后起源于美国。第二次世界大战期间，美国的军事工业获得很大发展，但同时也出现了原材料供应紧张问题。设计工程师 L. D. 麦尔斯当时在美国通用电气公司采购部门工作。战争期间，他的工作是为通用电气公司寻找取得军事生产中的短缺材料和产品。由于材料采购困难，麦尔斯认为如果得不到所需要的材料和产品，同样可以利用其他材料和产品代替而获得相同的功能，于是他就开始研究材料替代问题。当时，通用电气公司需要购买的石棉板，价格成倍地增长，给采购工作和财务预算带来很大困难。麦尔斯就提出一个问题：为什么要使用石棉板，它的功能是什么。经过调查，原来他们在给产品上涂料时，容易把地板弄脏，要在地板上铺一层东西。涂料的溶剂是易燃品，消防法规定要垫石棉板。由于石棉板奇缺且价格飞涨，他们就想使用代用材料。后来麦尔斯在市场上找到一种货源充足，价格也只有石棉板的 1/4 的不燃烧的纸来代替石棉板，解决了生产问题，并为通用电气公司节约了大量的费用，但是违反了美国的消防法。这件事引起了社会舆论的广泛关注与讨论，最终导致了消防法的修改，才被允许代用。这就是引发价值工程产生的"石棉事件"。通过这次事件，麦尔斯想到，如果有组织地进行这种物质代用的话，就可以大幅度地降低成本，也就是有效地利用资源。

1947 年，麦尔斯以《价值分析》（Value Analysis，VA）。为题，发表了研究、实践的成果。因此，国际上把 1947 年作为价值工程的正式产生年。

1954 年，美国海军舰船员在确认了价值分析的成效之后，决定加以采用，并改称为"价值工程"（Value Engineering，VE）。

价值工程首先在美国得到了广泛重视和推广，由于麦尔斯《价值分析程序》的发展，1955 年价值工程传入日本后，他们把价值工程与全面质量管理结合起来，形成具有日本特色的管理方法，并且取得了极大的成功。

1978 年以后，价值工程传入我国。1984 年国家经济贸易委员会将价值工程作为 18 种现代化管理方法之一，向全国推广。1987 年国家标准局颁布了第一个价值工程标准《价值工程基本术语和一般工作程序》。到目前为止,价值工程这一理论和方法已被广大学术界,尤其是企业界所认可,成为改进产品质量、降低产品成本,提高经济效益的有效方法之一。

7.1.2 价值工程的基本概念

价值工程的含义如下。

价值工程是指以产品或作业的功能分析为核心,以提高产品或作业的价值为目的,力求以最低寿命周期成本实现产品或作业使用所要求的必要功能的一项有组织的创造性活动。价值工程由功能、寿命周期成本和价值三个基本要素构成。

① 功能　功能是指产品或作业的性能或用途,即对象能够满足某种需求的一种属性。产品的功能实际上是指产品的具体用途。用价值工程的观点就是:它是干什么用的。从而也可以把功能理解为作用、效能等。例如,电灯的功能就是发光,水杯的功能就是盛水等。功能一般用 F 表示。对一个特定的产品或作业来说,其功能并不是越高越好,应视用户情况而定。价值工程追求的是满足用户需求的必要功能。

② 寿命周期成本　产品寿命周期成本就是产品在整个寿命周期内所发生的全部费用。这些费用大致分为两部分,即生产成本 C_1 和使用成本 C_2。产品的生产成本 C_1 是企业生产产品必须付出的费用,包括科研、设计、试制,制造及销售过程中的费用。产品的使用成本 C_2 是指产品在整个使用过程中支出的费用。

一般来说,产品或作业的功能越高,生产成本就越高,但是用户的使用成本就越低。反之,如果产品或作业的功能越低,生产成本就越低,但是用户在使用过程中的费用支出就越高。也就是说,在技术经济条件不变的情况下,随着产品功能水平的提高,生产成本 C_1 和使用成本 C_2,有不同的变化。即生产成本一般随着功能水平(技术性能)的提高有所增长,而使用成本则往往朝相反的方向变化。寿命周期成本 C 与功能 F 的关系如图 7-1 所示。

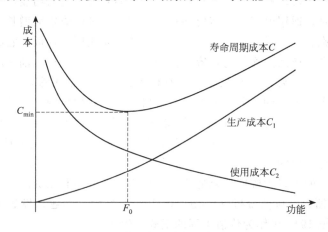

图 7-1　寿命周期成本与功能的关系图

价值工程的目的就是以最低的寿命周期成本 $C_{\min}$,可靠地实现用户所要求的功能 F_0。即达到用户要求的功能时,应满足寿命周期成本最小。

③ 价值　价值工程中的"价值",是指研究对象所具有的必要功能与取得该功能的寿命周期成本的比值。价值一般用 V 表示,它是对研究对象的功能和成本进行的一种综合评价。价值 V 与功能 F 和寿命周期成本 C 之间的关系表达式为:

$$V=\frac{F}{C} \tag{7-1}$$

式（7-1）表明，在寿命周期成本不变的情况下，产品或作业的价值与功能成正比，即功能越大价值越大、功能越小价值越小。在功能不变的情况下，产品或作业的价值与寿命周期成本成反比，即成本越低价值越大、成本越高价值越小。

7.1.3 提高产品价值的途径

根据价值、功能、成本的上述关系，提高价值的途径总体上可以分为两类：一类是以提高功能为主的途径，一类是以降低成本为主的途径。既提高功能，又降低成本，则是一种理想途径。提高价值的基本途径具体表现在以下 5 个方面，见表 7-1。

表 7-1 提高价值的 5 种途径

提高价值途径	表 达 式	侧 重 点
功能不变,成本降低	$V\uparrow = F\rightarrow/C\downarrow$	侧重点在降低成本
成本不变,功能提高	$V\uparrow = F\uparrow/C\rightarrow$	侧重点在提高功能
功能提高,成本降低	$V\uparrow\uparrow = F\uparrow/C\downarrow$	最理想状态
成本略增,功能大幅度提高	$V\uparrow = F\uparrow\uparrow/C\uparrow$	侧重点在提高功能
功能略减,成本大幅度下降	$V\uparrow = F\downarrow/C\downarrow\downarrow$	侧重点在降低成本

① 功能不变成本降低。
② 成本不变，功能提高。
③ 功能提高，成本降低。
④ 成本略增，功能大幅度提高。
⑤ 功能略减，成本大幅度下降。

上述 5 种基本途径，仅是依据价值工程的基本关系式 $V=F/C$，从定性的角度所提出来的一些思路。在价值工程活动中，具体选择提高价值途径时，则须进一步进行市场调查，依据用户的要求，按照价值分析的重点，针对不同途径的适用特点和企业的实际条件进行具体的选择。

7.1.4 价值工程的特点和作用

(1) 价值工程的特点

价值工程具有以下几个特点。

① 价值工程的核心是功能分析　用户购买产品不是为了获得产品本身，而是为了获得产品所具有的功能，因此，价值工程的核心是对产品进行功能分析，通过功能分析找出哪些是必要功能、哪些是不必要功能、什么是不足功能、什么是多余功能，使产品的功能既无不足也不浪费，从而更好地为使用者服务。

② 价值工程的目标是追求寿命周期成本最低　产品的寿命周期成本包括产品的生产成本和产品的使用成本。对用户来讲，购买产品不仅要考虑一次性支付的购买费用，而且要考虑在使用过程中支出的使用费用。因此，价值工程对降低成本的考虑着眼于寿命周期成本，不仅降低产品的生产成本，而且要降低产品的使用成本。只有这样才能满足用户的需要，

才能具备更强的竞争力。

③ 价值工程的关键是创造　产品功能的提高需要有具体的技术，创造新的技术对于提高产品功能有重要作用。因此，价值工程强调不断创新，获得尽可能多的提高功能的技术，从而简化产品结构、节约原材料、提高产品的技术经济效益。

④ 价值工程是一项有组织的活动　价值工程强调有组织地进行，这是实践经验总结出来的。因为提高产品的价值涉及产品的设计、制造、采购和销售等过程，为此必须集中各个方面的人才，依靠集体的智慧和力量，调动各个环节的积极性，有计划、有组织地开展活动。

(2) 价值工程的作用

价值工程的作用具体现在以下几个方面。

① 可以有效地提高经济效益　价值工程的核心是功能分析，通过功能分析，在保证产品必要功能的基础上，剔除不必要功能和过剩功能，从而可以减少不必要的成本支出、降低产品的成本、提高产品的经济效益。

② 可以有效地提高竞争力　在实施价值工程的过程中，通过功能分析，不仅可以剔除不必要功能和过剩功能，而且可以补充用户需要的功能，从而完善产品的功能结构。同时，通过开展价值工程活动，还可以改进产品的式样、结构、质量，延长产品的市场寿命，使产品在市场上具有更强的竞争力。

③ 有利于提高管理水平　价值工程活动涉及范围广，贯穿于企业生产的各个环节。通过开展价值工程活动，可以对企业各方面的管理起到推动作用，促进企业管理水平的提高。

④ 有利于推动技术与经济的结合　技术与经济是既有区别又有联系的统一体，但实际中许多企业往往将两者隔离开。价值工程强调要对产品的技术方案进行经济效益评价，既考虑了技术上的先进性和可行性，又考虑了经济上的合理性和现实性，完美地将技术与经济结合在一起。

7.2　价值工程的组织与对象选择

7.2.1　价值工程的组织

价值工程已发展成为一个比较完善的管理技术，在实践中已形成了一套科学的实施程序。它解决问题有完整的步骤和严密的组织。价值工程的进行过程实质上就是分析问题、发现问题和解决问题的过程。具体地说，即分析产品在功能上和成本上存在的问题，提出切实可行的方案来解决这些问题，通过问题的解决而提高产品的价值。价值工程的程序构成了一个完整的系统，各程序步骤环环紧扣，衔接明确，具有很强的逻辑性。

价值工程的工作程序可分为两个阶段七个步骤进行。

(1) 价值工程的两个阶段

① 分析问题阶段

a. 选择对象　确定价值工程的研究对象，即要找出有待改进的产品或问题。

b. 收集资料　围绕所选定的对象，为开展价值工程活动而收集一切必要的情报资料。

c. 功能分析　对选定的对象进行功能分析。搞清分析对象有哪些功能，这些功能是否都是必要的，功能之间的关系如何。

d. 功能评价 在功能分析的基础上进行功能评价。
② 解决问题阶段
a. 创造方案 依靠集体智慧，尽可能提出各种改进方案和设想。
b. 方案评价与选择 对提出的各种改进方案和设想，进行技术经济、社会各方面的综合评价，选出有价值的方案，并使其具体化。
c. 试验与提案 通过试验后证实的最优方案，可作为正式提案送交有关方面审批。
（2）整个价值工程围绕着以下七个问题开展
① 这是什么？
② 这是干什么用的？
③ 它的成本多少？
④ 它的价值多少？
⑤ 有其他方法能实现这个功能吗？
⑥ 新的方案成本多少？功能如何？
⑦ 新的方案能满足要求吗？

按顺序回答和解决这七个问题的过程，就是价值工程的工作程序和步骤。价值工程的实施步骤如表 7-2 所示。

表 7-2 价值工程的实施步骤以及对应问题

构思一般过程	价值工程实施步骤		主要内容和要求	对应问题
	基本步骤	详细步骤		
分析	功能定义	(1)对象选择	① 生产经营上迫切要求改进的产品 ② 改进潜力比较大的产品	(1)这是什么？
		(2)收集情报	① 围绕价值工程对象调查 ② 企业经营目标、方针、策略 ③ 用户反映、要求 ④ 生产、销售、成本、价格、利润情况 ⑤ 同行业情况	
		(3)功能定义	① 对象的功能是什么 ② 怎样实现这个功能	(2)这是干什么用的？
		(4)功能整理	① 有无多余功能 ② 有无不足功能 ③ 绘出功能系统图	
	功能评价	(5)功能成本分析	① 确定功能现实成本 ② 计算功能的目标成本	(3)它的成本多少？
		(6)功能评价	① 计算功能的重要度系数 ② 计算功能的价值或价值系数	(4)它的价值多少？
		(7)选定功能改进对象	① 根据功能价值选定 ② 根据功能机制系数选定	
研究综合		(8)方案创造	按照价值工程活动原则，充分发挥集体智慧和创造精神，多提各种设想	(5)有其他方法能实现这个功能吗？
评价	制定改善方案	(9)概略评价	初选改善方案，剔除那些不能满足功能要求、成本太高的方案	(6)新的方案成本多少？功能如何？
		(10)具体化	① 方案具体化，使其详细完整 ② 进一步开展调研	
		(11)详细评价	① 从技术、经济两方面进行详细评价 ② 方案优选	(7)新的方案能满足要求吗？
		(12)提案	① 制定提案书 ② 上报提案	

7.2.2 价值工程对象选择的原则和方法

选择价值工程的研究对象,就是要具体确定进行功能成本分析的产品与零部件。这是决定价值工程活动收效大小的第一个步骤。一个企业往往生产许多产品,一个产品往往又是由许多零部件组成的。因此,企业在开展价值工程活动时,必须要选择一定的对象。一般地说,选择价值工程活动的对象,必须遵循一定的原则,运用适当的方法保证对象选择得合理。

(1) 选择对象的原则

企业所处的行业、生产环境和生产条件的不同,其经营目标的侧重点也必然有异。企业可以根据一定时期内的主要经营目标,有针对性地选择价值工程的改进对象。

一般说来,对象的选择有以下几个原则。

① 与企业生产经营发展相一致的原则 由于行业、部门不同,环境、条件不同,企业经营目标的侧重点也必然不同。企业可以根据一定时期的主要经营目标,有针对性地选择价值工程的改进对象。通常企业经营目标有如下四个方面。

a. 社会利益方面 应选择国家计划内的重点产品、重点工程建设项目中的短缺产品以及社会需求量大的产品、公害、污染严重的产品。

b. 企业发展方面 应选择市场潜力大的产品、有发展前途的产品、正在研制中的产品、对企业有重大影响的更新改造项目。

c. 企业竞争方面 应选择用户意见大的产品、竞争激烈的产品、市场占有率需要扩大的产品、需要开拓新市场的产品。

d. 扩大利润方面 应选择企业主导产品、利润低的产品、原材料耗用高以及利用率低能耗高、生产周期长的产品。

② 潜力大、易于提高价值的原则

对象选择要围绕提高经济效益这个中心,选择价值低、潜力大并和企业人力、设备、技术条件相适应,在预定时间能取得成功的产品或零部件作为价值工程活动对象。具体可以从下列几个方面分析和选择。

a. 从设计方面看,对产品结构复杂、性能和技术指标差距大、体积大、重量大的产品、部件进行价值工程活动,可使产品结构、性能、技术水平得到优化,从而提高产品价值。

b. 从生产方面看,对数量多、工艺复杂的关键部件以及原材料消耗高、废品率高,特别是对量多、产值比重大的产品,如果把成本降下来,所取得的总效果会比较大。

c. 从市场销售方面看,选择用户意见多、系统配套差、维修能力低、竞争力差、利润率低的,或者选择市场上畅销但竞争激烈的产品。对于新产品、新工艺和寿命周期比较长的产品也可以列为重点。

d. 从成本方面看,选择成本高于同类产品、成本比重大的,如材料费、管理费、人工费等。推行价值工程就是要降低成本,以最低的寿命周期成本可靠地实现必要的功能。

(2) 选择对象的方法

① 百分比分析法 这是一种通过分析某种费用或资源企业的某个技术经济指标的影响程度的大小(百分比),来选择价值工程对象的方法。

② 经验分析法 经验分析法是价值工程对象选择的最简单方法。所谓经验分析法,是

指由专家根据经验分析生产、经营状况和实施价值工程的影响因素,选择急需改进而且经济效果好的项目作为价值工程实施的对象。采用经验分析法主要从以下几个方面考虑。

a. 社会角度:对国计民生影响较大的产品,耗能量高、"三废"问题严重的产品。

b. 市场角度:市场需求量大或潜在需求量大的产品;用户意见大、使用成本高以及性能需要提高的产品;正在研制的市场急需的新产品。

c. 设计角度:结构复杂、技术落后、零部件多、工艺性差、工艺复杂落后的产品;体积大、重量大、材料贵、性能差的产品。

d. 生产角度:产量多、批量大的产品;原材料消耗高、返工率高、废品率高的产品。

e. 成本角度:成本高、利润低、经济效益差的产品。

f. 销售角度:市场竞争激烈的产品;已经进入衰退期的老产品。

g. 实施角度:情报资料易于收集齐全的产品;在技术、人才方面有优势的产品。

h. 改进牵扯面不需要大量人力、物力的产品;易于成功的产品。

③ ABC 分类法 ABC 分类法,是应用统计分析方法来选择分析的对象。意大利经济学家帕雷特在研究资本主义国民财富分配不均的状况时,发现占人口比例不大的少数人,占有大部分社会财富;而占人口比例很大的多数人,却只占有小部分社会财富。这种资本主义财富分配不均的规律,后来用到了成本分析等经济问题的研究上。发现在产品成本分析中,占总数 20% 左右的零部件(或费用),其成本往往占整个产品的 80% 左右,这类零部件(费用)可列为 A 类;占总数 30% 左右零部件(费用),其成本约占总成本的 15%,这类零部件(费用)可列为 B 类;占总数 50% 的零部件(费用),约占总成本的 5% 左右,这类零部件(费用)列为 C 类。这种按局部成本在总成本中所占比重的大小来选择分析对象的方法,称为 ABC 分类法,如图 7-2 所示。

图中清楚地表明,选择分析对象时,首先应分析 A 类,其次是 B 类,C 类一般不作为分析对象。

④ 强制确定法 强制确定法(简称 FD 法),是以功能重要程度作为选择价值工程对象决策指标的一种分析方法。它的出发点是:功能重要程度高的零部件,是产品中的关键,因此,应当是重点分析对象。强制确定法不仅能用于产品,也可用于建设工程、工序、作业、服务项目或管理环节的分析上。强制确定法分为 0-1 评分法和 0-4 评分法两种,评分时由熟悉产品的专家 5~15 人参加,各自独立打分,不讨论,不干扰。

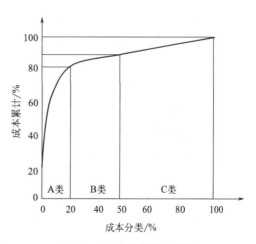

图 7-2 ABC 分类法示意图

a. 0-1 评分法 0-1 评分法是先将各构成要素排列成矩阵,并站在用户的角度按功能重要程度进行一对一循环对比,两两打分,功能相对重要的要素得 1 分,不重要的得 0 分,每做一次比较有一个得 1 分,另一个得 0 分,合计各要素的得分值(取人均值)后除以全部要素的得分值总和,就得出各要素的功能评价系数,系数大者,表明此要素重要,应该列为重点。

有时某一要素的得分总值为 0,但实际上该要素不能说是没有价值,为了避免这种误差,往往可对评分值加以修正,修正的方法是在全部要素得分基础上都各加 1 分,用修正后的得分值作为计算功能重要系数的参数。具体做法见表 7-3。

表 7-3 0-1 评分表

名称	两两对比评分					得分值	修正值	功能重要度系数
	A	B	C	D	E			
A	×	1	1	1	1	4	5	0.333
B	0	×	1	0	1	2	3	0.2
C	0	0	×	0	1	1	2	0.133
D	0	1	1	×	1	3	4	0.266
E	0	0	0	0	×	0	1	0.066
合计						10	15	1.000

b. 0-4 评分法 0-1 评分法虽然能判别各要素的功能重要程度,但评分规定过于绝对,准确度不高,可以采用 0-4 评分法来计算功能重要系数,见表 7-4。

表 7-4 功能评价系数表

名称	两两对比评分					得分值	功能重要度系数
	A	B	C	D	E		
A	×	4	2	3	1	10	0.250
B	0	×	0	1	0	1	0.025
C	2	4	×	3	1	10	0.250
D	1	3	1	×	0	5	0.125
E	3	4	3	4	×	14	0.350
合计						40	1.000

0-4 评分法的步骤、方法与 0-1 评分法基本相同,它也是采用一对一比较打分的方法,但两要素得分之和为 4 分。

0-4 评分法的评分规则如下:功能非常重要的得 4 分,另一个相对很不重要的得 0 分;功能比较重要的得 3 分,另一个功能比较不重要的得 1 分;功能相同的两个各得 2 分;功能很不重要的得 0 分,另一个相对很重要的得 4 分。

各要素的得分值除以总得分值,就得到该要素的功能评价系数。

强制确定法是国内外应用十分广泛的方法之一,它虽然在逻辑上不十分严密,又含有定性分析的因素,但却有一定的实用性,只要运用得当,在多数情况下所指示的方向与实际大致相同。

7.2.3 情报收集的方法

情报收集的方法很多,有询问法、查阅法、购买法和实验法等。

① 询问法 询问法是指通过向被调查对象提出问题获得所需情报资料的方法。询问法包括直接询问、电话询问和信函询问。

② 查阅法　查阅法是指通过翻阅各种公开出版的书籍、报刊、广告、报纸等获得所需情报资料的方法。

③ 购买法　购买法是指通过支付一定的费用获得所需情报资料的方法。

④ 实验法　实验法是指通过产品试销的方法收集用户对产品的反映等有关情报的方法。

7.3　功能分析与评价

价值工程旨在提高研究对象的价值，其目的是以对象的最低寿命周期成本可靠地实现使用者所需功能，以获取最佳的综合效益。显然，要想提高对象价值，获取最佳的综合效益，必须抓住对象的本质——功能。功能分析是价值工程的核心内容。功能分析是对所选择的价值工程对象进行系统的功能分析，科学地评价其重要性，并通过功能与成本匹配关系定量计算价值工程对象的价值大小，确定价值工程改进的重点对象的过程。功能分析包括功能定义、功能整理以及功能评价三个步骤。

功能分析包含功能定义和功能整理，进行功能系统分析的基础是功能分类。功能系统分析是价值工程的核心。

7.3.1　功能定义

（1）功能分类

为了弄清所定义功能的特性，以便进一步进行功能整理，有必要对功能的分类加以研究。功能可以按照不同的标志进行分类。

① 按照功能的重要性可将功能分为基本功能和辅助功能。基本功能是产品的主要功能，是用户购买产品的原因，也是企业生产产品的依据。辅助功能则是次要功能，是为了更好地实现基本功能，或者是由于设计、制造的需要而附加的功能。

② 按照功能的性质可将功能分为使用功能和美学功能。使用功能是指具有实际用途的功能，包括产品的可用性、可靠性、安全性和易维修性等。美学功能是指满足用户审美需要的功能，包括产品的造型、色彩、图案、包装和装潢等。

③ 按照功能的有用性可将功能分为必要功能和不必要功能。必要功能是指用户需要的、不能缺少的功能。不必要功能是指用户不需要的功能，主要表现为多余功能、重复功能和过剩功能。

④ 按照功能的目的和手段可将功能分为上位功能和下位功能。上位功能是目的性功能，下位功能是实现上位功能的手段性功能。值得注意的是，上位功能和下位功能在功能分析中是相对而言的。

（2）功能定义的含义

所谓功能定义是指用最简明的语言，对产品的功能加以描述。对功能下的定义要说明功能的实质，限定功能的内容，并能与其他功能概念区别开，明确表达出来。显然，功能定义的过程，就是将实体结构向功能结构抽象化的过程，即透过现象看本质的过程。

通过对功能下定义，可以加深对产品功能的理解，并为以后提出功能待用方案提供依据。功能定义一定要抓住问题的本质，头脑里要问几个为什么。如这是干什么用的，为什么一定要用它，没有它行不行等。功能定义通常用一个动词和一个名词来描述，不宜太长，以简洁为好。动词是功能承担体发生的动作，而动作的对象就是作为宾语的名词。例如，基础的功能是"承受荷载"，这里基础是功能承担，"承受"是表示功能承担体发生动作的名词。"荷载"则是作为动词宾语的名词。但是，并不是只要动词加名词就是功能定义。对功能所下的定义是否准确，对下一步工作影响很大。因此，对功能进行定义需要反复推敲，既简明准确，便于测定，又要系统全面，一一对应。

7.3.2 功能整理

一个产品的全部功能明确定义后，还要加以分析和整理。目的是分清哪些是基本功能、哪些是必要的辅助功能、哪些是不必要的可以取消的功能、还应补充哪些功能，同时要明确各个功能之间的相互关系。功能整理是在功能定义的基础上，从系统的角度出发，按照一定的逻辑分析各功能之间的相互关系。功能整理的方法如下。

① 制作功能卡片　功能卡片是记录功能及实现功能的零部件的名称和功能成本的卡片，一张卡片记录一个零部件的一个功能。功能与零部件不是一一对应的关系，一个零部件可以实现多个功能、一个功能也可能由多个零部件实现。此时，将相同功能的卡片集中形成一组，将每组卡片（或单张卡片）都视为一个功能。

② 寻找上位、下位功能　任取一组卡片（或单张卡片），按照"目的和手段"的关系，追问其目的，可找到上位功能。逐一追寻各组卡片（或单张卡片），将具有相同目的的功能放在一起，组成一大组，这就是上一级功能，大组中的各小组和单张卡片的功能则是同位功能。仿照上述办法逐级进行组合，直到追问到零级功能为止。

③ 绘制功能系统图　将上述上位功能、下位功能进行排列，明确功能之间的关系，便可得到研究对象完整的功能系统图。图 7-3 表示的是经过上述过程整理得到的屋顶的功能系统图。

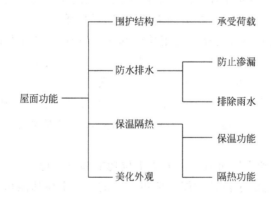

图 7-3　屋顶的功能系统图

7.3.3 功能评价

功能评价是功能分析的重要步骤，是整个价值工程活动的中心环节。通过功能定义和功能整理只搞清了功能系统和范围，只是定性地说明了功能是什么，还不能定量地表达功能，也没有确定出哪一个功能区域或零部件应该改进。这些正是功能评价要解决的问题。

功能评价工作可以更准确地选择价值工程的研究对象，同时，通过制定目标成本，有利于提高价值工程的工作效率,并增加工作人员的信心。

功能评价程序如图 7-4 所示。

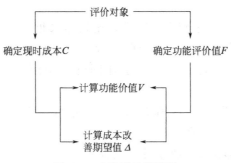

图 7-4 功能评价的程序

(1) 功能现实成本 C 的计算

① 功能现实成本的计算 功能现实成本的计算与一般传统成本核算既有相同之处,也有不同之处。两者相同之处是指它们在成本费用的构成项目上是完全相同的,如建筑产品的成本费用都是由人工费、材料费、施工机械使用费、其他直接费、现场经费企业管理费等构成;而两者的不同之处在于功能现实成本的计算是以对象的功能为单位,而传统的成本核算是以产品或零部件为单位。因此,在计算功能现实成本时,就需要根据传统的成本核算以产品或零部件的现实成本核算资料,将产品或零部件的现实成本换算成功能的现实成本。当一个零部件只具有一个功能时,该零部件的成本就是它本身的功能成本;当一项功能要由多个零部件共同实现时,该功能的成本就等于这些零部件的功能成本之和。当一个零部件具有多项功能或同时与多项功能有关时,就需要将零部件成本根据具体情况分摊给各项有关功能。表 7-5 即为一项功能由若干零件组成或一个零部件具有几个功能的情形。

表 7-5 功能现实成本计算表

名称	A	B	C	D	E	得分值	修正值	功能评价系数
A	×	0	0	1	0	1	2	0.133
B	1	×	1	1	1	4	5	0.333
C	1	0	×	1	1	3	4	0.267
D	0	0	0	×	0	0	1	0.067
E	1	0	0	1	×	2	3	0.200
合计							15	1.000

② 成本指数的计算 成本指数是指评价对象的现实成本在全部成本中所占的比率。其计算式如下:

$$\text{第 } i \text{ 个评价对象的成本指数 } C_i = \frac{\text{第 } i \text{ 个评价对象的现时成本 } C_i}{\text{全部成本}} \tag{7-2}$$

(2) 功能评价值 F 的计算

对象的功能评价值 F,是指可靠地实现用户要求功能的最低成本,它可以理解为是企业有把握,或者说应该达到的实现用户要求功能的最低成本。从企业目标的角度来看,功能评价值可以看成是企业预期的、理想的成本目标值。功能评价值一般以功能货币价值形式表达。

功能的现实成本较易确定,而功能评价值较难确定。求功能评价值的方法较多,在这里只介绍以下几种。

① 直接评分法 对功能数量较少的产品,比如热水瓶、圆珠笔等可以采取这种方法。依靠人们的经验,对各零件功能的重要性打分来表示功能值的大小。具体做法上可以由专家组成若干小组,站在客观立场上分别评分,按不同类别功能取平均值。也可以请用户在企业所发调查表上打分来进行。

② 环比评分法 环比评分法,又称 DARE 法。这是一种通过确定各因素的重要性系数来评价和选择创新方案的方法。具体做法如下:

a. 根据功能系统图,即图 7-5 决定评价功能的级别,确定功能区 F_1、F_2、F_3,如表 7-6 的第(1)栏。

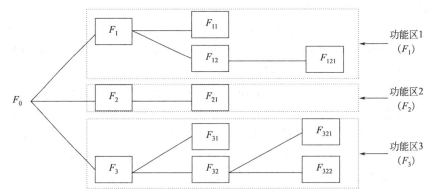

图 7-5 环比评分法确定功能区示意图

表 7-6 功能重要性系数计算表

功 能 区	功能重要性评价		
	暂定重要性系数	修正重要性系数	功能重要性系数
(1)	(2)	(3)	(4)
F_1	2	5	0.59
F_2	2.5	2.5	0.29
F_3		1.0	0.12
合计		8.5	

b. 对上下相邻两项功能的重要性进行对比打分,所打的分作为暂定重要性系数。如表 7-6 中第(2)栏的数据。将 F_1 与 F_2 进行对比,如果 F_1 的重要性是 F_2 的 2 倍就将 2 记入第(2)栏内,同样,F_2 与 F_3 对比为 2.5 倍。

c. 对暂定重要性系数进行修正。首先将最下面一项功能 F_3 的重要性系数定位 1.0,成为修正重要性系数,填入第(3)栏。由第(2)栏知道,由于 F_2 的暂定重要性是 F_3 的 2.5 倍,故应得 F_2 的修正重要性系数为 2.5(=2.5×1.0),而 F_1 为 F_2 的 2 倍,故 F_1 定位 5 (=2×2.5),填入第(3)栏。将第(3)栏的各数相加,即得全部功能区的总分 8.5。

d. 将第(3)栏中各功能的修正重要性系数除以全部功能总分 8.5,即得各功能区的重要性系数,填入第(4)栏中。如 F_1 的功能重要性系数为 5/8.5=0.59,F_2、F_3 的功能重要性系数依次为 0.29、0.12。

环比评分法适用于各个评价对象之间有明显的可比关系，能直接对比，并能准确地评定功能重要程度比值的情况。

③ 强制确定法

a. 0-1 评分法　强制确定法是功能系数法中提出最早、最简单的一种方法。由于它不是直接以分析对象的费用进行比较，而是以重要程度进行比较，因此它还保留了一定的定性分析的性质。

强制确定法是根据评分人员的经验，对每个零部件的重要程度进行评分，用功能评价系数使功能数量化。具体步骤如下。

【例 7-1】 某施工过程由以下五个分项组成，对每个分项的功能重要程度和其他所有分项进行一对一的比较，重要的得 1 分，次要的得 0 分，然后把各分项得分累计起来，被全部得分总数除，求得各分项的功能评价系数。

如表 7-7 所示。

表 7-7　功能评价系数计算表

部分	A	B	C	D	E	得分	功能评价系数
A	1	0	0	1	0	2	0.13
B	1	1	1	1	1	5	0.33
C	1	0	1	1	1	4	0.27
D	0	0	0	1	0	1	0.07
E	1	0	1	1	1	3	0.20
合计						15	1.00

功能评价系数的大小说明五个部分的功能的重要程度。从表 7-7 可以看出，B 分项功能评价系数最高，即最重要，D 分项最不重要。

b. 0-4 评分法　0-4 评分法在某种程度上可以克服强制确定法的局限性。它在评价两个功能的重要性时把功能平分的差距拉大了，采用五种评价计分的方法：非常重要的功能得 4 分，另一个相比功能很不重要时得 0 分；比较重要的功能地 3 分，另一个相比的功能不太重要时得 1 分；两个功能同时重要时，则各得 2 分；不大重要的功能得 1 分，另一个相比的功能比较重要时得 3 分；功能很不重要时 0 分，另一个相比的功能非常重要时得 4 分。

【例 7-2】 A、B、C、D、E 分别表示某工程的五个施工过程，现进行相互间功能重要性的对比，现以某一评价人员为例加以说明，如表 7-8 所示。

表 7-8　功能重要性对比表

施工过程	A	B	C	D	E	F	得分
A	×	4	4	3	3	2	16
B	0	×	1	2	4	3	10
C	0	3	×	1	2	3	9
D	1	2	3	×	1	3	10
E	1	0	2	3	×	2	8
F	1	1	2	1	2	×	7
总分	3	10	12	10	12	13	60

0-4 评分法的产品零部件对比次数总分 $F_总=2+n(n-1)$，本例中产品由 6 个事件组成，所以，$F_总=2\times 6(6-1)=60$ 分。

(3) 功能价值 V 的计算及分析

通过计算和分析对象的价值 V，可以分析成本功能的合理匹配程度。功能价值 V 的计算方法可分为两大类——功能成本法与功能指数法。

① 功能成本法　功能成本法又称为绝对值法，是通过一定的测算方法，测定实现应有功能所必须消耗的最低成本，同时计算为实现应有功能所耗费的现实成本，经过分析、对比，求得对象的价值系数和成本降低期望值，确定价值工程的改进对象。其表达式如下：

$$第 i 个评价对象的价值指数 V = \frac{第 i 个评价对象的功能指数 F}{第 i 个评价对象的成本指数 C} \tag{7-3}$$

一般可采用表 7-9 进行定量分析。

表 7-9 功能评价值与价值系数计算表

项目序号	子项目	功能重要性系数①	功能评价值②=目标成本×①	现实成本③	价值系数④=②/③	改善幅度⑤=③−②
1						
2						
…						
合计						

功能的价值计算出来以后，需要进行分析，以揭示功能与成本的内在联系，确定评价对象是否为功能改进的重点，以及其功能改进的方向及幅度，从而为后面的方案创造工作打下良好的基础。

根据上述计算公式，功能的价值系数计算结果有以下三种情况。

当 $V=1$，说明 $F=C$，即实现功能的现实成本与目标成本功能评价值相符合，是理想情况。

当 $V<1$，说明 $F>C$，即实现功能的现实成本高于功能评价值，应设法降低其功能现实成本，以提高其价值。这时一种可能是由于存在着过剩的功能，另一种可能是功能虽无过剩，但实现功能的条件或方法不佳，以致使实现功能的成本大于功能的实际需要。这两种情况都应列入功能改进的范围，并且以剔除过剩功能及降低现实成本为改进方向，使成本与功能比例趋于合理。

当 $V>1$，即 $F<C$，遇到这种情况，应先检查一下功能评价值 F 是否定得恰当，如果 F 定得太高，应降低 F 值。如果 F 定得合理，再检查 C 低的原因。如果功能现实成本 C 低的原因是由功能不足造成的，那么就应提高功能以适应用户的需要。

应注意一个情况，即 $V=0$ 时，要进一步分析。如果是不必要的功能，该部件则取消；但如果是最不重要的必要功能，则要根据实际情况进行处理。

② 功能指数法　功能指数法又称相对值法。在功能指数法中，功能的价值用价值指数 V_i 来表示，它是通过评定各对象功能的重要程度，用功能指数法来表示其功能程度的大小，然后将评价对象的功能指数与相对应的成本指数进行比较，得出该评价对象的价值指数，从而确定改进对象，并求出该对象的成本改进期望值。其表达式如下：

$$评价对象的价值指数 V_1 = \frac{第 i 个评价对象的功能指数 F_1}{第 i 个评价对象的成本指数 C_1} \tag{7-4}$$

功能指数法的特点是用分值来表达功能程度的大小，以便使系统内部的功能与成本具有可比性，由于评价对象的功能水平和成本水平都用它们在总体中所占的比率来表示，这样就可以采用上面的公式方便地、定量地表达评价对象价值的大小。因此，在功能指数法中，价值指数是作为评定对象功能价值的指标。

对【例 7-1】进行进一步分析计算。

找出每个分项所需的实际成本，被整个施工过程的实际成本除，得到每个分项的成本系数。计算公式如下：

$$成本系数 = \frac{某分项的实际功能}{某个施工过程的实际功能}$$

分项的功能评价系数同其成本之比，称为该分项的价值系数，即：

$$价值系数 = \frac{功能评价系数}{成本系数}$$

设五个分项的实际成本分别为 12 万元、12 万元、6 万元、3 万元、10 万元不等，则求得它们的成本系数如表 7-10 所示。

表 7-10 价值系数计算表　　　　　　　　　　　　单位：万元

施工分项	功能得分	功能系数	实际成本	成本系数	价值系数
A	2	0.13	12	0.28	0.48
B	5	0.33	12	0.28	1.19
C	4	0.27	6	0.14	1.91
D	1	0.07	3	0.07	0.96
E	3	0.20	10	0.23	0.86
合计	15	1.00	43	1.00	—

根据价值系数进行分析。价值系数出现以下三种情况。

第一种，价值系数等于或接近于 1 时，说明分项功能系数与其成本系数相同或接近，即分项在功能上所占的比重同其在成本所占比重是基本匹配的，如上列的 B 和 D 分项，可不作为重点分析对象。

第二种，价值系数小于 1 时，说明该分项在功能上不太重要，而其成本所占比重大，应该降低其成本，如表 7-10 中的 A 和 E，这些分项是重点研究分析的对象。

第三种，价值系数大于 1 时，说明该分项是分析的次要对象。

由经验可得知，价值系数大于 2 或小于 0.5 时，就可考虑选为分析对象。

这种评价方法简便易行，在我国应用的比较普遍。但是实践证明，这种方法带有很大的局限性。一是评分方法比较呆板，不容易反映功能重要程度相差很大或很小的对象之间的关系，无论差距多大，均用"1 分"表示，显示是不合适的。因此，这种方法一般适用于一次评价的分项数量不太多，而且各功能之间差距不大又比较均匀的情况。

③ 价值指数法　价值指数法是通过对实际成本按照功能系数进行适当调整最终达到目标成本要求的方法，因而它具有较强的实用性。通过功能系数与成本系数求的价值系数，然后将目标总成本根据功能系数进行成本分配，找出各项目标成本与实际成本之差。

【例 7-3】　某市高新技术开发区有两幢科研楼和一幢综合楼，其设计方案对比项目如下。

A 楼方案：结构方案为大柱网框架轻墙体系，采用预应力大跨度叠合楼板，墙体材料采用多孔砖及移动式可拆装式分室隔墙，窗户采用单框双玻璃钢塑窗，面积利用系数为 93%，单方造价为 1460 元/m²。

B 楼方案：结构方案同 A 方案，墙体采用内浇外砌，窗户采用单框双玻璃腹钢塑窗，面积利用系数为 87%，单方造价为 1112 元/m²。

C 楼方案：结构方案采用砖混结构体系，采用多孔预应力板，墙体材料采用标准黏土砖，窗户采用单玻璃空腹钢塑窗，面积利用系数为 79%，单方造价为 1030 元/m²。

方案各功能和权重及各方案的功能得分见表 7-11。

表 7-11 各方案功能得分情况

方案功能	功能权重	方案功能得分		
		A	B	C
结构体系	0.25	9	10	7
模板类型	0.05	10	9	9
墙体材料	0.25	9	10	9
面积系数	0.35	9	8	8
窗户类型	0.10	9	7	8

试应用价值工程方法选择最优设计方案。

为控制工程造价和进一步降低费用，拟针对所选的最优设计方案的土建工程部分，以工程材料费为对象开展价值工程分析。将土建工程划分为四个功能项目，各功能项目评分值及其目前成本见表 7-12。按限额设计要求，目标成本额应控制为 12170 万元。

表 7-12 功能项目成本表

功能项目	功能评分	目前成本/万元
A. 桩基维护工程	10	1520
B. 地下室工程	12	1482
C. 主体结构工程	38	4705
D. 装饰工程	40	5105
合计	100	12812

试分析各功能项目和目标成本及其可能降低的额度，并确定功能改进顺序。

解 分析要点如下。

问题 1 考核运用价值工程进行设计方案评价的方法、过程和原理。

问题 2 考核运用价值工程进行设计方案优化和工程造价控制的方法。

价值工程要求方案满足必要功能，清除不必要功能。在运用价值工程对方案的功能进行分析时，各功能和价值指数有以下三种情况：$V_i=1$，说明该功能的重要性与其成本的比重大体相当，是合理的，无须再进行价值工程分析；$V_i<1$，说明该功能不太重要，而目前成本比重偏高，可能存在过剩功能，应作为重点分析对象，寻找降低成本的途径；$V_i<1$，出现这种结果的原因较多，其中较常见的是：该功能较重要，而目前成本偏低，可能未能充分实现该重要功能，应适当增加成本，以提高该功能的实现程度。各功能目标成本的数值为总

目标成本与该功能指数的乘积。

分别计算各方案的功能指数、成本指数和价值指数,并根据价值指数选择最优方案。

a. 计算各方案的功能指数,见表7-13。

表7-13 功能指数计算表

方案功能	功能权重	方案功能加权得分		
		A	B	C
结构体系	0.25	9×0.25=2.25	10×0.25=2.5	7×0.25=1.75
模板类型	0.05	10×0.05=0.5	9×0.05=0.45	9×0.05=0.45
墙积系数	0.25	9×0.25=2.25	10×0.25=2.5	9×0.25=2.25
面积系数	0.35	9×0.35=3.15	8×0.35=2.8	8×0.35=2.8
窗户类型	0.10	9×0.10=0.9	7×0.10=0.7	8×0.10=0.8
合计		9.05	8.95	8.05
功能指数		9.05/26.05=0.347	8.95/26.05=0.344	8.05/26.05=0.309

注:表7-13中各方案功能加权得分之和为9.05+8.95+8.05=26.05。

b. 计算各方案的成本指数,见表7-14。

表7-14 成本指数计算表

方案	A	B	C	合计
单方造价/(元/m²)	1460	1112	1030	3602
成本指数	0.405	0.309	0.286	1.000

c. 计算各方案的价值指数,见表7-15。

表7-15 价值指数计算表

方案	A	B	C
功能指数	0.347	0.344	0.309
成本指数	0.405	0.309	0.286
价值指数	0.857	1.113	1.081

由表7-15的计算结果可知,B方案的价值指数最高,为最优方案。

根据表7-15所列数据,分别计算桩基围护工程、地下室工程、主体结构工程和装饰工程的功能指数、成本指数和价值指数;再根据给定的总目标成本额,计算各工程内容的目标成本额,从而确定其成本降低额度。具体计算结果汇总见表7-16。

表7-16 功能项目的成本降低额计算表

功能项目	功能评分	功能指数	目前成本/万元	成本指数	价值指数	目标成本/万元	成本降低额/万元
桩基围护工程	10	0.1000	1520	0.1186	0.8432	1217	303
地下室工程	12	0.1200	1482	0.1157	1.0372	1460.4	21.6
主体结构工程	38	0.3800	4705	0.3672	1.0349	4624.6	80.4
装饰工程	40	0.4000	5105	0.3985	1.0038	4868	237
合计	100	1	12812	1.0000	—	12170	642

由表 7-16 的计算结果可知，桩基围护工程、地下室工程、主体结构工程和装饰工程均应通过适当方式降低成本。根据成本降低额的大小，功能改进顺序依次为：桩基围护工程、装饰工程、主体结构工程、地下室工程。

7.4 方案创造

方案创造，就是从改善对象的价值出发，针对应改进的具体目标，依据已建立的功能系统图和功能目标成本，通过创造性的思维活动，提出实现功能的各种改进方案。方案的提出是在收集情报和功能分析的基础上进行创造和开拓的过程，也是把经验和知识进行分析、提炼、组合的过程，需要有效的方法进行引导和激发，才能充分发挥分析能力、综合能力和创造技巧，并提出改进方案。方案创造的方法主要有如下几种。

7.4.1 头脑风暴法

头脑风暴是心理学中用于形容人在思想上自由地、创造性地思考的术语。头脑风暴法（Brain Storming，BS 法）是开会创造方案的方法。以 5~10 人的小型会议的方式进行为宜，由一名熟悉研究对象，善于启发思考的人主持会议。会议按以下四条原则进行：

① 欢迎畅所欲言，自由地发表意见；
② 希望提出的方案越多越好；
③ 对所有提出的方案不加任何评论；
④ 要求结合别人的意见提设想，借题发挥。

7.4.2 抽象提前法

这是美国人哥顿（Gordon）提出的方法。这种方法以召开会议的方式提方案，侧重于要解决的具体问题。主持者只是抽象地提出功能的概念，要求与会者广泛地提出各种设想，当会议议到一定时机，再宣布会议的具体要求，在此联想的基础上研究和提出各种新的具体方案。

7.4.3 专家意见法

专家意见法（德尔菲法）是一种向专家作调查的方法，不仅在价值工程的方案创造时使用，在其他各种情况下都可使用，既可以采取开会的方式，也可以采取函询的方法。在运用此方法时，应注意选择专家的人数不宜太多，也不能太少；专家应老、中、青结合，以便既能汇集专家经验，又能解放思想。

7.4.4 检查提问法

检查提问法是一种刺激方案构思的方法。在进行方案创造时，漫无边际地寻找方案，往往提不出成形的或具体的构思，如果围绕回答某一问题，往往容易有好的思路。检查提问法正是通过提问的方式，引导人们对方案加以改进并形成新的方案。

① 有无新的用途或新的使用方式，可否改变现有的使用方式。如海军的弹药输送机加以改进，就成了自动、高效和安全的饼干输送机。

② 有无相似的东西，利用相似性可否产生新的东西，能否模仿其他东西。如飞机的发明最初就是受到飞鸟飞行的启发。

③ 能否改变功能、形状、颜色、气味等，是否还有其他改变的可能性。如折叠式自行车、太阳能汽车、防脚气鞋垫等就是这类成果。

④ 能否增加尺寸、使用时间、强度、新的特征？如药物牙膏、电视机遥控功能的发明等。

⑤ 能否省去、减轻、减薄、减短、缩小？如随身听、计算机软盘的发明等。

⑥ 能否用其他材料、零部件、能源、色彩来替代？如化纤代替棉花、塑料代替木料、太阳能代替煤、石油等。

⑦ 能否上下、左右、正反、里外、前后颠倒，目标和手段颠倒？如毛皮大衣的毛在外还是皮在外。

⑧ 零部件、材料、方案、目标等能否重新组合，能否叠加、复合、化合、混合、综合，如瑞士军刀、闹钟等。

7.4.5 特性列举法

此种方法多用于新产品的设计。具体做法是把设计对象的要求一一列举出来，针对这些特性逐一研究实现的手段。用此法分析自行车，可以列出的自行车用途有上学、送货、拖运、竞赛、游玩及旅游等，所列出的每一用途都可能导致产品的功能或用途的扩展甚至出现新的产品。

7.4.6 缺点列举法

与特性列举法类似，将要改进的方案存在的缺点一一列举出来，然后针对这些缺点进行改进，为提高产品在市场上的竞争机会而创造条件。此种方法多用于老产品的改进设计。

7.5 方案评价与实施效果

7.5.1 方案的评价

方案评价的标准是价值的高低而不是功能成本的优劣，即以功能费用比作为最终的评价标准。方案评价的步骤可分为概略评价和详细评价两大步骤，其评价内容均围绕着技术评价、经济评价、社会评价进行。并在此基础上进行综合评价。概略评价是对方案创新中所提出的设想方案进行大致的粗略评价，筛选出有价值的设想，以便进行方案的具体制定。概略评价内容比较粗略，评价方法比较简单，力求尽快得出结论，以便有效利用时间。详细评价是对已经粗略筛选之后的若干个有前途的方案进行细致评价，其主要目的是筛选出最佳方案，以便正式提交审查。因此，详细评价必须提供详尽、有说服力的数据，论证方案实施的效果。

(1) 方案的概略评价

概略评价是指对方案创造阶段所提出的各种设想方案进行粗略评价的一种方法。因为方案创造阶段，不同的人从不同的角度提出了许多设想方案。如果对所有方案都进行具体化，必然造成资源的浪费。因此，在进行方案具体化之前，首先应从大量的方案中筛选出一部分较好的方案，这就需要进行方案概略评价。

为了有效地进行筛选，通常在概略评价前，将方案进行整理、分类。整理工作大致分为如下几项。

① 归纳　有些方案表面上看有些差别，其内容却完全相同，这样，一类方案可作为一个方案拿出来评价，节省时间，提高价值工程活动的效率。

② 明确　有些方案虽然提出来了，但较抽象，使人不能一看就懂，这时，应将其具体化。有些方案本身的内容比较含糊，这时也应研究此方案到底说明什么问题，将其内容明确起来，最好以图表示出来，便于选择评价。

③ 分析　不要因对问题不清楚而在初选时将其舍去，因为往往有突破的重要方案正是通常觉得离题太远的方案。

④ 组合　这样既节省评价时间，又能使方案完善，有助于最终获得价值高的方案。

进行概略评价时应主要从如下几个方面进行。

a. 技术可行性方面　考虑功能是否满足用户的要求，功能是否有多余。企业现有技术条件是否有可能实现此方案。

b. 经济可行性方面　考虑企业内部的财力是否允许、是否会降低成本、降低的幅度有多大等。

c. 社会评价方面　考虑是否符合国家的政策、法令，是给社会带来好处还是损害等。

社会评价就是以顺应国家、社会和人类的生存发展，符合公共道德准则为依据来评价方案的可行性。社会评价的主要内容有：与国家规划和利益的一致性，与公共道德法律的一致性，对安全卫生、环境保护、生态平衡的影响等。

d. 综合评价方面　总的考虑能否赢利，是否能综合利用国家资源，是否会提高社会经济效益等。

具体评价时对各种方案通过分析、对比，并将结果列入表7-17所示。

表 7-17　概略评价一览表

序号	方案	概略评价内容				方案可行否	方案采用否
		技术	经济	社会	综合		
A	×××	○	○	○	○	○	○
B	×××	○	○	○	△	△	△
C	×××	○	×	×	△	×	×
D	×××	○	△	○	○	△	△
E	×××	○	○	×	×	×	×

注：×——不可行方案；○——可行方案；△——有待进一步研究方案。

(2) 方案的详细评价

方案的详细评价是对概略评价后所制定的几种具体方案，进行详尽的分析研究，从中评选出准备实施的最优方案。在评价过程中必须准确而肯定地回答"它能可靠地实现必要功能吗"、"它的成本是多少"这样的问题。为此，需要对各方案的技术、经济、社会和综合四个方面给出更详尽的评价。

① 技术评价　技术评价主要是评价方案能否实现所要求的功能，以及方案在技术上能否实现。技术评价的指标主要有性能、质量、寿命、可靠性、可维修性、安全性、协调性等。

方案技术评价的方法很多，下面列举几种常见的评价方法。

a. 优缺点列举法　这种方法是将每一个方案在技术上的优缺点详细列出，并进行综合分析和进一步调查研究，通过各方案所具备的优缺点判断方案在技术上的优劣。这种方法实际是在分析研究中不断淘汰有缺点的方案，从不断地分析和淘汰过程中找出结论，是一种简单易行的定性的技术评价方法。

b. 直接评分法　这种方法是通过专家将各种方案对各项技术指标的满足程度进行打分，然后计算出每个方案在技术上满足程度的总分，得分高的说明技术指标的满足程度高。这实际上是一种将定性分析转化为定量评价的方法。

采用直接评分法必须做好以下三个方面的工作。

ⓐ 确定技术评价指标。技术评价指标的确定主要根据项目自身的特点决定。例如某产品的价值工程活动，根据产品的特点决定其技术评价指标主要是可靠性、安全性和维修性三项。

ⓑ 确定评分的具体方法，例如十分制评分法、百分制评分法、多比例评分法、环比评分法等。

ⓒ 确定方案的优选顺序。根据各方案技术评价指标的评价值的大小，排列方案的优选顺序。

c. 加权评分法　这种方法是通过专家对各种方案的各项技术指标的满足程度进行打分，并且规定各项技术指标的重要性程度（即权数），最后根据评分和权数得出加权后的评分值，分数高的说明技术指标的满足程度高。这也是一种将定性分析转化为定量评价的方法，与直接评分法不同的是加权评分法考虑了技术因素的重要程度。各项技术指标的权数应通过调查研究采用科学的方法确定，不能主观臆断。

② 经济评价　方案的经济可行性主要是以产品寿命周期成本为主要目标，同时，围绕着新方案在实施过程中所产生的成本、利润、年节约额以及初期投资费用等进行测算和对比。

a. 成本评价　成本估算以寿命周期成本为标准，包括生产成本和使用成本两部分。评价时把两部分成本之和最低的方案视为经济性最优的方案。但是，生产成本是企业可控制的，而使用成本与使用方法、使用状态有关，企业难于控制，是不可控制成本。因此，评价时，实际上是以生产过程中产品产生的成本为主进行的。同时应该指出，进行成本预测时要以未来成本进行估算，不能简单地套用现行成本资料。

b. 利润评价　利润是销售收入减去成本和税金以及销售费用后的纯收入。利润是一个综合指标，它反映了企业在一定时期内的经营成果。在单位产品利润一定的情况下，产品销售收入越多，说明产品越受欢迎，满足用户要求的程度越高，方案的价值越高。

c. 方案措施费用评价　方案措施费用是指实施方案时所投入的设计费用、设备安装费用、试验与试制费用等技术措施费用、生产组织调整费用，以及因采用新方案而产生的损失费。同时还要估算失败风险损失，而且要评价与该方案所获利润的比值大小。

d. 节约额和投资回收期的评价　为了评价方案的经济效果，必须计算节约额和投资回收期。其中回收期越短的方案越有利。如果回收期超过标准回收期，则方案不可取。此外还要考虑到：回收期应小于该产品的生产期限；回收期要小于措施装备和设备的使用年限；回收期内科学技术是否有大的突破等。

③ 社会评价　方案的社会评价主要是谋求企业利益、用户利益及社会利益的一致性，谋求从企业角度对方案的评价与从其他角度对方案评价一致。社会评价的内容要根据方案的具体情况而定。一般要考虑以下几个方面的问题。

a. 政策法规方面　是否符合国家有关政策、法令、规定、标准以及科技发展规划的要求。

b. 国民经济方面　方案的实施效果是否与国家的长远规划及国民经济发展计划要求相一致。方案的社会效果是否与社会范围内的人、财、物、资源的合理利用相一致。

c. 生态环境方面　在防止环境污染、自然环境及保护生态平衡等方面是否存在抵触或危害。

d. 用户利益方面　是否符合使用者的风俗习惯，对身体健康、心理状态、人际关系等有无不利影响，能否满足使用要求。

e. 其他方面　包括发展对本地区、本部门产业经济的影响，对工业布局的影响，对出口创汇或节约外汇的影响，对填补国家空白及提高科技水平的影响，对改善社会就业及劳动条件的影响，对精神文明、人口素质、文化教育方面的影响等。社会评价是一个涉及范围广、关系复杂的问题，目前价值工程的方案评价只能作粗略评价。

④ 综合评价　综合评价就是全面考虑方案在技术、经济和社会各方面的可行性，对方案做整体评价。综合评价的方法有两种：一种是定性分析；另一种是定量计算。定性分析的方法就是根据技术、经济和社会评价项目，详细列举各方案的优缺点，然后对方案进行对比、评价、选择最优方案。定量计算的方法就是利用打分法来区分评价项目的重要程度和各方案对评价项目的满足程度，根据方案得分多少确定方案的优劣。

7.5.2　方案的实施效果

提案经批准后，即可组织实施。首先应由单位领导指定一名实施项目的负责人，此人应具有较强的组织、协调能力，了解价值工程。此负责人应与小组成员一起制定一个具体的实施计划。由于方案实施主要是围绕着改进方案的功能水平和控制成本而展开的，因而实施计划应规定质量、成本、进度等指标及相应的保障措施，并把任务分解、落实到有关基层单位和个人。

在实施过程中，价值工程小组成员要深入实际，进行跟踪检查，及时发现问题，查明技术上、经济上或管理方面的障碍等。跟踪检查要贯穿于方案实施的全过程，并且要与实施人员密切配合，收集各个环节、各部门的有关信息，时刻注意计算实际成本与目标成本的差异，检查实际功能与必要功能的差异，并分析偏离目标值的原因，及时采取有效措施加以解决。而且要掌握技术方面、经济方面和社会方面的资料和数据，以便对实施方案的效果进行评价。

7.6 案例分析

在工程建设中,价值工程的应用是广泛的,现以某排通道工程的施工组织设计为例说明其应用。

某地区排通道工程,全长 3.15km。工程的主要内容是疏浚土方 26.6 万立方米,新建防洪墙 1.3km,桥梁 3 座。

为保证施工质量、按期完成施工任务,项目部决定在编制施工组织设计中开展价值工程活动。在施工阶段应用价值工程不同于设计阶段应用价值工程,重点不在于考虑如何实现这个功能,而在于考虑怎么样实现设计人员已设计出的疏浚工程。因此通过对价值工程的工作程序的合并及化简,项目部进行了以下工作。

7.6.1 对象选择

项目部对工程情况进行了仔细的分析。该工程主体由三部分组成:桥梁工程、防洪墙工程和疏浚工程。采用百分比分析法分别对这三部分主体工程的施工时间、工程量、施工机械设备投入和劳动力投入等指标进行了测算。结果表明疏浚工程在各指标中均占首位,详细情况如表 7-18 所示。

表 7-18 工程各项指标测算工程名称　　　　　　　　　　　　　单位:%

项　　目	桥梁工程	防洪墙工程	疏浚工程
施工时间	20	20	60
工程量	25	10	65
施工机械设备投入	11	5	84
劳动力投入	34	23	43

能否如期完成施工任务的关键,在于能否正确地处理疏浚工程面临的问题,能否选择符合本企业经济条件的施工方法。总之,疏浚工程是整个工程的主要矛盾,必须全力解决。项目部人员决定以疏浚工程为研究对象,应用价值工程优化疏浚工程施工组织设计。

7.6.2 功能分析

在对疏浚工程进行功能分析时,第一步工作是进行功能定义。根据功能分类中按其功能的重要程度进行分类,疏浚工程的基本功能是满足泄洪要求,其子功能主要是过水顺畅、边坡稳定、保证通航和增加美观。

功能分析的第二步工作是进行功能整理。在疏浚工程功能定义的基础上,根据疏浚工程内在功能逻辑联系,采取剔除、合并、简化等措施对功能定义进行整理,绘制出疏浚工程功能系统图(图 7-6)。

7.6.3 功能评价和方案创造

根据功能系统图可以明确看出,施工对象是疏浚工程的满足泄洪功能。采用什么样的施

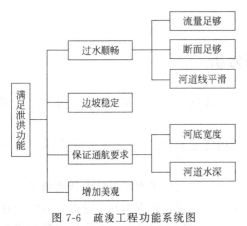

图 7-6 疏浚工程功能系统图

工方法和技术组织措施来保证质量完成河道疏浚的施工,是应用价值工程编制施工组织设计中所要研究解决的中心课题。为此,项目部价值工程人员同技术人员、经营管理人员、施工人员一道,积极思考,大胆设想,广泛调查,借鉴以往公司成功的施工经验,提出了大量方案。最后根据既要质量好、速度快,又要企业获得客观经济利益的原则,初步遴选出强抓式挖泥船、绞吸式挖泥船、泥浆泵和合同转包四个施工方案供作进一步技术经济评价。

7.6.4 施工方案评价

对施工方案进行评价的目的,是发挥优势,做出正确的选择。首先价值工程人员运用给分定量法进行方案评价,评价情况如表 7-19 所示。

表 7-19 运用给分定量法进行施工方案评价

方案评价			方 案			
指标体系	评分等级	评分标准	A	B	C	D
清障设备	1. 需要投入 2. 不需要投入	0 4	0	4	0	4
吹泥船	1. 需要投入 2. 不需要投入	0 4	0	4	0	4
管道铺设	1. 需要投入 2. 不需要投入	0 4	4	0	4	4
施工人员	1. 少工种少人员 2. 多工种多人员 3. 无需要参加	2 0 4	0	2	2	4
通航影响	1. 严重影响通航 2. 一般影响通航 3. 不影响通航	0 2 4	2	4	0	4
施工准备时间	1. 较短 2. 中等 3. 较长 4. 无需准备	3 2 1 4	2	1	3	4
受气候、机械等因素影响	1. 较大 2. 较小 3. 不受影响	0 2 4	2	4	0	4
总体施工时间	1. 保证工期 2. 拖延工期	4 0	0	4	0	0
施工难度	1. 复杂 2. 中等程度 3. 较简单 4. 无难度	1 2 3 4	3	2	1	4
方案总分			13	25	10	32

注:A 代表强抓式挖泥船施工方案;B 代表绞吸式挖泥船施工方案;C 代表泥浆泵施工方案;D 代表合同外包施工方案。

计算结果表明：合同外包方案得分最高，其次为绞吸式挖泥船施工方案，得分最低的为泥浆泵施工方案。对得分结果进行分析可以发现，合同外方案之所以得分最高，是因为它与其他方案比较时，基本上没有费用支出。事实上虽然在每个指标进行比较时，合同外包方案没有费用支出，但是在向其他单位外包时却是要花费总的费用。因此简单地认为合同外包方案为最有效方案是难以令人信服的。表 7-21 中设置的指标体系还不能充分证明究竟合同外包方案和其他三个施工方案孰优孰劣，必须进一步评价。为此价值工程人员还以给定分量法进行方案评价，如表 7-20 所示。

表 7-20 运用给定分量法进一步进行施工方案评价

方案评价			方案			
指标体系	评分等级	评分标准	A	B	C	D
技术水平	1. 清楚	1	1	1	1	
	2. 不清楚	0				0
设备投入	1. 投入量大	0				0
	2. 投入量小	1	1	1	1	
成本	1. 很高	0				0
	2. 较低	1	1	1	1	
工程质量	1. 保证质量	1	1	1	1	
	2. 难以保证	0				0
安全生产	1. 避免事故责任	1				1
	2. 尽量避免事故责任	0	0	0	0	
施工力量	1. 需要参加	0	0	0	0	
	2. 不需要参加	1				1
方案总分			4	4	4	2

表 7-20 计算结果表明，虽然合同外包方案可以坐享其成，但是权衡利弊还是利用本单位施工力量和生产条件，在保证工程质量和获得利润方面较为有利，因此应舍弃合同外包方案，选择绞吸式挖泥船施工方案。

为进一步证明上述评价准确，价值工程人员又通过计算各方案的预算成本和确定疏浚工程的考核成本，进而确定个方案的成本指数，以成本指数高低为判断标准来选择最佳施工方案。

通过计算，考核成本为 210 万元，各方案的预算成本及成本指数计算如表 7-21 所示。

表 7-21 各方案预算成本及成本指数计算

方案	考核成本/万元	预算成本/万元	成本指数
A	210	157	1.338
B	210	134	1.567
C	210	178	1.180
D	210	193	1.088

计算结果表明，绞吸式挖泥船施工方案为最优方案。

7.6.5 效果总评

从降低成本方面看，疏浚工程实际成本为 125 万元，与强抓式挖泥船方案相比节约 32 万元，与泥浆泵施工方案比节约 53 万元，比合同外包方案节约 68 万元，成效显著。

课后习题

1. 什么是价值工程？提高价值有哪些途径？
2. 价值功能的实施步骤是什么？
3. 如何进行功能评价？
4. 常用的功能评价方法有哪几种？其基本思想和特点是什么？
5. 某施工企业有自己的专业队伍，包括土建专业队、钢结构专业队。施工过程中的重要材料成本如表 7-22 所示。试用 ABC 分析法选择价值工程目标，并画出 ABC 分析图。

表 7-22 各材料的成本表

项 目	钢筋	水泥	碎石	周转工具租赁费	其他铺设
材料成本/万元	13.80	3.15	5.14	0.73	1.21

6. 某房屋工程的卫生设备由 A、B、C、D、E 构成，成本分别为 740 元、360 元、1100 元、200 元、350 元。计算成本系数 C。

7. 某施工机械由 A、B、C、D、E 五个部分组成，其功能为 F_1、F_2、F_3、F_4、F_5，其成本在各个功能上的分配及功能重要程度如表 7-23 所示。试求各零件的成本系数。

表 7-23 功能现实成本计算表

部分名称			功能区或功能领域					
序号	名称	成本/元	F_1	F_2	F_3	F_4	F_5	
1	A	180	50	50		80		
2	B	380		150		150	80	
3	C	120	60		60			
4	D	120	100			20		
		C	C_1	C_2	C_3	C_4	C_5	
合计								

8. 某混凝土由水泥、黄砂、石子、外加剂、粉煤灰 5 种原材料组成，其功能成本分别为 F_1、F_2、F_3、F_4，其成本在各个功能上的分配及功能重要程度如表 7-24 所示。试对此混凝土进行功能分析。

表 7-24 某混凝土五个组成部分的功能分配及功能重要程度表

功能部件	成本	F_1	F_2	F_3	F_4
水泥	38.2	13		16	9.2
黄砂	33.2		10	17	6.2
石子	39.9	15	7	9	8.9
外加剂	3.05	1	2.05		
粉煤灰	12.8	6			6.8

9. 某项目的各部分的功能重要性系数与成本如表 7-25 所示，请求出成本系数 C 与价值系数 V，并指出需要改进的部分。

表 7-25 价值系数计算表

部分名称	功能重要性系数(F)	现实成本/元	成本系数(C)	价值系数(V)
A	0.300	20.0		
B	0.175	35.0		
C	0.150	60.0		
D	0.325	50.0		
E	0.050	35.0		
合计	1.00	200.0		

10. 已知某建设项目的五个子项目,目标成本为 500。请根据表 7-26 给出的数据,分别计算每个子项目的功能评价值与价值系数。

表 7-26 功能评价值与价值系数计算表

项目序号	子项目	功能重要性系数①	功能评价值②=目标成本×①	现实成本③	价值系数④=②/③	改善幅Max(⑤=③-②,③)
1	A	0.23		150		
2	B	0.16		90		
3	C	0.33		150		
4	D	0.21		130		
5	E	0.07		80		
合计						

11. 某工程的一支撑结构由四个部分组成,分别为 F_1、F_2、F_3、F_4。现已知四个部分的功能重要性系数与现实成本。请计算出成本降低方案(表 7-27)。

表 7-27 功能评价值计算表

功能区	功能现实成本	功能重要性系数	重新分配的功能区成本	功能评价值F(或目标成本)	成本降低幅度$\Delta C=(C-F)$
栏号	①	②	③=②×500 元	④	⑤
F_1	130	0.47			
F_2	190	0.32			
F_3	90	0.16			
F_4	90	0.05			
合计	500	1.00			

12. 房屋工程有支撑体系、内隔墙、建筑装修、垂直运输系统、给水排水系统。其重要程度由大到小的顺序为支撑体系、内隔墙、建筑装修、给水排水、垂直运输系统。试用 0-1 评分法确定各部分的重要系数(表 7-28)。

表 7-28 某房屋工程各部分的重要系数表

项目	支撑体系	内隔墙	垂直运输	给水排水	得分	修正得分	重要系数
支撑体系							
内隔墙							
垂直运输							
给水排水							
合计							

13. 某大学城建设项目由五项功能指标组成，分别为施工时间与地基稳定长短（F_1）、建成后地基沉降变形大小（F_2）、方案工程造价（F_3）、施工过程监控难易（F_4）、施工组织难易（F_5）、工序衔接关系好坏（F_6）。相互间关系如下，F_1比F_2重要，F_1比F_3、F_4、F_5、F_6都重要得多。F_2比F_3重要，F_3与F_4、F_5、F_6同等重要。请用0-4评分法计算出功能评价系数（表7-29）。

表7-29 功能重要性系数表

指标	F_1	F_2	F_3	F_4	F_5	F_6	得分	评价系数
F_1								
F_2								
F_3								
F_4								
F_5								
F_6								
合计								

14. 道路工程由F_1、F_2、F_3、F_4四个部分组成，其中F_1的重要性是F_2的3倍，F_2与F_3的对比为1.5倍，F_3与F_4的对比为2倍。请用环比评分法准确评定功能重要性系数（表7-30）。

表7-30 计算功能重要性系数表

功能区	功能重要性评价		
	暂定重要性系数	修正重要性系数	功能重要性系数
F_1	3.0		
F_2	1.5		
F_3	2		
F_4			
合计			

15. 某工程现有甲乙两方案，实行甲方案需要花费400万元，实行乙方案花费600万元。甲乙两方案各有F_1、F_2、F_3、F_4四项功能，功能的得分情况如表7-31所示。请找出甲乙方案中的最优方案。

表7-31 各方案功能得分情况

方案功能	重要度系数	甲得分	乙得分
F_1	0.32	6	8
F_2	0.25	5	7
F_3	0.28	7	6
F_4	0.15	6	5

16. 某建设项目原设计为采用塑料排水板处理地基，处理后分层填筑土路基并做4个月的超载预压。但因拆迁影响，未能按该设计施工，在此情况下，施工方提出工程变更，请在以下四种方案中选出最优方案（表7-32）。

表 7-32　各方案功能得分情况

功　能	评价系数	方案功能得分			
		塑料排水板	水泥搅拌桩	碎石桩	挤密砂桩
F_1	0.317	7	8	8	10
F_2	0.250	7	10	10	9
F_3	1.150	10	8	6	9
F_4	0.133	8	9	9	7
F_5	0.083	9	10	7	7
F_6	0.067	6	9	10	9
综合得分					

17. 某业主邀请若干厂家对某商务楼的设计方案进行评价，经专家讨论确定的主要评价指标分别为：功能适用性（F_1）、经济合理性（F_2）、结构可靠性（F_3）、外形美观性（F_4）、与环境协调性（F_5）五项评价指标，各功能之间的重要性关系为：F_3比F_4重要得多，F_3比F_1重要，F_1和F_2同等重要，F_4和F_5同等重要，经过筛选后，最终对 A、B、C 三个设计方案进行评价，三个设计方案评价指标的评价得分结果和估算总造价见表 7-33。请用 0-4 评分法计算各功能的权重，并用价值指数法选择最佳设计方案。（表中数据保留 3 位小数、其余计算结果均保留两位小数）

表 7-33　各方案评价指标的评价结果和估算总造价表

功　能	方案 A	方案 B	方案 C
功能适用性（F_1）	7 分	8 分	10 分
经济合理性（F_2）	8 分	10 分	9 分
结构可靠性（F_3）	10 分	8 分	7 分
外形美观性（F_4）	7 分	8 分	9 分
与环境协调性（F_5）	8 分	9 分	8 分
估算总造价/万元	6500	6600	6650

18. 某咨询公司受业主委托，对某设计院提出的 8000m^2 工程量的屋面工程的 A、B、C 三个设计方案进行评价。该工业厂房的设计使用年限为 40 年。咨询公司评价方案中设置功能实用性（F_1）、经济合理性（F_2）、结构可靠性（F_3）、外形美观性（F_4）、与环境协调性（F_5）等五项评价指标。该五项评价指标的重要程度依次为：F_1、F_3、F_2、F_5、F_4，各方案的每项评价指标得分见表 7-34。

表 7-34　各方案评价指标得分表

方案指标	A	B	C
F_1	8	8	10
F_2	9	8	9
F_3	10	9	8
F_4	7	9	9
F_5	8	9	7

① 请用 0-1 评分法确定各项评价指标的权重。
② 列式计算 A、B、C 三个方案的功能加权得分，并选择最优方案。

第8章 建设工程投资社会和环境影响评价

【知识点】

投资社会影响评价的概念、特点、作用与范围，社会评价的主要内容与方法，社会评价报告的编写规范。

【重点与难点】

社会评价报告和环境评价报告的编写规范与注意要点。

8.1 建设工程投资社会影响评价

8.1.1 建设工程投资社会的概念与特点

(1) 建设工程投资社会影响评价的概念

社会评价旨在系统调查和预测拟建项目的建设、运营产生的社会影响与社会效益，分析项目所在地区的社会环境对项目的适应性和可接受程度。通过分析项目涉及的各种社会因素，评价项目的社会可行性，提出项目与当地社会协调关系，规避社会风险，促进项目顺利实施，保持社会稳定的方案。因此，社会影响评价的概念可以表述为：社会评价是分析拟建项目对当地（或波及地区，乃至全社会）社会的影响和社会条件对项目的适应性和可接受程度，评价项目的社会可行性。

建设工程投资社会影响评价的含义是识别、监测和评估建设工程投资项目的各种社会影响，分析当地社会环境对拟建建设工程投资项目的适应性和可接受程度。评价投资项目的可行性，其目的是促进建设工程项目的利益相关者对项目投资活动的有效参与，优化项目建设实施方案，规避投资项目社会风险。

建设工程投资项目社会评价的应用是基于贯彻和落实科学发展观的需要。新的发展观强调以人为本，强调发展是一个综合的、内在的、持续的过程，强调人的参与在发展中的重要性，这就要求在建设工程投资项目的评级中，必须充分考虑社会的、人文的因素，进行投资项目的社会评价。

(2) 建设工程投资社会影响评价的特点

① 宏观性和长期性　对建设工程投资项目进行社会评价所依据的是社会发展目标，考察建设工程投资项目建设和运营后对实现社会发展目标的作用和影响，是促进了社会发展目标的实现还是阻碍了社会发展目标的实现。而社会发展目标本身是依据国家和地区的宏观经济与社会发展需要来制定的，包括经济增长目标、国家安全目标、人口控制目标、减少失业和贫困目标、环境保护目标等，涉及社会生活的方方面面。虽然不是每一项建设工程投资项目的社会效益都覆盖了以上社会目标的所有领域，但在进行投资项目的社会评价时却要认真

考察与建设工程项目建设相关的各种可能的影响因素,无论是正面影响还是负面影响,是直接影响还是间接影响。因此,建设工程社会评价应高屋建瓴,着眼大局,整体把握,权衡社会效益的利弊。

建设工程投资的项目的社会影响具有长期性。一般经济评价时只要考察投资项目不超过20年的经济效果,而社会评价通常要考虑一个国家或地区的中期和远期发展规划和要求,涉及对有些领域的影响或效益,可能涉及从建设工程投资项目决策立项、开工建设到设计使用年限的建设工程全寿命周期,需要几十年的时间,甚至近百年的时间。

② 目标的多样性和复杂性　财务分析和经济分析的目标通常比较单一,主要就是衡量财务盈利能力及资源配置的经济效率;而社会评价的目标则更为多样和复杂。建设工程社会评价的目标分析首先是多层次的,是针对国家、地方和当地社区各层次的发展目标,以各层次的社会政策为基础展开的。因此,建设工程社会评价需要从国家、地方、社区三个不同的层次进行分析,做到宏观分析与微观分析相结合。

建设工程社会评价的目标层次是多样性的。它要综合考察社会生活的各个领域与项目之间的相互关系和影响,必须分析多个社会发展目标、多种社会政策、多种社会效益和多样的人文因素和环境因素。需要分析各个不同的社会发展目标对项目的影响程度,要结合项目的性质和特点,具体问题具体分析。因此,综合考察项目的社会可行性,通常采用多目标综合评价法。

③ 评价指标和评价标准的差异性　社会评价由于涉及的社会环境多种多样,影响因素比较复杂,社会目标多元化和社会效益本身的多样性使得难以使用统一的量纲、指标和标准来计算和比较社会效益,因而在不同行业和不同地区的项目评价中差异明显。社会评价的各个影响因素,有的可以定量计算,如就业、收入分配等,但更多的社会因素是难以定量计算的,如项目对当地文化的影响,对当地社会稳定的影响,当地居民对项目的支持程度等。这些难以量化的影响因素,通常使用定性分析的方法加以研究。因此社会评价中,通用评价指标少,专用指标多;定量指标少,定性指标多。这就要求在具体项目的社会评价中,充分发挥评价人员的主观能动性。

(3) 社会影响评价的产生与发展

20世纪后半叶,传统的工业化、现代化发展道路所产生的一些负面后果,例如,人口剧增、不可再生资源的过度消耗、环境污染、生态破坏、南北差距加大、文化多样性等受到威胁等成为全球性的重大问题。各国也在自己的发展过程中积累了相当多的经验教训,人们开始关注投资项目对社会的影响以及社会条件在项目实施中的作用。

一些社会科学家就此提出了"以人为中心的发展观念",认为发展的目的不是发展物质而是发展人类。人们开始尝试从社会学的角度分析项目对实现国家或地方各项社会发展目标所做的贡献和影响,以及项目与当地社会环境的相互影响。此时一个真正意义上的社会评价开始独立出来。从美国的社会影响评价、英国社会分析和世界银行社会评价中,我们可以看到许多共同之处,即集中分析项目与当地的社会、人文环境之间的相互作用,预测项目实施对人民生活、社区结构、人口、收入分配、福利、健康、安全、教育、文化、娱乐、风俗习惯及社区凝聚力等方面有可能产生的影响及社会问题。

8.1.2　建设工程投资社会影响评价的作用与范围

(1) 建设工程投资社会评价的作用

① 有利于国民经济发展目标与社会发展目标协调一致　防止单纯追求项目的经济效益。

如果缺乏对拟建项目的社会评价，项目的社会、环境问题未能在实施前解决，将会阻碍项目预期目标的实现。例如有些建设工程项目的经济效益不错，但可能对生态环境污染严重；有些项目建成了，社会安全问题解决不好，严重影响项目的生产运营等。实践证明，社会影响较大的投资项目直接关系到国家和当地的经济发展目标和社会发展目标的协调一致。在建设工程项目评价中，社会评价处理好了，达到了项目建设与社会发展相协调，必将促进经济发展目标的实现和社会效益的提高，从而使国家和地区社会发展进入一个新的阶段。

② 有利于项目与所在地区利益协调一致　建设工程投资社会影响评价可以减少社会矛盾和纠纷，防止可能产生的不利的社会影响和后果，促进社会稳定。投资项目在客观上一般都存在对所在地区的有利影响和不利影响，分析有利影响和不利影响的大小，判断有利影响和不利影响在建设工程投资项目作用中的比例，是社会评价中判断一个项目好坏的标准。因此，社会评价中应该始终把建设工程项目建设同当地人民的生活和发展联系起来，充分估计到项目建设可能造成的不利影响，预先采取适当的措施，把由项目建设引起的社会影响减到最小。

③ 有利于避免或减少项目建设和运营的社会风险　项目建设和运营的社会风险是指由于在项目评价阶段忽视社会评价工作，致使在项目的建设和运营过程中与当地社区发生种种矛盾，长期得不到解决，导致工期拖延、投资加大，经济效益低下，与当初的经济评价结论大相径庭的风险。这就要求评价人员在进行社会评价时要侧重于分析项目是否适合当地人民的文化生活需要，包括文化教育、卫生健康、宗教信仰、风俗习惯等。考察当地人民的需求如何，对项目的态度如何，是支持还是反对。分析要广泛、深入、实际，并提出合理的针对性建议以减少项目的社会风险。只有消除了建设工程投资项目的不利影响，避免了社会风险，使项目与当地人民的需求相一致，才能保证项目的顺利实施，持续发挥建设工程项目的投资效益。

(2) 社会评价范围界定

① 社会评价的项目范围　任何投资项目都与人和社会有着密切的联系，从理论上讲，投资项目的社会评价适合于各类投资项目的评价。然而，由于社会评价难度大、要求高，并且需要一定的资金和时间投入，因此并不要求任何项目都进行社会评价。一般而言，主要是针对那些当地居民受益较大、对人们生活影响较大、容易引起社会矛盾的建设工程投资项目进行社会评价。

在项目评价中首先需要进行详细社会分析的项目具有以下特征：a. 项目地区的居民无法从以往的发展项目中受益或历来处于不利地位；b. 项目地区存在比较严重的社会、经济不公平等现象；c. 项目地区存在比较严重的社会问题；d. 项目地区面临大规模企业调整，并有可能引起大规模失业；e. 可以预见到项目会产生重大的负面影响，如非自愿搬迁、文物古迹的严重破坏；f. 项目活动会改变当地人口的行为方式和价值观念；g. 社区参与对项目效果可持续性和成功实施十分重要；h. 项目评价人员对项目影响群体和目标群体的需求及项目地区发展的制约因素缺乏足够的了解。

② 社会评价重点关注的人群范围　社会评价的中心主体是强调以人为本。人是推动发展的主体，也是发展的受益对象。人们在推动发展的同时，也受益于发展过程。从以人为本的思想出发，就必然要求在社会评价中将人的因素放在中心位置予以考虑，特别是要重点关注以下弱势群体。

a. 贫困人口　贫困人口因为贫困，其社会影响力明显较弱，如果不特别关注，他们的声音就可能被忽视，他们的权益有可能会不被重视。如果这部分人被忽视，就谈不上以人为本的发展。消除贫困是社会的发展，社会评价关注贫困人口是与项目目标相一致的。

b. 非自愿搬迁　对于涉及非自愿搬迁的项目来说。非自愿搬迁是受项目影响的重要群体，是社会评价必须关注的重点。非自愿搬迁在没有成为搬迁之前，他们有可能也是发展的主流，并未被归入弱势群体或者贫困群体之列。但当他们成为非自愿搬迁后，将可能丧失土地资源，其劳动、生产和管理技能贬值，社会网络和社会资本发生较大改变等。一旦采取的补偿和恢复措施出现偏差，他们就可能成为新的弱势群体，需要社会评价予以重点关注。

第二次世界大战后，西方资本主义国家普遍采纳了凯恩斯理论和福利经济学的思想。经济学家们认为，国家的发展包括两个目标：一是经济的增长，二是分配公平。前者称为效率目标，后者称为公平目标，两种合称为国民福利目标。效率目标要求增加国民收入，公平目标要求在不同收入阶层、不同地区以及投资与消费之间合理分配国民收入。作为投资项目而言，不但要追求效率，而且要注重公平。基于这种思想，当时的项目评价把收入分配、就业等社会发展目标引入传统的费用效益分析中，被称为社会费用分析（Social Cost-Benefit Analysis）或现代费用效益分析。这种社会费用分析包括经济效率目标和社会公平分配目标，这两部分合称为社会评价。这种社会评价基本上是在经济学的范畴内，围绕经济发展目标进行的。

8.1.3　社会影响评价的步骤

社会评价一般分为调查社会资料、识别社会因素、论证比选方案三个步骤。

（1）调查社会资料

调查了解建设工程项目所在地区的社会环境等方面的情况。调查的内容包括项目所在地区的基本情况和受影响的社区的基本社会经济情况在项目影响时限内可能的变化。包括人口统计资料，基础设施与服务设施状况；当地的风俗习惯、人际关系；各利益群体对项目的反应、要求与接受程度；各利益群体参与项目活动的可能性，如项目所在地区干部、群众对参与项目活动的态度和积极性，可能参与的形式、时间，妇女在参与项目活动方面有无特殊情况等。社会调查可采用多种调查方法，如查阅历史文献、统计资料，问卷调查，现场访问、观察，开座谈会等。

（2）识别社会因素

分析社会调查获得的资料，对项目涉及的各种社会因素进行分类。一般可分成以下几类。

① 影响人类生活和行为的因素。如：对就业的影响，对收入分配的影响，对社区发展和城市建设的影响，对居民身心健康的影响，对文化教育事业的影响，对社区福利和社会保障的影响等。

② 影响社会环境变迁的因素。如：对自然和生态环境的影响，对资源综合开发利用的影响，对能源节约的影响，对耕地和水资源的影响等。

③ 影响社会稳定与发展的因素。如：对人民风俗习惯、宗教信仰、民族团结的影响，对社区组织结构和地方管理机构的影响，对国家安全和地区威望的影响等。

④ 从这些因素中，识别与选择影响建设工程项目实施和成功的主要社会因素，作为社会评价的重点和论证比选方案的内容之一。

(3) 论证比选方案

对拟定的项目建设地点、技术方案和工程方案中涉及的主要社会因素进行定性、定量分析，比选推荐社会正面影响大、社会负面影响小的方案。主要内容包括以下几点。

① 确定评价目标与评价范围　根据建设工程投资项目建设的目的、功能以及国家和地区的社会发展战略，对与项目相关的各社会因素进行分析研究，找出项目对社会环境可能产生的影响，确定建设工程项目评价的目标，并分析出主要目标和次要目标。建设工程分析评价的范围，包括项目影响涉及的空间范围和时间范围。空间范围是指建设工程项目所在的社区、县市。时间范围是指项目的寿命期或预测可能影响的年限。

② 选择评价指标　根据评价的目标，选择适当的评价指标，包括各种效益和影响的定性指标和定量指标。所选指标不宜过多，且要便于搜集数据和进行评定。

③ 确定评价标准　在广泛调查研究和科学分析的基础上，收集项目本身及评价空间范围内社会、经济、环境等各方面的信息，并预测在评价和项目建设阶段有无可能发生变化，然后确定评价的标准；定量指标的评价标准一定要明确给出。

④ 列出备选方案　根据项目的建设目标、不同的建设地点、不同的资金来源、不同的技术方案等，理清可供选择的方案，并采取拜访、座谈、实地考察等方式，了解建设工程项目影响区域范围内地方政府与群众的意见，将这些意见纳入方案比较的过程中。

⑤ 进行项目评价　根据调查和预测的资料，对每一个备选方案进行定量和定性评价。首先，对能够定量计算的指标，依据调查和预测资料进行测算，并根据一定标准评价其优劣。其次，对不能定量计算的社会因素进行定性分析，判断各种定性指标对项目的影响程度，揭示项目可能存在的社会风险。再次，分析判断各定性指标和定量指标对项目实施和社会发展目标的重要程度，对各指标进行排序并赋予一定的权重。对若干重要的指标，特别是不利影响的指标进行深入的分析研究，制定减轻不利影响的措施，研究存在的社会风险的性质与重要程度，提出防控风险的措施。

⑥ 专家论证　根据项目的具体情况，可召开相应规模的专家论证会，将选出的最优方案提交专家论证，对中选方案进行详细分析，就其不利因素、不良影响和存在的问题提出改进和解决办法，进一步补充和完善该方案。

⑦ 编制"项目社会评价报告"　将对所评价项目的调查、预测、分析、比较的过程和结论，以及方案中的重要问题和有争议的问题写成一定格式的书面报告。在提出方案优劣的基础上，提出项目是否具有社会可行性的结论或建议，形成项目社会评价报告或篇章，作为项目决策者的决策依据之一。

8.1.4　建设工程投资社会影响评价的内容与方法

8.1.4.1　社会评价的主要内容

社会评价从以人为本的原则出发，研究内容包括项目的社会影响分析、项目与所在地区的互适性分析和社会风险分析三个方面的内容。

(1) 建设工程投资社会影响分析

建设工程投资社会影响分析在内容上可分为三个层次，从国家、地区、项目（社区）三个层次上展开，包括正面影响和负面影响。

① 建设工程投资对所在地居民收入的影响。主要分析预测由于建设工程项目实施可能造成当地居民收入增加或者减少的范围、程度及其原因；收入分配是否公平，是否扩大贫富收入差距，并提出促进收入公平分配的措施建议。

② 建设工程对所在地区居民生活水平和生活质量的影响。分析预测建设工程项目实施后居民居住水平、消费水平、消费结构、人均寿命的变化及其原因。

③ 建设工程对所在地区居民就业的影响，分析预测建设工程项目的建设、运营对当地居民就业结构和就业机会的正面影响与负面影响。其中正面影响是指可能增加就业机会和就业人数，负面影响是指可能减少原有就业机会及就业人数，以及由此引发的社会矛盾。

④ 建设工程投资对所在地区不同利益群体的影响，分析预测建设工程项目的建设和运营使哪些人受益或受损，以及对受损群体的补偿措施和途径。

⑤ 建设工程投资对所在地区弱势群体利益的影响。

⑥ 项目对所在地区文化、教育、卫生的影响，分析预测建设工程项目的建设和运营期间是否可能引起当地文化教育水平、卫生健康程度的变化以及对当地人文环境的影响，提出减小不利影响的措施建议。

⑦ 建设工程投资对当地基础设施、社会服务容量和城市化进程等的影响，分析预测项目的建设和运营期间，是否可能增加或者占用当地的基础设施，包括道路、桥梁、供电、给排水、供汽、服务网点以及产生的影响。

通过以上分析，对项目的社会影响做出评价。编制项目社会影响分析表，如表 8-1 所示。

表 8-1 项目社会影响分析表

序号	社 会 因 素	影响的范围和程度	可能出现后果	措 施 建 议
1	对居民收入的影响			
2	对居民生活水平与生活质量的影响			
3	对居民就业的影响			
4	对不同利益群体的影响			
5	对脆弱群体的影响			
6	对地区文化、教育、卫生的影响			
7	对地区基础设施、社会服务容量和城市化进程的影响			

（2）互适性分析

互适性分析主要是分析预测项目能否为当地的社会环境、人文条件所接纳，以及当地政府、居民支持项目存在与发展的程度，考察项目与当地社会环境的相互适应关系。

① 分析预测与项目直接相关的不同利益群体对建设工程项目建设和运营的态度及参与程度，选择可以促使项目成功的各利益群体的参与方式，对可能阻碍项目存在与发展的因素提出防范措施。因此有必要在项目周期的各个阶段，对社区参与的可行性进行考察和评估，考察的内容包括：分析项目社区中不同利益集团参与项目活动的重要性，分析对当地人民的参与有影响的关键的社会因素，分析在项目社区中是否有一些群体被排斥在项目设计之外或

在项目的设计中没有发表意见的机会，分析找出项目地区的人民参与项目设计、准备和实施的恰当的形式和方法。

② 分析预测与项目所在地区的各类组织对项目建设和运营的态度，可能在哪些方面、在多大程度上对项目予以支持和配合。首先分析当地政府对项目的态度及协作支持的力度。如果投资者不是当地政府及其下属企业，则项目的建设和运营必须征得当地政府的同意并取得支持和协作。应当认真考察需要由当地提供交通、电力、通信、供水等基础设施条件，粮食、蔬菜、肉类等生活供应条件，医疗、教育等社会福利条件的，当地是否能够提供，是否有保障。如果当地政府不配合，项目成功的希望将可能十分渺茫。其次分析当地群众对项目的态度以及群众参与的程度。任何一个项目，必须是取信于民众的，使群众以各种方式参与到项目的设计、决策、建设、运营和管理中来，才能得到群众的拥护和支持。评价者要判明项目的受益者是谁？受益面有多大？受损者是谁？受损程度如何？怎样给予合适的补偿？这些问题都应该在社会评价中予以解决。

③ 分析预测项目所在地区现有技术、文化状况能否适应项目建设和发展。主要为发展地方经济、改善当地居民生产生活条件。

通过项目与所在地的互适性分析，就当地社会对项目适应性和可接受程度做出评价。编制社会对项目的适应性和可接受程度分析表，如表 8-2 所示。

表 8-2 社会对项目的适应性和可接受程度分析表

序　号	社会因素	适应程度	可能出现的问题	措施建议
1	不同利益群体			
2	当地组织机构			
3	当地技术文化条件			

（3）社会风险分析

项目的社会风险分析是对可能影响项目的各种社会因素进行识别和排序，选择影响面大、持续时间长，并容易导致较大矛盾的社会因素进行预测，分析可能出现这种风险的社会环境和条件。如：进行大投资项目需要进行大面积拆迁，就要分析项目占用地的搬迁安置和受损补偿问题。如果搬迁群众的生活得不到有效保障或生活水平大幅降低，受损补偿又不尽合理，群众抵触情绪就会滋生，从而直接会导致项目工期的推延，甚至会给项目预期效益的实现带来风险。通过分析社会风险因素，编制项目社会风险分析表，如表 8-3 所示。

表 8-3 社会风险分析表

序　号	风险因素	持续时间	可能导致的后果	措施建议
1	拆迁安置问题			
2	弱势群体支持问题			
3	受损补偿问题			
4	政府支持问题			

社会评价的分析内容示意图如图 8-1 所示。

第 8 章 建设工程投资社会和环境影响评价

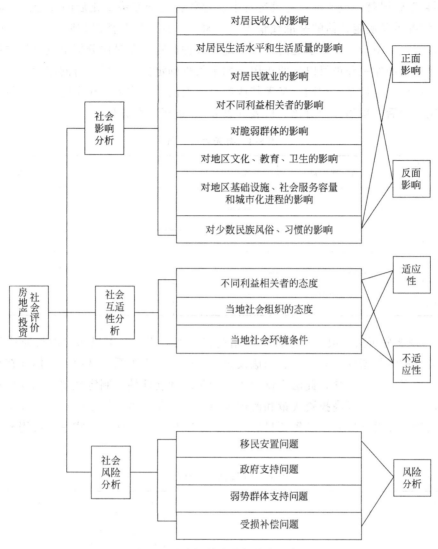

图 8-1 社会评价的分析内容示意图

8.1.4.2 建设工程项目社会评估的方法

建设工程社会评估所涉及的社会因素、社会影响和社会风险不可用统一指标、统一量纲、统一判断准则进行评价，所以社会评估应根据项目的具体性选择方法。

（1）按照使用用途分类

按照使用用途分类，建设工程社会评估方法有：确定评估基准线调查法，有无对比分析法，逻辑框架分析法，项目利益群体分析法，综合分析评估法等。

① 确定评估基准线调查法　是指对拟建建设工程项目开工前的社会经济状况及其在项目计算期内在可能变化的情况进行预测、调查、估计和确定，核实项目实施前预期的目的、投资、效益和风险，查清项目拟建地区的人文、自然资源和社会环境状况，预测有无项目时项目所在地区可能带来的效益和影响，作为项目实施后各阶段社会评估的对比基准。

② 有无对比分析法　有无对比分析法是指"有项目"情况与"无项目"情况的对比分

析。"有项目"情况就是拟建项目建设运营中引起各种社会经济变化后的社会经济状况；而"无项目"情况就是确定评估的基准线情况。这样，"有项目"情况扣除同一时间内"无项目"情况，就得出由拟建项目引起的效益增量和各种影响。在对比分析中应分清这些效益和影响中拟建项目的作用和项目以外的作用。如果很难确定拟建项目本身的作用，则可确定一个与项目所在地区条件基本相同，又无其他项目建设的区域作为参比中的"无项目区"来进行有无对比。最后，采用有无对比分析表（表 8-4）进行综合分析。

表 8-4 有无对比分析

项目 效益	有 项 目	无 项 目	差 别	分 析
财务效益				
经济效益				
经济影响				
环境影响				
社会影响				
综合结果				

③ 逻辑框架分析法 项目社会评估运用逻辑框架分析法，可以明确项目应达到的目标层次及相关联的考核指标、验证方法和假设条件之间的因果关系，从而使人们能在总体上明确把握投资项目的轮廓概念。此法不仅适用于项目的社会评估、制定规划计划及项目管理工作的分析评估，有利于提高投资决策和改进项目设计；而且也适用于项目实施和运营时期的不同层次的管理和总结经验教训等项目后评估。逻辑框架分析法的模式一般可用矩阵表（表 8-5）表示。

表 8-5 逻辑框架分析矩阵

项目目标结构	考核验证指标	验证方法	假设条件
宏观目标	达到目标的测定	信息来源、采用方法	目的——目标的条件
目的	项目的最终状况	信息来源、采用方法	产出——目标的条件
产出	计划产出、完工期日期范围	信息来源、采用方法	投入——目标的条件
投入	投入/预算、资源必要成本、性质、水平和开工日期	信息来源	项目的原始条件

逻辑框架分析矩阵表，是由 4×4 的模式组成的。在垂直方向各横行代表项目目标层次，它按照因果关系，自下而上地列出项目的投入、产出、目的和宏观目标等四个层次，包括达到这些目标所需要的验证方法与指标，说明目标层次之间的因果关系和重要的假设条件与前提；在水平方向各竖行代表如何验证这些不同层次的目标是否达到，自左向右列出项目各目标层次的预期指标和实际达到的考核验证指标、信息资源和验证方法，以及相关的重要外部假设条件。采用专门的客观验证指标及其验证方法分析研究项目的资源消耗数量、质量和结果，对项目各个目标层次所得的结论进行专门分析和详细说明。整个逻辑框架分析的结构逻辑关系是自下而上的。就是从一个项目的投入（活动）在什么条件下能产出什么，有了这些产出在什么外部假设条件下又可以达到项目的直接目的，而达到了这个目的后又在什么客观假设的必要或充分条件下最终达到项目的预期宏观社会经济目标。因此，逻辑框架可用来总

结项目的投入、产出、目的和目标诸多因素,分析项目实施运行过程中各方面的因果关系,评估项目发展方向,对项目进行全面的分析评估。

④ 项目利益群体分析法 所谓"利益群体"是指受到项目或规划产出影响或可能影响的个人或单位,包括直接的或间接的、正面的或负面的影响。利益群体分析的目的是通过对投资活动所有相关者的利益分析,来确定规划或项目的长远目标和宏观影响,明确项目的最高目标和主要受益群体。

在利益群体分析中要研究项目应采纳谁的目标,即谁的利益和观点应该优先。应找到利益群体中多数人的利益,应努力在不同群体的意见和利益中间协调、折中、达成共识,多数情况下采用集中主要群体利益为主导的方法。

⑤ 综合分析评估法 项目社会评估的综合评估法可采用矩阵分析总结法和多目标分析综合评估法两类,前者适用于定性总结分析,后者适用于定量指标分析。

a. 矩阵分析总结法 矩阵分析总结法首先是将社会评估的各项定量与定性分析指标按权重排列顺序,列于"项目社会评估综合表"的矩阵表(表8-6)中;其次,由评估者对此表所列的各项指标进行分析,阐明每个指标的评估结果及其对项目的社会可行性的影响程度,将一般可行而且影响小的指标逐步排除,着重分析和考察影响大和存在风险的问题和指标,充分权衡其利弊得失,并说明补偿措施和费用情况;最后,分析归纳指出影响项目社会可行性的关键所在,提出对项目社会评估的总结评估,确定项目从社会因素方面分析是否可行的结论。此法简单明了,易于掌握,特别适用于使人民直接受益性项目的社会评估。

表8-6 项目社会评估综合表

序号	社会评估指标(定量与定性指标)	分析评估结果	简要说明(包括措施、补偿及费用)
1			
2			
3			
4			
5	总结评估		

b. 多目标分析综合评估法 此法中可采用德尔菲法、矩阵分析法、项目规划法、层次分析法和多层次模糊综合评估法等具体方法,可由评估人员根据项目定量与定性分析指标的复杂程度和评估要求,任意选择。评估程序一般是组织若干专家,根据国家和部门(地方)有关社会发展的政策目标,结合具体情况,对各分项指标进行评分,确定每个指标在项目评估中的重要程度,给予相应的权重,最后按加权平均法(或期望值法)计算出项目综合社会效益。

一般来说,在多目标分析综合评估法中,对项目的有利影响和贡献作为正效益,而不利影响和费用代价作为负效益。对于社会适应性的定性分析指标,也可适当给予权重评分。项目与社区相互适应性分析的目的,是研究如何采取措施加强两者相互间的适应性,以取得更好的项目整体效益。因此,由综合分析评估得出社会评估总分的高低,只能作为一种总结分析的参考数据,不是决策的唯一依据。除此之外,还应考虑所需采取的各种措施方案实施的难易程度与费用高低,有无投资风险及风险大小等因素,才能得出各方案社会可行性的优劣程度的结论。

（2）按照使用阶段划分

按照使用阶段划分，社会评估方法有：快速社会评估法、详细社会评估法和参与式评价。

① 快速社会评估法　快速社会评估法，是在项目前期初选阶段进行社会评估采用的一种简捷方法。它是大致了解拟建项目所在地区社会环境的基本状况，识别主要社会影响因素，粗略地预测可能出现的情况及其对项目的影响程度。快速社会评估主要是分析现有资料和现有状况，着眼于负面社会因素的分析判断，一般以定性描述为主。快速社会评估的方法步骤如下。

a. 识别主要社会因素。对项目社会因素分组，按其与项目之间关系和预期影响程度划分为影响一般、影响较大和影响严重三级。侧重分析评价那些影响严重的社会因素。

b. 确定利益相关者。对项目所在地区范围内的受益、受损利益相关者进行划分。着重对受损利益相关者的分析，可分为受损一般、较大、严重三级。重点分析受损严重群体的人数、结构，以及对项目的态度和可能产生的矛盾。

c. 估计接受程度能力。大体分析当地现有经济条件、社会条件可能支持项目存在与发展的程度，一般分为高、中、低三级。侧重对接受能力低的进行分析，并提出项目与当地社会环境相互适应的措施建议。

② 详细社会评估法　详细社会评估法是在可行性研究阶段广泛应用的一种评价方法。其功能是在快速社会评估的基础上，进一步研究揭示项目的社会因素和社会影响，进行详细论证，并预测风险度。结合项目的各个备选工程技术方案和经济方案，从社会分析角度进行优化。详细社会评估是采用定量与定性分析相结合的方法进行过程分析。主要步骤如下。

a. 识别社会因素并排序。按正面影响与负面影响、持续时间长短、风险度大小、风险变化趋势（减弱或者强化）分组。着重对那些持续时间长、风险度大、可能激化的负面影响进行论证。

b. 识别利益相关者并排序。按其直接受益或者受损，间接受益或者受损，减轻或者补偿受损的措施代价分组。在此基础上详细论证各受益群体与受损群体之间、利益相关者与项目之间的利害关系和可能出现的社会矛盾。

c. 论证当地社会环境对项目的适应程度。详细分析项目建设与运营过程中可能从地方获得的支持与配合程度。按好、中、差分组，着重研究地方利益相关者、当地行政机构的参与方式及参与程度，并提出协调矛盾的措施。

d. 比选优化方案。将上述各项分析的结果进行归纳、比选、推荐合理方案。

③ 参与式评价　在进行项目详细社会评估时一般采用参与式评价，它是吸收公众参与项目方案的设计和实施的一种有效方法。它有利于提高项目方案的透明度和决策民主化；有助于取得项目所在地各有关利益相关者的理解、支持与合作；有利于提高项目的成功率，预防和减少不良社会后果。参与式评价可采用下列形式。

a. 咨询式参与。由社会评估人员将项目方案中涉及当地居民生产、生活的有关内容直接交给居民讨论，征询意见。一般可用问卷调查法。

b. 邀请式参与。由社会评估人员按不同利益相关者分组，推选有代表性、较公正的人员座谈，此时应特别注意听取反对意见，并进行分析。

c. 委托式参与。由社会评估人员将项目方案中特别需要当地居民支持、配合的问题，委托给当地机构，组织有关利益相关者讨论，并提出反馈意见。一般来说，公众参与程度越高，项目的社会风险越小。

8.1.5 建设工程投资社会影响评价信息调查

8.1.5.1 建设工程投资社会评价所需信息及其调查步骤

(1) 投资项目社会评价所需信息

① 信息分类 为了叙述方便，信息分为如下四类。

A 类：建设工程项目方案设计所需的一般统计信息。

B 类：为制定项目目标及实施方案所需的有关因果关系及动态趋势的信息。

C 类：建设工程项目社会影响评价所需的极限信息。

D 类：建设工程项目监督与评价所需的受项目影响人群信息。

② 建设工程项目周期不同阶段所需要的信息 在进行投资项目社会评价时，应根据不同阶段的需要来收集不同类别的信息。按照世界银行的项目管理，其项目周期中不同阶段的社会评价投入及所需信息有表 8-7 所示关系。

表 8-7 项目周期不同阶段的社会评价投入及所需信息

项目周期不同阶段	社会评价投入	所需主要信息
项目立项	识别项目目标群体、确定项目影响范围	A 类 B 类
项目方案制订与评估阶段	设计参与机制、进行社会可行性分析	A 类 B 类
项目实施及监测评价阶段	受益者分析、社区参与	D 类
项目后评价	与社会影响评价	C 类

8.1.5.2 社会信息收集的基本程序和步骤

调查与收集社会信息必须遵循一定的基本程序。一般都要经历确定调查对象、调查方案设计、收集整理资料和分析总结等阶段。

(1) 确定调查对象

调查对象的选定是否恰当，调查方案设计对社会评价工作的成效具有至关重要的影响。

(2) 调查方案设计

调查一般包括以下步骤。

① 拟定调查提纲。确定调查项目，界定调查内涵，并确立完整的社会指标作为测量调查项目的尺度。

② 设计调查表。按照逻辑关系和便于实际调查的顺序，设计若干具体的问题，所有问题设计都要以能够收集到真实确切的资料为原则。

③ 根据调查目的、要求以及对象范围等情况，决定调查研究的方式和方法。

④ 制订工作计划，明确时间分配、人员配备、财务预算等。

(3) 收集整理资料

收集资料是一项十分艰苦复杂的工作，同时必须通过搜集资料发现新的问题，为进一步深入调查做准备。整理资料则是一种细致的工作，首先要对所取得的资料进行查验，对遗漏的资料进行必要的补充，错误的要进行修正。其次是按照事先规定的途径将资料汇总分类并加以条理化。在收集和整理资料时，要注意以下几点。

① 按照调查提纲和调查表的问题全面地收集资料。

② 注意谈话技巧。要尊重被调查者，既要引导被调查者作答，又不能对问题流露出调查者自己的看法，更不能对答案做出好恶的评价。

③ 应区别对象和场合决定采用记录方式或使用录音等工具，应以不影响被访者为标准。

④ 为了克服语言和理解的差异，重复答案以得到对方的确认或否定。

(4) 分析总结

对收集整理的资料进行分析研究，一方面是应用统计手段进行数量分析，研究这些调查资料所表现的各种总数特征；另一方面应运用比较、归纳、推理或统计等方法发现各变量之间的内在联系，揭示数量特征及含义，得出社会调查结论。

8.1.5.2 社会信息的调查与收集方法

(1) 个人访谈

个人访谈是社会信息收集经常采用的一个重要方法。与项目的参与者及其他一些重要信息提供者的个人访谈，有助于了解项目所涉及的生态及其他有关问题，理解目标人群的观点、态度以及行为模式等。

① 个人访谈的类型　个人访谈与问卷调查不同，问卷调查使用正式的问卷，仅限于事先给定的问题，而个人访谈则不局限于事先预订的问题和问题的先后排列顺序。个人访谈通常分为三种类型：非正式会话式访谈、重点问题访谈及半封闭型的访谈。

a. 非正式会话式访谈　非正式的会话式访谈可以让调查人员在谈话主题的选择上享有充分的灵活性和自由。为了保持非正式访谈的气氛，调查者通常很少记笔记。这种访谈的优点是可以涉足较宽的领域，有些内容甚至是项目负责人事先都没有预料过的。不过，这种访谈也存在几个缺憾：第一，费时间且不易突出重点；第二，从不同受调查者那里得到的信息没有可比性；第三，受调查者本人的态度和好恶影响较大。

b. 重点问题访谈　重点问题访谈通常把将要涉及的重点问题用表格列出，以对谈话的内容进行方向引导。与非正式访谈相比，这种访谈至少具有两个优点：一是因为所有的调查人员对调查采用相同的问题，因而收集的资料具有可比性，从而在进行分析时，能够对不同的问题进行比较与排序；二是将讨论始终限定在给定的主题中，因此可以节省时间。

c. 半封闭型的访谈　这种个人访谈需要具备一个具体问题清单。这种方式具有以下优点：第一，收集到的信息可以较直接地回答社会评价所关心的问题；第二，从不同的被调查者得到的信息具有可比性；第三，与其他两种个人访谈形式相比，这种访谈的结果受会谈主持人的个性和沟通技巧影响不大；第四，与其他两种方式相比，这种访谈问题直截了当，节省时间。缺点是：以这种方式收集到的信息价值的大小受问卷设计质量的影响较大。

② 个人访谈应注意的问题　在社会评价中，个人访谈是一项技巧性很强的工作。有很多因素可以影响访谈结果的质量。调查人员在进行访谈时，应注意以下几个问题。

a. 初始印象　初始接触对于任何类型的访谈都是很重要的。访谈主持人的外表、气质和谈话的方式都应与访谈的气氛相称。访谈的语言应该通俗，尽量避免使用行话或不必要的技术术语。

b. 提问顺序　访谈应始于一个一般性的谈话话题。从简单问题开始，逐步到越来越复杂的问题。先讨论当前问题，再讨论有关过去或未来的问题。

c. 提问方式　如果提问的方式恰到好处，则有时会使困难的问题易于理解，抽象的泛题变得具体，窘迫的问题使被调查者乐于回答。

d. 访谈引导　正确引导和控制访谈的进程，对于让被调查者充分表达自己的认识和意见很重要。有时被调查者的谈话内容会远离谈论的主题，这时就需主持人运用适当的手法把话题移回访谈的主题。

e. 访谈立场　调查人员应当既是一个有心的听众，又是一个不偏不倚的观察者。主持人应当避免给所讨论的话题加入自己的态度和好恶。被调查人有权表达自己的观点，而调查人员应能正确引导被调查人员对自己观点进行淋漓表达。

f. 访谈记录　访谈的内容应尽可能迅速、完整地记录、整理出来。同时，调查人员应当尽可能把自己的观点、反应和感觉系统地记录下来。

(2) 小组讨论

社会信息可以借助调查者和被调查者之间的讨论和交流来获取。与个人访谈相比，小组进行集体讨论具有以下优点：第一，能使调查者通过采取既迅速又经济的方式来收集信息；第二，人们汇集在一起，通常相互受对方的感情、情绪和所关心的事件的影响，可以降低个人访谈的一些窘境，通常互相受对方的感情、情绪和所关心事件的影响使他们能够畅谈其在个别场合所不愿过多涉及的问题；第三，有些情况下小组讨论收集到的信息往往比个人访谈更为精确，因为人们顾虑如果他们提供不准确的信息，就会与其他人所提供的信息相互矛盾。

按照讨论会参与的人数多少，集体讨论可以划分为两种类型：社区会议和专题讨论会 (focused group discussion)。社区会议是邀请所有社区和村落人员参加的讨论会，专题讨论会则只是邀请一些细心选择的人员参加（通常由 6~10 人构成）。

① 社区会议　为了从社区会议中获取有用和可信的信息，需要注意以下几点。第一，为了收集系统的、具有可比性的信息，并使讨论的重点突出，在会前应该准备一个讨论提纲。第二，如果社区会议不能覆盖项目拟建地的所有社区或村庄居民，则应当从中细心地选择几个社区，以使他们能较大程度地代表目标人群的意见。第三，与社区会议举办的时间和规模是影响会议成功效果的两个重要因素。如果会议的规模过大，往往难以有效组织。如会议的参加人员超过 30 个，通常应把他们分成几个小组。第四，社区会议可以由一个人或一个由若干人组成的小组负责，效果会更佳。组成小组的不同成员可以有不同的专业背景，有利于提高收集信息的质量和深度。第五，会议之后，给个别的谈话留出时间和机会是非常重要的，让每个参与者均能清晰地表述出自己的观点和意见。

② 专题讨论会　专题讨论会类似于社区会议，其差别有以下几点。第一，为专题讨论会准备的提纲要比用于社区会议的提纲粗略得多。通常只需要一个简短的提要，提醒调查人员把握住谈话的主要话题。第二，要从专题讨论会上得到有价值的信息，选择合适的会议参与者十分重要。最好让了解当地情况的人员推荐参加会议的人选，并选择不同背景的人员，则效果会更好。第三，与社区会议相比，专题讨论会的地点、位次安排以及讨论时间的长短也很重要。会议地点和位次安排应尽可能使所有的会议参与人员在生理上和心理上都感到舒适。通常，讨论的时间不宜超过 2h，除非大多数人意犹未尽，希望延长讨论时间。

(3) 问卷调查

① 问卷种类　问卷调查是获取有关社会文化基础资料的常用工具。包括半封闭 (open-ended) 和全封闭 (closed manner) 两种形式。半封闭式问卷要求被调查人员用自己的语言和方式来回答所提出的问题，而全封闭式问卷则给出一系列预先规定的答案，被调查者只需勾画出自己认为适当的选项。半封闭式问卷的主要优点是对问题的回答是自发和自由的，被调查者可以畅所欲言，主要缺点是定量分析变得困难。回卷处理效率低，难以获得对某些问

题的总体认识。相反，全封闭式问卷的回答则是限定的，被调查者只能从中选择，这在一定程度上对被调查人充分地表达自己的见解构成一定限制，但回卷的处理效率高，能获得对某些问题的总体判断。

② 问卷设计原则

a. 尽可能避免使用不确定的、歧义性的、相互重叠和技术性过强的术语，答案应尽可能的简短。问题的用词获取准确的、有价值的信息很重要，如果在问题中出现用词不当，则被调查者可能误解问题。

b. 尽可能地避免导向性问题。导向性问题是指被调查者在回答这些问题时，似乎感觉到调查人员可能期望得到某种答案。

c. 注意问题的排序具有逻辑性和流畅性。问题的设计通常应由简单到复杂，从一般到具体，从容易到困难，从令人舒适的到令人敏感的。开始提出的问题应是概括性的、令人悦目和容易回答的。

d. 对于敏感性问题，应注意其提问时机和提出方式。通常应在调查人和被调查者之间的融洽关系基本形成之后，当谈到相关问题时相机提出。如果不宜于直接提出，则可以变换方式，间接和含蓄地提出。

③ 问卷检验　对于一个新设计的问卷，应当先在小范围内进行试验，以便在发出正式问卷调查之前，能够发现问卷存在的不足。重点检查以下内容。

a. 问题的用词。结构是否恰当，是否所有的被调查者对问题意思的理解都相同，有无产生模糊的理解。

b. 问题的形式是否合适。如果有半封闭式的问题，是否被调查者感到变化较大而难以处理，全封闭式问题答案的选择范围是否适当。

c. 疑难性问题。有没有被调查者感到难以回答的问题。

d. 同样的答案。有没有这种问题，即所有的被调查者都给出同样的答案。

e. 拒绝率。有没有这种趋向，即被调查者拒绝回答个别问题。

f. 时间要求。完成问卷需要的恰当时间是多长，被调查者在最后是否感到厌倦。

g. 介绍，调查者的方便程度。调查者是否发现一部分问卷比较难操作，是否需要额外的负担、调查方式是否合适。

h. 资料编码有无问题。

i. 问卷有效性。问卷能否最终收集到社会评价所希望收集到的信息。

(4) 参与观察

① 参与观察及其特点　参与观察是收集社会信息的一种有效方法，它要求参与到具体的社会实践中，对项目社会环境状况进行直接的观察。这种方法通常与直接观察、小组讨论和问卷等结合使用。例如，在关于当地人群对项目反应的调查中，调查者变成项目拟建地社区中的一员，以便真正理解当地人群对拟建项目的认识和理解、对项目能够带来的利益和遭受损失的判断、对项目实施机构的态度和感觉。

与其他方法相比，参与观察有一些显著的优点。第一，参与观察者可以观察到某个现象或过程各个层面的真实情况；第二，参与观察有助于揭示行为模式、社会和经济进程，以及那些信息提供者本身也未意识到或不能加以适当描述的环境因素；第三，参与观察有助于了解社区中贫困人口和其他容易被忽略的人群的需要、行为模式和环境条件，而往往这些人不能明确反映他们所处的困境和面临的问题。

② 参与观察应遵循的规则

a. 明确观察的主要问题。观察者在进入某个领域之前不应当有先入之见，应当以一种开放心态进入实际观察地区，他们对所考察地区的认识应当纯粹地建立在实际观察所获得的经验之上。如果观察者分布于不同的社区，则他们必须使用一个统一的问题框架。在框架形成之前，观察者应当翻阅大量的有关文献，并与一些关键信息提供者进行个人交谈。同时应注意限制问题的数量，将最重要的问题列入观察清单中。

b. 合理安排观察的地点和日程。参与观察是一项耗时、耗财、又需要技巧的活动，因此应尽量控制观察场所的数量。通常至少应选择两个场所进行观察，以使观察所得的信息具有可比性，并且可相互验证分析。场所的选择应考虑以下因素：被观察的现象在所选择的场所中应能出现并具有一定的规模；社区或组织愿意接受参与观察的人员；观察者能够进入社区或组织的正常活动中。要重视观察时间段的选择，因为被观察事件的发生往往具有一定的时间要求，时间段选择不当将直接影响所获得信息的价值。

c. 在观察活动中，观察者在项目拟建社区应担当适当的职能。通常有三种选择：观察者作为项目拟建社区的一个成员；观察者作为一个纯粹意义上的调查者，对他们的日常生活以及他们对项目的反应进行观察；介于以上两者之间，观察者不单纯扮演项目所在社区的普遍成员角色，而是去参与社区的一些正式或非正式的活动，这是观察者收集社会评价资料时通常所扮演的角色。

d. 观察者应避免两种偏见：一是调查人员对被观察环境的影响；二是被观察环境对调查人员的影响。这两种影响都应尽可能地压低到最大限度。

(5) 文献资料的收集

① 文献资料的种类　文献调查法也叫二手资料查阅法，就是通过收集有关的各种文献资料，摘取其中对社会评价有用的信息。社会调查一般是从文献调查开始的，无论访谈，还是现场观察或问卷调查等，都应先收集必要的资料和信息，以便有的放矢。就社会评价而言，常用的文献资料包括：社会学、经济学、人文学理论研究资料；项目所在地和影响区域的年度国民经济与社会发展报告、财政收支报告以及统计年鉴；经济普查、人口调查等资料；地方志；当地报刊、地图、电话号码簿等；其他相关资料。

② 运用文献资料应注意的问题　无论是进行短期调查还是进行长期的研究，社会评价人员都希望尽可能全面收集已有的信息和资料，但应注意资料的有效性。不追求面面俱到，避免无效果的资料。

8.1.6　利益相关者分析

利益相关者是指与项目有利害关系的人、群体或机构。利益相关者分析在社会评价中用于辨认项目利益相关群体，分析他们对项目的实施及实现目标的影响。利益相关者分析一般按照以下四个步骤进行：①识别利益相关者；②分析利益相关者的利益所在以及项目对他们的利益所产生的影响；③分析各利益相关者的重要性和影响力；④为重要的利益相关者制订相应的参与方案。

(1) 识别利益相关者

建设工程项目利益相关者一般划分为：①项目受益人；②项目受害人；③项目受影响人；④其他利益相关者，包括项目的建设单位、设计单位、咨询单位、与项目有关的政府部门与非政府组织。他们可能会对项目产生重大的影响，或者对项目能否达到预定目标起着十分重要的作用。

（2）分析利益相关者的利益构成

在对项目的利益相关者进行识别之后，还需要对他们从项目实施中可能获得的利益以及可能对项目产生的影响进行分析。一般应重点分析以下问题：①利益相关者对项目有什么期望？②项目将为他们带来什么样的益处？③项目是否会对他们产生不利影响？④利益相关者拥有什么资源以及他们是否愿意和能够动员这些资源来支持项目的建设？⑤利益相关者有没有与项目预期目标相冲突的任何利害关系？

在许多情况下，一个项目对相关机构的影响程度可以通过分析二手数据来获得答案，对于有些群体和当地的群众则可能需要进行实地调查访谈，才能获得答案。

（3）分析利益相关者的影响能力

利益相关者按其重要程度分为以下几类：主要利益相关者，是指项目的直接受益者和项目中直接受到损害的人；次要利益相关者，是指与项目的方案规划设计、具体实施等相关的人员或机构，如银行机构、政府部门、非政府部门等。应对其影响力及重要程度进行分析：①权力和地位的拥有程度；②组织机构的级别；③对战略资源的控制力；④其他非正式的影响力；⑤与其他利益相关者的权利关系；⑥对项目取得成功的重要程度。

（4）制定参与方案

在已获得利益相关者的相关信息、明晰了不同利益群体之间的关系之后，重点关注主要利益相关者，制订主要利益相关者参与项目方案制订、实施及管理等的方案。

8.2　社会评价报告的编写规范

8.2.1　编写要求

社会评价的结果应形成社会评价报告，报告内容应能满足进一步明确投资项目应达到的社会目标等要求，并可作为针对这些目标制订项目方案的依据。在投资项目的研究论证中，社会评价可能以独立的研究报告的形式出现，也可能作为投资项目可行性研究报告或咨询评估报告等项目论证报告的一个独立章节的形式出现，社会评价的报告的编写基本是一致的。

8.2.1.1　社会评价报告的内容深度要求

① 社会评价报告是社会评价工作成果的集中体现，是社会评价承担单位向其委托单位提交的工作文件，是政府有关部门对有关建设项目进行审批、核准或备案的重要依据，其内容应该达到以下要求：社会评价报告总体上应做到内容全面，重点突出，实用性强，全面回答有关各方所关注的涉及社会评价的各方面问题。

② 项目背景的社会信息以及相关社会层面的项目受益人群范围应界定清楚，包括对社会经济和人口统计特征、社会组织和社会服务、文化接受程度和融合能力、受益人群参与项目相关活动的可能性等方面的阐述。

③ 解释在所选定的需要进行社会调查和评价的受影响范围及特定社会环境条件下所开展的社会评价工作的过程、目的及效果，包括为开展相关社会评价工作所采用的策略和方法。

④ 确认主要利益相关者的需求、支持项目的意愿、目标人群对项目内容的认可和接受

程度等。

⑤ 阐明需要由拟建项目来解决的社会问题及解决方法；在需要时制订缓解负面社会影响后果的方案；如果所造成的负面社会影响后果不能由项目业主自身来解决，阐述其他可供选择的解决途径。

⑥ 为增强不同利益相关者参与项目的能力提出具体方案；为提高项目透明度和确保社会公平、减轻贫困和降低社会风险提出具体方案；制订必要的利益相关者参与方案。

⑦ 提出从营造良好的社会环境条件的角度，提升项目实施效果及实现项目预期目标的有关建议，并提出使项目机构能够继续自我发展且符合当地可持续发展目标要求的策略和途径。

⑧ 对项目实施过程中的监测评估机制提出建议，从而通过把重点放在符合项目社会发展目标的投入、过程、产出和结果上，对建设工程项目实施过程中的监测评估体系做出制度性安排。

8.2.1.2 社会评价报告的编写要求

(1) 所采用的基础数据应真实可靠

基础数据是评价的基础。基础数据有错误，特别是社会经济调查的资料有错误，不管选用的分析评价指标多么正确，也难以得出正确的评价结论。因此社会评价非常重视社会经济调查工作，尽可能全面了解项目影响区域的社会经济真实情况。报告采用定量分析，或项目背景及定性分析需要引用的数据资料，应确保资料引用来源可靠，要选用最能支持和说明观点的关键指标和最新最权威的数据资料，并明确指出数据的来源渠道。对于国家及当地统计部门已经发布的数据，要求至少是上一年度的统计数据。对于统计部门尚未发布，通过其他途径获得的数据，引用时应对数据的准确性进行分析讨论。

(2) 分析方法的选择要合理

社会评价应在社会基础数据资料调查的基础上，对拟投资项目预期可能的社会影响进行预测分析。应根据建设工程项目所在地区的实际情况，通过定性分析与定量分析相结合的方法，对未来可能发生的社会影响后果进行分析预测。

(3) 结论观点明确，客观可信

结论中必须对建设项目可能造成的社会影响、所采用的减轻社会负面影响的措施的可行性、合理性作出明确的回答，不能模棱两可。结论必须以严谨的客观分析论证为依据，不能带有感情色彩。

(4) 报告格式应规范

应强调社会评价的客观性、科学性、逻辑性和可读性。报告写作应合理采用图表等形式，使报告过程的论证分析直观明了，版面图文并茂，简化不必要的文字叙述。语言表达要准确、简明、朴实严谨，行文不加夸饰和渲染。凡带有综合性、结论性的图表应放到报告正文之中，对于有参考价值的图表应放到报告的附件中，以减少正文篇幅。

8.2.2 编写要点

建设项目的类型不同，对社会评价要求的差别很大。国外及有关各级组织对在我国的开展的社会评价工作的社会评价报告编写要求也不尽相同，因此没有一个被普遍接受的社会评价报告编写标准格式，报告的章节设置、表达方式存在很大差别。尽管如此，对投资项目社会评价报告编写需要对重点关注的内容、案例予以阐释，基本内容的要求相差不大。

8.2.2.1 报告摘要

主要阐述评价建设工程投资项目的由来,编制社会评价报告的依据、评价范围、主要工作过程、主要结论及建议等。

8.2.2.2 建设工程投资项目概述

主要阐述投资项目的规模、建设方案、基础和配套设施、建设和运营活动的社会影响范围和途径等。

8.2.2.3 社会影响范围的界定

界定投资项目的社会影响范围是开展社会评价工作的基础和前提。应根据项目的具体特点和当地的社会经济情况,对社会影响范围及对象进行合理的界定。重点包括以下内容。

① 对建设工程项目的社会影响区域进行界定。社会影响区域应是可能受到项目直接或间接影响的地区,社会评价的区域范围应涵盖所有潜在影响的社会因素而不应受到行政区划等因素制约。

② 对建设工程项目影响区域内的目标群体和影响群体进行合理界定。目标群体应是项目直接瞄准的期望受益群体。项目影响群体应包括各类直接或间接受益群体,也包括可能受到潜在负面影响的群体。

③ 分析哪些社会影响是由项目直接导致的,以及项目的实施还可能产生哪些间接影响。

④ 对建设工程投资项目可能导致的重要影响因素进行合理界定,以便合理确定社会评价的内容。

8.2.2.4 社会经济调查

在社会影响范围界定的基础上,阐述对受项目影响的社会环境、经济环境及人文环境进行调查的过程、方法和主要步骤,包括召开各种研讨会、听取弱势群体的意见,对受影响的人口、财产、资源、社会组织结构、法律制度环境进行调查的过程。社会经济调查应重视采用参与式方法,强调通过公众参与,广泛收集相关社会经济状况资料。

8.2.2.5 利益相关者分析

在社会经济调查的基础上,进行利益相关者分析,确定主要的利益相关者,分析利益相关者的利益构成,对各利益相关者的重要性和影响力进行分析评价,并在此基础上为各利益相关者参与项目方案制订、实施管理提出相应的参与方案,以提高项目建设的透明度,避免工程延期或管理方面的冲突。通常还应结合项目的具体情况,对特定利益相关者进行重点专题分析评价。

(1) 贫困人群

当项目的投资建设活动影响到贫困人口时,必须识别贫困人口所面对的社会风险,确保贫困人口能够更大程度地参与到项目的前期准备、方案设计及建设管理等过程,使更多的贫困人口在项目中受益。

① 如果扶贫是项目的首要目标,则项目的关键利益相关者就应该是穷人。这就要求制订相应的瞄准机制和制度来真正保证贫困人口受益。

② 如果扶贫是项目的次要目标,应在保证主要目标实现的前提下,尽可能地使贫困人口受益。

③ 分析投资项目对贫困人口的影响类型,以便有针对性地优化项目的建设实施方案,

为贫困者创造更多的脱贫致富机会，降低自然、经济和社会风险对贫困人口的打击，取得持续性的扶贫效果。

(2) 非自愿搬迁群体

在项目的投资建设中如果涉及非自愿搬迁问题，应重视对非自愿搬迁的社会风险进行分析评价。非自愿搬迁涉及社会、经济、政治、文化、宗教、环境以及技术等诸面因素，因征用土地、房屋拆除和迁移而受到影响的人群是项目的主要利益相关方。

① 在社会评价中，应结合不同项目的特点，从以下方面分析移民可能造成的社会影响：土地资源的丧失；劳动、生产和管理技能贬值；社会网络和社会资本的丧失；拆迁安置过程中的社会矛盾；社区参与和使用公共财产途径的变化；土地资源重新分配中的社会公平问题；土地征用和房屋拆迁对社会性别的不同影响；对文化和社会服务场所造成的影响；对贫困和弱势群体的特殊影响。

② 在社会影响分析的基础上，从以下方面分析搬迁可能导致的社会风险：失去土地；失业；丧失家园；社会边缘化；发病率和死亡率的增加；食物没有保障；失去享有公共资源的权益；社会组织结构的解体。

8.2.2.6 减轻负面社会影响的措施方案及可行性

在对利益相关者社会风险分析评价的基础上，应针对比较重要的风险因素，通过工程规划设计方案的调整和变更，或者采用相应的对策措施，有针对性地提出规避社会风险的措施方案。例如，对于非自愿移民社会风险，主要通过移民安置计划的编制和实施，规避失去土地可能造成的社会风险，通过编制收入恢复计划，使受负面影响的人群得以妥善安置、生产生活水平得以恢复和逐步提高，解决失业人群的再就业问题及丧失家园的重建问题等。

措施方案应包括损失估算，补偿标准制定、收入恢复计划，补偿措施、实施进度计划、费用预算等相关内容，并结合社会经济调查及利益相关者分析的结果，对措施方案的可行性进行分析论证。

8.2.2.7 参与、磋商及协调机制

社会评价报告应结合项目的具体特点，对利益相关者参与社会经济调查，参与补偿措施方案的制订和实施、参与项目的实施管理等活动提出措施建议，对相关的沟通协调、意见反馈、申诉及纠偏机制的建立提出措施方案。

8.2.2.8 监测评价

社会评价重视对项目的实施效果及社会风险规避措施的监测评价。项目业主应根据情况建立内部监测评价的框架机制。项目业主应根据项目的具体情况，对于存在社会风险的可能性较大的，还应委托外部机构和专家建立相应的外部监测评价制度。在项目前期论证的社会评价报告中，应对监测评价方案提出明确要求。

8.3 建设工程投资项目环境影响评价

8.3.1 建设工程投资项目环境影响评价的概念

环境影响是指人类活动（包括经济活动和社会活动）对环境的作用和因此导致环境的变

化,以及由此引起的对人类社会和经济发展的影响。投资项目的实施一般会对环境产生影响,而这些影响的后果有时会十分严重。因此在投资项目实施之前,应该进行环境影响评价,充分调查涉及的各种环境因素,据此识别、预测和评价该项目可能对环境带来的影响,并按照社会经济发展与环境保护相协调的原则提出预防或减轻不良环境影响的措施。

建设工程投资项目环境影响评价,是指对建设工程投资项目实施后可能造成的环境影响进行分析、预测和评估,提出预防或者减轻不良环境影响的对策和措施,进行跟踪监测的方法与制度。通俗说就是分析建设工程投资项目建成投产后可能对环境产生的影响,并提出污染防止对策和措施。

建设工程投资项目环境影响评价的根本目的是鼓励在建设工程项目规划和决策中考虑环境因素,最终达到更具环境相容性的人类活动。

建设工程投资项目环境影响评价的过程包括一系列的步骤,这些步骤按顺序进行。在实际工作中,环境影响评价的工作过程可以不同,而且各步骤的顺序也可变化。

一种理想的投资项目环境影响评价过程,应该能够满足以下条件:

① 基本上适应所有可能对环境造成显著影响的项目,并能够对所有可能的显著影响做出识别和评估;

② 对各种替代方案(包括项目不建设或地区不开发的情况)、管理技术、减缓措施进行比较;

③ 生成清楚的环境影响报告书(EIS),以使专家和非专家都能了解可能影响的特征及其重要性;

④ 包括广泛的公众参与和严格的行政审查程序;

⑤ 及时、清晰的结论,以便为决策提供信息。

8.3.2 环境影响评价的进展

(1) 环境影响评价的由来

20世纪中叶,随着科学、工业、交通的迅猛发展,环境污染扩大、生态环境恶化,人类对自身活动造成的环境影响越来越重视,并开始在活动之前进行环境影响评价。

1969年,美国国会通过了《国家环境政策法》,成为世界上第一个把环境影响评价用法律固定下来并建立环境影响评价制度的国家。继美国、瑞典等十余个国家之后,中国于1979年也建立了环境影响评价制度。

与此同时,国际上成立了许多有关环境影响评价的机构,召开了一系列有关环境影响评价的会议,开展了环境影响评价的研究和交流,进一步促进了各国环境影响评价的应用与发展。1970年,世界银行设立环境与健康事务办公室,对其每一个投资项目的环境影响做出审查和评价。1974,联合国环境规划署与加拿大联合召开了第一次环境影响评价会议。1992年,联合国环境与发展大会在里约热内卢召开,会议通过的《里约环境与发展宣言》和《21世纪议程》中都写入了有关环境影响评价的内容。

经过30年的发展,现已有100多个国家建立了环境影响评价制度。环境影响评价的内涵不断扩大,从自然环境影响评价发展到社会环境影响评价;自然环境的影响从环境污染扩展到生态影响;开展了环境风险评价;关注累积性影响并开始对环境影响进行后评估;环境影响评价从建设工程环境影响评价发展到区域开发和战略环境影响评价。环境影响评价的技术方法和程序也不断完善。

(2) 我国环境影响评价制度的发展

为了实施可持续发展战略，预防因规划和投资项目实施后对环境造成不良影响，促进经济、社会和环境协调发展，我国实行环境影响评价制度，并制定了严格的环境影响评价管理程序。环境影响评价（EIA）已成为规划和项目前期工作的必不可少的内容。

我国的环境影响评价制度的发展经历了引入确立、规范建设、强化完善和提高拓展四个阶段：

① 1973年第一次全国环境保护会议引入环境影响评价的概念；

② 1979年颁布《中华人民共和国环境保护法（试行）》，再到1989年通过《中华人民共和国环境保护法》；

③ 2002年通过《中华人民共和国环境影响评价法》；

④ 2004年2月通过建立环境影响评价工程师职业资格制度。

自1979年环境影响评价制度在我国确立以来，我国在建设项目环境影响评价技术方法方面做了很多的研究，1993年原国家环境保护局在总结多年实践经验的基础上发布了《环境影响评价技术导则》（总纲、大气环境、地面水环境），该导则规定了建设项目环境影响评价的一般性原则、方法、内容及要求，主要适用于工业类建设项目（污染类）的评价，评价重点是对建设项目实施后可能造成的环境影响进行分析、预测和评估，提出预防或者减轻不良环境影响的对策和措施。

随着非污染生态类建设项目的日益增多，我国加强了在非污染生态类建设项目环境影响评价方面的研究，1997年原国家环境保护总局发布了《环境影响评价技术导则——非污染生态影响》，明确了环境影响评价技术导则中非污染生态影响评价的方法与要求，主要适用于水利、水电、矿业、农业、林业、牧业、交通运输、旅游等行业开发利用自然资源和海洋及海岸带开发，对生态环境造成影响的建设项目和区域开发项目环境影响评价中的生态影响评价。此外，原国家环境保护总局和有关部门还加强了行业环境影响评价技术方法的研究，发布了《辐射环境保护管理导则、电磁辐射环境影响评价方法与标准》（HJ/T 10.3—1996）、《火电厂建设项目环境影响报告书编制规范》（HJ/T 9—1996）、《港口建设项目环境影响评价规范》（JTJ 226—97）、《公路建设项目环境影响评价规范（试行）》（JTJ 005—96）等技术规范，用以指导电磁辐射、火电厂、公路等建设项目的环境影响评价工作。

我国建设项目环境影响评价从法规建设、评价方法、评价队伍以及评价对象和评价内容的拓展等方面都取得了全面进展。在强化项目环境影响评价的同时，开展了规划环境影响评价；在注重环境污染评价的同时，强化了环境染防治和生态保护；在环境影响评价中引进了清洁生产、总量控制、环境风险评估等内容，并实行了公众参与；陆续颁布实施了环评导则，加强了对环境影响评价单位和人员的资质管理，实行环境影响评价工程师职业资格制度。

8.3.3 建设工程投资项目环境影响评价的意义

建设工程投资项目环境影响评价作为一种环境管理制度，是解决发展中的环境问题、促进经济发展和环境保护相协调，实现经济、环境、社会可持续发展的重要手段，是推动循环经济发展、落实科学发展观、建设资源节约型和环境友好型社会的关键环节。

(1) 保障和促进国家可持续发展战略的实施

当前，实施可持续发展战略已经成为我国国民经济和社会发展的基本指导方针。实施可持续发展的一个重要途径，就是把环境保护纳入综合决策，转变传统的经济增长模式。国家制定环境影响评价的法规，建立健全环境影响评价制度，就是为了在项目实施前就综合考虑到环境保护问题，从源头上预防或减轻对环境的污染和对生态的破坏，从而保障和促进可持续发展战略的实施。

（2）预防因建设工程投资项目实施对环境造成不良影响

预防为主，是环境保护的一项基本原则。如果等环境污染后再去治理，不但在经济上要付出很大代价，而且很多环境污染一旦发生，即使花费很大代价，也难以恢复。甚至某些生态系统具有不可逆转性，一旦遭到破坏，根本无法恢复。因此，对建设工程投资项目进行环境影响评价，使其在动工之前，就能根据环境影响评价的要求，修改和完善建设方案设计，提出相应的环保对策和措施，从而预防和减轻项目实施对环境造成的不良影响。

（3）促进经济、社会和环境的协调发展

经济的发展和社会的进步要与环境相协调。为了实现经济和社会的可持续发展，必须将经济建设、城乡建设与环境建设和资源保护同步规划、同步实施，以达到经济效益、社会效益和环境效益的统一。对建设项目进行环境影响评价，可避免和减轻环境问题对经济和社会的发展可能造成的负面影响，达到促进经济、社会和环境的协调发展的目的。

（4）提供制定防治污染对策和科学管理的依据

在建设工程投资项目开发建设活动中，唯一正确的途径就是努力实现经济与环境保护协调发展，使经济活动既能得到发展，又能把开发建设活动对环境带来的污染与破坏限制在符合环境质量标准要求的范围内。建设工程投资项目环境影响评价是实现这一目标必须采用的方法，因为环境影响评价能指导设计，使建设工程投资项目的环保措施建立在科学、可靠的基础上，从而保证环保设计得到优化，同时还能为建设工程投资项目建成后实现科学管理提供必要的数据。

总之，环境影响评价是正确认识经济、社会和环境之间相互关系的科学方法；是正确处理经济发展与环境保护关系的积极措施；也是强化区域环境规划管理的有效手段。所以全面推行环境影响评价对经济发展和环境保护均有重大的意义。

8.3.4 我国建设工程投资项目环境影响评价进展

（1）建设工程开发中存在的环境问题

建设工程开发业是城市第三产业的主要组成部分，作为城市人民的居家、工作、娱乐、商业活动的场所，它丰富了人民生活，让人民安居乐业。随着国民经济发展和人民生活水平的提高，人们便拥有一个共同的愿望，就是生活环境的不断改善，能够拥有一个舒适、安静的居住空间。然而，由于工业化和城市化的快速发展，城市和城市周围的生态环境遭到了很大的破坏，工业废水、废气、汽车尾气、热岛效应、噪声、光污染等使城市居住和工作环境变得差了很多，人们也更关注居住环境的健康舒适和安全。个别建设工程商环境意识薄弱，在建设工程选址、建设时仅考虑地块的区位、交通、能源及其他公用基础设施等因素，没有重视地块外界环境影响问题、周边的生态环境质量、内部规划建设及环境管理问题，已经暴露出或隐藏着种种环境问题，如交通拥挤、绿地缺乏、人口密集、废物垃圾成山、污水横流、高压线横穿小区、噪声干扰、物业管理混乱等。

这些环境问题对居民健康与安全、生产率、舒适性和生态价值等会产生不利影响。建设工程业发展要与人口发展、环境发展、资源利用相协调。要在开发的同时做好生态环境的保护和建设，使建设工程业成为城市生态经济的有机组成部分。在开发的过程中要加强环境意识，做好生态环境的保护和建设，塑造环境优美、和谐的社区。引导我国建设工程业走上"绿色"的可持续发展道路，使之成为我国重要的支柱产业之一。

(2) 我国建设工程投资项目环境影响评价存在的问题

目前，我国对建设工程投资项目的环境影响评价仍沿用工业建设项目的环境影响评价模式、手段、方法、体系，从其评价因子的选取，评价重点以及报告书的内容设置可以看出这种传统的评价模式将建设工程投资项目视为污染类的建设项目，注重了建设工程项目开发建设对外环境造成的影响、污染物能否达标排放以及所采取的环境保护措施是否可行等，而忽略了外环境及建筑群落布局对房屋使用者造成的影响，没有考虑什么样的环境适宜人居住。这种评价模式没有抓住建设工程投资项目的环境影响评价特点，不能适应现代社会对人居环境的要求。

(3) 我国建设工程投资项目环境影响评价发展趋势

居住环境是人类生存环境的重要组成部分，随着社会经济发展，居民对生活水平和居住环境的要求也不断提高，不再是为了生存而生存，而是要求享受生活，体验高质量的人生，追求舒适、幸福的生存空间。这就给建设工程投资项目环境影响评价提出了更高标准，同时也增加了环境影响评价的范围与内容。建设工程投资项目进行评价时应当以人为主体，树立"以人为本"的理念，考虑建设工程投资项目环境影响评价所具有的与一般环境影响评价不同的特点，如项目与环境影响之间的双向性；以危害居民健康的评价指标为主；评价范围小而评价内容更全面更细致；评价过程不仅应当注重物理指标，亦应当注重定性指标等。在建设工程投资项目环境影响评价方法、体系上还有大量的诸如评价方法学、评价因子的选取、评价标准及综合评价指数的确定、评价结果的判定和公众参与方式等工作需进行研究。通过合理的评价体系来科学评价居住环境质量及其人居环境适宜性，以便能够准确地反映项目所在区域的环境状况，更好地保护和提高项目的环境质量。

8.4 环境影响评价的法规体系与资质管理

8.4.1 环境影响评价的法规体系

我国目前建立了由法律、国务院行政法规、政府部门规章、地方性法规和地方政府规章、环境标准、环境保护国际条约组成的完整的环境保护法律法规体系。

(1) 法律

① 宪法 《中华人民共和国宪法》(2004年修正) 是环境保护立法的依据和指导原则，主要规定了国家在合理开发、利用、保护、改善环境和自然资源方面的基本权利、义务、方针和政策等基本问题。《中华人民共和国宪法》第26条规定"国家保护和改善生活环境和生态环境，防治污染和其他公害"。

② 环境保护综合法 中国的环境保护综合法是指《中华人民共和国环境保护法》(1989年)，它在环境法律法规体系中，占有核心和最高地位。《中华人民共和国环境保护法》第十三条规定"建设污染环境的项目，必须遵守国家有关建设项目环境保护管理的规定。建设项目的环境影响报告书，必须对建设项目产生的污染和对环境的影响做出评价，规定防治措

施,经项目主管部门预审并依照规定的程序报环境保护行政主管部门批准。环境影响报告书经批准后,计划部门方可批准建设项目设计任务书。"第二十六条规定"建设项目中防治污染的设施,必须与主体工程同时设计、同时施工、同时投产使用。防治污染的设施必须经原审批环境影响报告书的环境保护行政主管部门验收合格后,该建设项目方可投入生产或者使用。"

③ 环境保护单行法　环境保护单行法是针对特定的保护对象而进行专门调整的立法,它以宪法和环境保护综合法为依据,又是宪法和环境保护综合法的具体化。因此,单行环境法规一般都比较具体详细,是进行环境管理、处理环境纠纷的直接依据。

环境保护单行法包括污染防治法(《水污染防治法》、《大气污染防治法》、《固体废物污染环境防治法》、《环境噪声污染防治法》、《放射性污染防治法》等),生态保护法(《水土保持法》、《野生动物保护法》、《防沙治沙法》等),《海洋环境保护法》和《环境影响评价法》等。

④ 环境保护相关法　环境保护相关法是指一些自然资源保护和其他与环境保护关系密切的法律,如《农业法》、《森林法》、《草原法》、《渔业法》、《矿产资源法》、《水法》、《土地管理法》、《城市规划法》、《防洪法》、《节约能源法》、《电力法》、《可再生能源法》、《清洁生产促进法》等。

(2) 环境保护行政法规

环境保护行政法规是由国务院制定并公布或经国务院批准有关主管部门发布的环境保护规范性文件。一是根据法律授权制定的环境保护法的实施细则或条例,如《水污染防治法实施细则》、《大气污染防治法实施细则》、《噪声污染防治条例》、《森林法实施条例》等;二是针对环境保护的某个领域而制定的条例、规定和办法,如《建设项目环境保护管理条例》、《排污费征收使用管理条例》、《矿产资源开采登记管理办法》、《报废汽车回收管理办法》等。

(3) 环境保护政府部门行政规章

政府部门规章是指国务院环境保护行政主管部门单独发布或与国务院有关部门联合发布的环境保护规范性文件,以及国务院各部门依法制定的环境保护规范性文件。政府部门行政规章是以环境保护法律和行政法规为依据而制定的,或者是针对某些尚未有相应法律和行政法规调整的领域做出相应规定。如《环境保护行政处罚办法》、《环境标准管理办法》、《报告环境污染与破坏事故的暂行办法》、《产业结构调整指导目录》、《清洁生产审核办法》、《公用建筑节能管理规定》、《外商投资产业指导目录》等。

(4) 环境保护地方性法规和地方人民政府行政规章

环境保护地方性法规和地方性规章是享有立法权的地方权力机关和地方政府机关依据宪法和相关法律制定的环境保护规范性文件,是根据本地实际情况和特定环境问题制定的,并在本地区实施,有较强的可操作性。如《北京市防治大气污染管理暂行办法》、《太湖水源保护条例》、《湖北省环境保护条例》、《贵阳市建设循环经济生态城市条例》、《太原市清洁生产条例》等。

(5) 环境标准

环境标准是环境保护法律法规体系的一个组成部分,是环境执法和环境管理工作的技术依据。我国的环境标准分为国家环境保护标准和地方环境保护标准。

国家环境保护标准包括国家环境质量标准、国家污染物排放标准(或控制标准)、国家环境监测方法标准、国家环境标准样品标准、国家环境基础标准以及国家环境保护行业标准。地方环境保护标准包括地方环境质量标准和地方污染物排放标准。

(6) 中国缔结或参加的环境保护国际公约

《中华人民共和国环境保护法》第四十六条规定"中华人民共和国缔结或参加的与环境保护有关的国际条约，同中华人民共和国的法律有不同规定的，适用国际条约的规定，但中华人民共和国申明保留的条款除外"。这就是说，中国缔结或参加的国际条约，较中国的国内环境法有优先权。

目前中国已经签订、参加了60多个与环境资源保护有关的国际条约，如《联合国气候变化框架公约》及《京都议定书》、《关于消耗臭氧层物质的蒙特利尔议定书》、《关于在国际贸易中对某些危险化学品和农药采用事先知情同意程序的鹿特丹公约》、《关于持久性有机污染物的斯德哥尔摩公约》、《生物多样性公约》、《〈生物多样性公约〉卡塔赫纳生物安全议定书》和《联合国防治荒漠化公约》等，除中国宣布予以保留的条款外，它们都构成中国环境法体系的一个组成部分。另外，中国已先后与美国、日本、朝鲜、加拿大、俄罗斯等42个国家签署双边环境保护合作协议或谅解备忘录，与11个国家签署核安全合作双边协定或谅解备忘录。

8.4.2 环境影响评价的技术导则

为了规范环境影响评价技术和指导开展环境影响评价工作，从1993年起，国家陆续发布了一系列环境影响评价技术导则。环境影响评价技术导则在环境保护法律法规体系中，属于环境标准中的行业标准。环境影响评价技术导则一般可分为各环境要素的环境影响评价导则、各专项或专题的环境影响评价导则、规划和建设项目的环境影响评价导则等。目前已经发布的环境影响评价技术导则如下：

① 《环境影响评价技术导则 总纲》HJ 2.1—2016；
② 《环境影响评价技术导则 大气环境》HJ 2.2—2008；
③ 《环境影响评价技术导则 地面水环境》HJ/T 2.3—1993；
④ 《环境影响评价技术导则 声环境》HJ 2.4—2009；
⑤ 《环境影响评价技术导则 生态影响》HJ 19—2009；
⑥ 《环境影响评价技术导则 民用机场建设工程》HJ/T 87—2002；
⑦ 《环境影响评价技术导则 水利水电工程》HJ/T 88—2003；
⑧ 《环境影响评价技术导则 石油化工建设项目》HJ/T 89—2003；
⑨ 《环境影响评价技术导则 陆地石油天然气开发建设项目》HJ/T 349—2007；
⑩ 《规划环境影响评价技术导则 总纲》HJ 130—2014；
⑪ 《开发区区域环境影响评价技术导则》HJ/T 131—2003；
⑫ 《建设项目环境风险评价技术导则》HJ/T 169—2004；
⑬ 《火电厂建设项目环境影响报告书编制规范》HJ/T 13—1996；
⑭ 《500kV超高压送变电工程电磁辐射环境影响评价技术规范》HJ 24—2014；
⑮ 《辐射环境保护管理导则 核技术利用建设项目环境影响评价文件的内容和格式》HJ/T 10.1—2016；
⑯ 《辐射环境保护管理导则 电磁辐射监测仪器和方法》HJ/T 10.2—1996；
⑰ 《辐射环境保护管理导则 电磁辐射环境影响评价方法与标准》HJ/T 10.3—1996；
⑱ 《核设施环境保护管理导则 研究堆环境影响报告书（表）的内容和格式》HJ/T 5.1—1993；

⑲《核设施环境保护管理导则 放射性固体废物浅地层处置环境影响报告书（表）的内容和格式》HJ/T 5.2—1993；

⑳《生态环境状况评价技术规范（试行）》HJ 192—2015。

8.4.3 环境影响评价的资质管理

（1）管理机构

环境影响评价管理机构是中华人民共和国环境保护部环境影响评价管理司，其职责为：

① 拟定和组织实施环境影响评价、"三同时"等环境管理政策、法规和规章；

② 承担重大经济和技术政策、发展规划和重大经济开发计划环境影响评价工作；

③ 拟定环境影响评价分类管理名录；

④ 负责审定重大开发建设活动环境影响报告书。

各省、市环保局相应设置了环境影响评价管理处，按分级管理办法的规定权限履行环境影响评价管理职责。

（2）制度体系

《中华人民共和国宪法》中对环境保护的规定是环境保护立法的依据和指导原则，在此基础上建立了《中华人民共和国行政许可法》、《中华人民共和国清洁生产促进法》、《中华人民共和国海域使用管理法》等环境保护相关法律；《中华人民共和国环境保护法》是我国的环境保护综合法，依法确立和规范了我国的环境影响评价制度；各项污染防治和生态保护环境保护单行法、自然资源保护法和其他相关法律也有环境影响评价的相应规定。

1998年国务院颁布的《建设项目环境保护管理条例》，规定对建设项目实行分类管理、对建设项目环境影响评价单位实行资质管理，规定了环境影响评价中违法行为的法律责任，成为指导建设项目环境影响评价极为重要和可操作性强的行政法规。

2003年实施的《中华人民共和国环境影响评价法》，用法律把环境影响评价从项目环境影响评价拓展到规划环境影响评价，标志着我国的环境影响评价制度发展到一个新阶段。

依据《中华人民共和国环境影响评价法》和《建设项目环境保护管理条例》，环境保护部和国务院有关部委，以及各省、自治区、直辖市人民政府和有关部门陆续颁布了一系列环境影响评价的部门行政规章和地方行政法规，也成为环境影响评价制度体系的重要组成部分（图8-2）。

（3）建设项目环境影响评价资质管理

为了保证环境影响评价工作的质量，国家对从事环境影响评价的机构实行资质审查制度。承担环境影响评价的机构必须具备一定的资质和条件。为加强对环境影响评价专业技术人员的管理，规范环境影响评价行为，国家还实施了环境影响评价工程师职业资格制度，加强对环境影响评价人员的管理。

① 环境影响评价机构的资质管理 自2006年1月1日起施行的《建设项目环境影响评价资质管理办法》是现阶段对环境影响评价资质实施具体管理的主要依据，评价机构资质分为甲、乙两个等级。评价范围分为环境影响报告书的11个小类和环境影响报告表的2个小类。评价范围具体划分见表8-8。

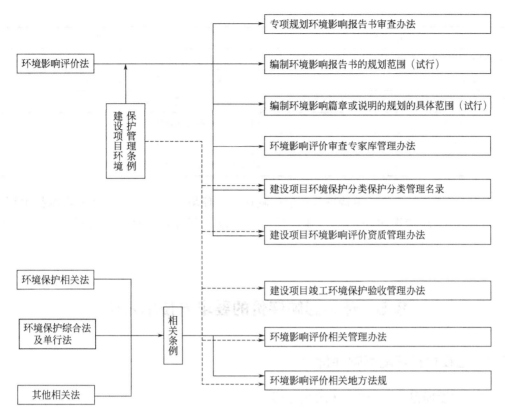

图 8-2 环境影响评价制度体系框架图

表 8-8 建设项目环境影响评价资质的评价范围划分

项 目	环境影响报告书			环境影响报告表
评价范围	1. 轻工纺织化纤	2. 化工石化医药	3. 冶金机电	1. 一般环境影响报告表
	4. 建材火电	5. 农林水利	6. 采掘	
	7. 交通运输	8. 社会区域	9. 海洋工程	2. 特殊（指输变电及广电通信、核工业类）项目环境影响报告表
	10. 输变电及广电通信	11. 核工业		

取得甲级资质的评价机构，可以承担各级环境保护行政主管部门审批的建设项目环境影响报告书和环境影响报告表的编制工作。取得乙级资质的评价机构，可承担省级以下环境保护行政主管部门审批的建设项目环境影响报告书和环境影响报告表的编制工作。

② 环境影响评价工程师职业资格制度 2004 年在全国建立了环境影响评价工程师职业资格制度；从 2005 年 7 月起，开始实施环境影响评价工程师职业资格登记制度。

环境影响评价工程师必须受聘登记于一个有环境影响评价资质的单位，并以该单位的名义接受委托业务。环境影响评价工程师职业资格按设定的类别进行登记，每名环境影响评价工程师申请登记的类别不得超过 2 个。登记类别的分类见表 8-9。

表 8-9 环境影响评价工程师职业资格登记类别表

登记类别	登记类别
1. 一般项目环境影响报告表	3. 轻工纺织化纤类环境影响评价
2. 特殊项目环境影响报告表	4. 化工石化医药类环境影响评价

续表

登 记 类 别	登 记 类 别
5. 冶金机电类环境影响评价	11. 海洋工程类环境影响评价
6. 建材火电类环境影响评价	12. 输变电及广电通信类环境影响评价
7. 农林水利类环境影响评价	13. 核工业类环境影响评价
8. 采掘类环境影响评价	14. 环境影响技术评估
9. 交通运输类环境影响评价	15. 竣工环境保护验收监测
10. 社会区域类环境影响评价	16. 竣工环境保护验收调查

环境影响评价工程师可主持进行环境影响评价、环境影响后评价、环境影响技术评估、环境保护验收。环境影响评价工程师对其主持完成的环境影响评价工作的技术文件承担责任。

8.5 环境影响评价的要求与技术方法

8.5.1 建设项目环境影响评价

8.5.1.1 建设项目环境影响评价的分类管理

建设项目对环境的影响千差万别，不仅不同的行业、产品、规模、工艺、原材料产生的污染物种类和数量不同，对环境的影响不同，而且即使是相同的企业处于不同的地点、区域，对环境的影响也不一样。国家对建设项目的环境保护实行分类管理，对环境影响大的建设项目从严把关管理，坚决防止对环境的污染和生态的破坏；对环境影响小的建设项目适当简化评价内容和审批程序，促进经济的快速发展。

建设单位应当按下列规定组织编制环境影响报告书、环境影响报告表或者填报环境影响登记表（以下统称环境影响评价文件）。

① 可能造成重大环境影响的，应当编制环境影响报告书，对产生的环境影响进行全面评价。

② 可能造成轻度环境影响的，应当编制环境影响报告表，对产生的环境影响进行分析或者专项评价。

③ 对环境影响很小、不需要进行环境影响评价的，应当填报环境影响登记表。

建设项目的环境影响评价分类管理名录，由国务院环境保护行政主管部门制定并公布。

原国家环境保护总局于 2002 年 10 月以第 14 号令颁布了《建设项目环境保护分类管理名录》，自 2003 年 1 月 1 日起施行，该名录对分类管理做出了具体规定。

8.5.1.2 建设项目环境影响评价的内容

根据建设项目环境保护分类管理要求，建设项目环境影响评价文件分为环境影响报告书、环境影响报告表和环境影响登记表。

（1）建设项目环境影响报告书内容

《环境影响评价技术导则 总纲》HJ 2.1—2016 规定环境影响报告书应根据环境和工程的特点及评价工作等级，选择下列全部或部分内容进行编制。

① 总则。

a. 结合评价项目的特点阐述编制环境影响报告书的目的；

b. 编制依据：项目建议书、评价大纲及其审查意见、评价委托书（合同）或任务书、建设项目可行性研究报告等；

c. 采用标准：包括国家标准、地方标准或拟参照的国外有关标准（参照的国外标准应按环境保护部规定的程序报有关部门批准）；

d. 控制污染与保护环境的目标。

② 建设项目概况。

a. 建设项目的名称、地点及建设性质；

b. 建设规模（扩建项目应说明原有规模）、占地面积及厂区平面布置（应附平面图）；

c. 土地利用情况和发展规划；

d. 产品方案和主要工艺方法；

e. 职工人数和生活区布局。

③ 工程分析。报告书应对建设项目的下列情况进行说明，并做出分析：

a. 主要原料、燃料及其来源和储运，物料平衡，水的用量与平衡，水的回用情况；

b. 工艺过程（附工艺流程图）；

c. 废水、废气、废渣、放射性废物等的种类、排放量和排放方式，以及其中所含污染物种类、性质、排放浓度；产生的噪声、振动的特性及数值等；

d. 废物的回收利用、综合利用和处理、处置方案；

e. 交通运输情况及厂区用地的开发利用。

④ 建设项目周围地区的环境现状。

a. 地理位置（应附平面图）；

b. 地质、地形、地貌和土壤情况，河流、湖泊（水库）、海湾的水文情况，气候与气象情况；

c. 大气、地面水、地下水和土壤的环境质量状况；

d. 矿藏、森林、草原、水产和野生动物、野生植物、农作物等情况；

e. 自然保护区、风景游览区、名胜古迹、温泉、疗养区以及重要的政治文化设施情况；

f. 社会经济情况，包括：现有工矿企业和生活居住区的分布情况，人口密度，农业概况，土地利用情况，交通运输情况及其他社会经济活动情况；

g. 人群健康状况和地方病情况；

h. 其他环境污染、环境破坏的现状资料。

⑤ 环境影响预测。

a. 预测环境影响的时段；

b. 预测范围；

c. 预测内容及预测方法；

d. 预测结果及其分析和说明。

⑥ 评价建设项目的环境影响

a. 建设项目环境影响的特征；

b. 建设项目环境影响的范围、程度和性质；

c. 如要进行多个厂址的优选时，应综合评价每个厂址的环境影响并进行比较和分析。

⑦ 环境保护措施的评述及技术经济论证，提出各项措施的投资估算（列表）。

⑧ 环境影响经济损益分析。
⑨ 环境监测制度及环境管理、环境规划的建议。
⑩ 环境影响评价结论。

除上述评价内容外，为提高科学民主决策的水平，体现以人为本的原则，环境影响报价书编制内容中还应有公众参与的内容。鉴于建设项目风险事故对环境会造成重大危害，对存在风险事故的建设项目，特别是在原料、生产、产品、储存、运输中涉及危险化学品的建设项目，在环境影响报告书的编制中，必须有环境风险评价的内容。《清洁生产促进法》规定"新建、改建和扩建项目应当进行环境影响评价，对原料使用、资源消耗、资源综合利用以及污染物产生与处置等进行分析论证，优先采用资源利用率高以及污染物产生量少的清洁生产技术、工艺和设备"，因此在环境影响报告书中还应包括清洁生产分析的内容。

（2）环境影响报告表和登记表的内容

原国家环境保护总局于1999年8月以环发[1999]178号文件公布了《建设项目环境影响报告表（试行）》和《建设项目环境影响登记表（试行）》的内容和格式。

《建设项目环境影响报告表（试行）》必须由具有环境影响评价资质的单位填写。填报内容主要有：建设项目基本情况，建设项目所在地自然环境、社会环境简况，环境质量状况，主要环境保护目标，评价适用标准，工程内容及规模，与本项目有关的原有污染情况及主要环境问题，建设项目工程分析，项目主要污染物产生及预计排放情况，环境影响分析，建设项目拟采取的防治措施及预期治理效果，结论与建议等。需要注意，环境影响报告表如不能说明项目产生的污染及对环境造成的影响，应根据建设项目的特点和当地环境特征，选择1~2项进行专项评价，专项评价按照环境影响评价技术导则中有关要求进行。

《建设项目环境影响登记表（试行）》的填写不要求是具备环境影响评价资质的单位，一般是建设单位自行填写。其填报内容包括四个表：表一为项目基本情况；表二为项目地理位置示意图和平面布置示意图；表三为周围环境概况和工艺流程与污染流程；表四为项目排污情况及环境措施简述。

8.5.1.3 建设项目环境影响评价工作程序

建设项目环境影响评价的工作程序，大体可分为三个阶段。

第一阶段为准备阶段，其主要内容是研究有关文件，进行初步的工程分析和环境现状调查，筛选重点评价项目，确定建设项目环境影响评价的工作等级，编制评价工作大纲。

第二阶段为正式工作阶段，其主要工作是进一步做规划方案分析或建设项目工程分析和环境现状调查，并进行环境影响预测和评价环境影响。

第三阶段为报告书编制阶段，其主要工作是汇总、分析第二阶段工作所得到的各种资料、数据，得出结论，完成环境影响报告书的编制。

对一些技术路线清晰、工艺过程成熟、污染物排放量不大、项目影响区没有特殊敏感区的项目，环评工作程序可以简化，即可以简化去掉环评大纲这一环节。

建设项目环境影响评价工作程序见图8-3。

8.5.1.4 建设项目环境影响评价文件的审批

（1）建设项目环境影响评价文件的报批时限

当前，投资体制改革新形势下建设项目分为审批、核准和备案三类。2004年12月，中华人民共和国环境保护部、国家发展和改革委员会联合发布《关于加强建设项目环境影响评

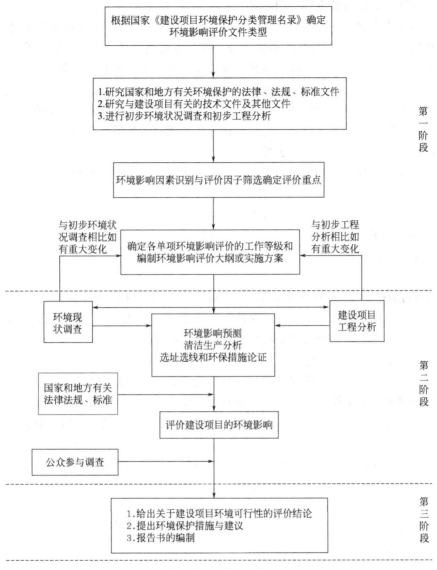

图 8-3 建设项目环境影响评价工作程序图

价分级审批的通知》(环发〔2004〕164号)和 2006 年 1 月 1 日施行的国家环保总局第 29 号令,都明确规定了环境影响评价文件的报批时限:

"实行审批制的建设项目,建设单位应当在报送可行性研究报告前完成环境影响评价文件报批手续;实行核准制的建设项目,建设单位应当在提交项目申请报告前完成环境影响评价文件报批手续;实行备案制的建设项目,建设单位应当在办理备案手续后和项目开工前完成环境影响评价文件报批手续。"

(2) 建设项目环境影响评价文件的审批程序和时限

建设项目的环境影响评价文件,由建设单位按照国务院的规定报有审批权的环境保护行政主管部门审批;建设项目有行业主管部门的,其环境影响报告书或者环境影响报告表应当经行业主管部门预审后,报有审批权的环境保护行政主管部门审批。

海岸工程建设项目环境影响报告书或者环境影响报告表,经海洋行政主管部门审核并签署意见后,报环境保护行政主管部门审批。

审批部门应当自收到环境影响报告书之日起 60 日内,收到环境影响报告表之日起 30 日内,收到环境影响登记表之日起 15 日内,分别作出审批决定并书面通知建设单位。

建设单位在报批建设项目环境影响评价文件前,其环境影响评价文件可委托有资质的技术评估机构进行技术评估,即环境影响技术评估机构运用有关技术力量和技术资源,通过现场调查和公众参与,对环境影响评价文件的技术方法和评价结论进行技术把关,对开发建设活动的环境影响评价结论进行科学判定,为政府的科学决策提供可靠的技术支持。

(3) 环境影响评价文件的分级审批

国务院环境保护行政主管部门负责审批下列建设项目的环境影响评价文件:

① 核设施、绝密工程等特殊性质的建设项目;
② 跨省、自治区、直辖市行政区域的建设项目;
③ 由国务院审批的或者由国务院授权有关部门审批的建设项目。

前款规定以外的建设项目的环境影响评价文件的审批权限,由省、自治区、直辖市人民政府规定。

建设项目可能造成跨行政区域的不良环境影响,有关环境保护行政主管部门对该项目的环境影响评价结论有争议的,其环境影响评价文件由共同的上一级环境保护行政主管部门审批。

建设项目的环境影响评价文件未经法律规定的审批部门审查或者审查后未予批准的,该项目审批部门不得批其建设,建设单位不得开工建设。

对 2004 年 12 月《关于加强建设项目环境影响评价分级审批的通知》附录以外的其他建设项目的环境影响评价文件的审批权限,由省级环境保护行政主管部门按照设项目的环境影响程度,结合地方情况提出,报省级人民政府批准。其中,化工、染料、农药、印染、酿造、制浆造纸、电石、铁合金、焦炭、电镀、垃圾焚烧等污染较重或涉及环境敏感区的项目的环境影响评价文件,应由地市级以上环境保护行政主管部门审批。

(4) 建设项目环境影响评价文件的重新报批和重新审核

建设项目的环境影响评价文件经批准后,建设项目的性质、规模、地点、采用的生产工艺或者防治污染、防止生态破坏的措施发生重大变动的,建设单位应当重新报批建设项目的环境影响评价文件。

建设项目的环境影响评价文件自批准之日起超过 5 年方决定该项目开工建设的,其环境影响评价文件应当报原审批部门重新审核;原审批部门应当自收到建设项目环境影响评价文件之日起 10 日内,将审核意见书面通知建设单位。

8.5.2 规划环境影响评价

《中华人民共和国环境影响评价法》将环境影响评价从建设项目拓展到规划领域,规划有关环境影响的篇章或者说明,应当作为规划草案的组成部分一并报送规划审批机关。从决策源头防治环境污染和生态破坏,全面实施可持续发展战略。

(1) 规划环境影响评价的适用范围和要求

国务院有关部门、设区的市级以上地方人民政府及其有关部门,一是对其组织编制的土地利用的有关规划,区域、流域、海域的建设、开发利用规划,应当在规划编制过程中组织进行环境影响评价,编写该规划有关环境影响的篇章或者说明;二是对其组织编制的工业、农业、畜牧业、林业、能源、水利、交通、城市建设、旅游、自然资源开发的有关专项规划

(以下简称专项规划),应当在该专项规划草案上报审批前组织进行环境影响评价,并向审批该专项规划的机关提出环境影响报告书。

规划有关环境影响的篇章或者说明,应当对规划实施后可能造成的环境影响做出分析、预测和评估,提出预防或者减轻不良环境影响的对策和措施,作为规划草案的组成部分一并报送规划审批机关。

未编写有关环境影响的篇章或者说明的规划草案,审批机关不予审批。

此外,省、自治区、直辖市人民政府可以根据本地的实际情况,要求对本辖区的县级人民政府编制的规划进行环境影响评价。

(2) 规划环境影响评价的基本内容

规划环境影响评价是在规划编制阶段,对规划实施可能造成的环境影响进行分析、预测和评价,并提出预防或者减轻不良环境影响的对策和措施的过程。《规划环境影响评价技术导则》H 130—2014 规定了环境影响评价基本内容,并提出了规划环境影响报告书、环境影响篇(章)及说明的编制要求。

规划环境影响评价的基本内容包括以下 8 个方面:
① 规划分析;
② 环境现状与分析;
③ 环境影响识别与确定环境目标和评价指标;
④ 环境影响分析与评价;
⑤ 供决策的环境可行规划方案与环境影响减缓措施;
⑥ 开展公众参与;
⑦ 拟定监测、跟踪评价计划;
⑧ 编写规划环境影响评价文件(报告书、篇章或说明),得出关于拟议规划的结论性意见与建议。

a. 规划环境影响报告书至少包括 9 个方面的内容:总则、拟议规划的概述、环境现状描述、环境影响分析与评价、推荐方案与减缓措施、专家咨询与公众参与、监测与跟踪评价、困难和不确定性、执行总结。

b. 规划环境影响篇(章)或说明至少包括 4 个方面的内容:前言、环境现状描述、环境影响分析与评价、环境影响减缓措施。

(3) 规划环境影响评价的工作程序

由于规划环评的类型繁多,层次不同,难以找到统一的规划编制程序,同时目前的规划法也没有明确规划的规范编制过程。为了对规划环评的通用工作程序进一步规范化,规划环境影响评价的工作程序如图 8-4 所示。

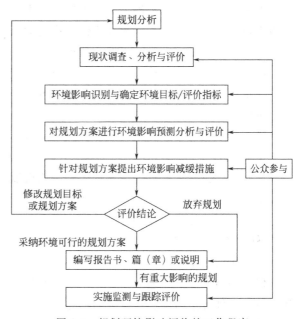

图 8-4 规划环境影响评价的工作程序

8.5.3 我国建设项目环境影响评价技术方法

(1) 建设工程投资项目环境影响评价相关要素的确定

1999年原国家环境保护总局发布《建设项目环境保护分类管理名录（试行）》后，我国将房地产投资项目正式纳入了环境影响评价范围，但没有相应的评价技术导则和规范，目前，我国建设工程投资项目评价一般沿用工业类建设项目的评价导则，在其评价目的、评价等级、评价范围、评价重点、评价因子的确定以及报告书的章节设置上都将建设工程投资项目视作污染类的建设项目。

① 评价目的的确定　目前，建设工程投资项目评价的主要目的是认真贯彻国家有关环境保护政策；从整体上综合考虑建设工程开发活动对环境所产生的影响；实现污染物的达标排放和总量控制；反馈于设计，为建设工程投资项目的建设和环境管理提供决策依据。

② 评价工作一般等级及评价范围的确定　根据《环境影响评价技术导则》，结合建设工程投资项目的特点与污染物排放强度特征，确定评价工作的等级和范围。

环境空气：由于建设工程投资项目在施工期和营运期一般采用清洁能源，大气污染物排放量少，但施工期的扬尘、施工机械及车辆运输排放的尾气会对局部环境空气质量造成一定影响，因此，确定建设工程投资项目施工期环境空气一般评价等级为三级，评价范围为项目场界区域内。

地表水：建设工程投资项目排水主要为生活污水，污水水质简单，如果排水进入大中型河流的，地表水一般评价等级为三级，评价范围为排污水口下游2000m；如果排水通过市政管网进入城市污水处理场的，评价中只作简单的交待即可。

环境噪声：建设工程建设项目建成后噪声源少，声源声级低，对周边环境影响不大，但施工期噪声声源多而声级高，因此，一般确定施工期评价等级为三级，评价范围为场界100m以内。

③ 评价重点的确定　建设工程投资项目的评价目的、评价等级、评价范围确定了其评价的重点是在工程分析的基础上对施工期的噪声和粉尘以及营运期的污水、噪声等环境影响进行重点评价，对污水、噪声等环境保护措施的经济技术可行性进行论证。

④ 评价因子的选取　评价因子一般包括环境质量现状评价因子和环境影响评价因子两大类，而环境质量现状评价一般包括环境空气、地表水环境、声环境等方面的评价因子，环境影响评价一般包括地表水、声环境、固体废物等方面的评价因子，评价时一般选取一些常见的评价因子。

环境质量现状评价：环境空气评价因子一般选取SO_2、NO_2、TSP；地表水环境评价因子一般选取pH、COD_{Cr}、BOD_5、TP、石油类、氨氮；声环境评价因子一般选取环境噪声。

环境影响评价：地表水环境评价因子一般选取COD_{Cr}、BOD_5、SS、动植物油；声环境评价因子一般选取等效A声级；固体废物评价因子一般选取建筑垃圾、生活垃圾。

(2) 评价指标体系建立的原则

① 科学性　建设工程投资项目环境影响评价指标体系的建立必须具有科学性，应能够反映环境保护的基本要求，考虑经济社会发展的实际，又要考虑科技发展的趋势、人民群众对环境保护的需求。因而建立指标体系应能有机地联系起来，组成一个指标意义明确、测定方法规范、统计方法科学、层次分明的整体，以反映区域环境和生态质量的实现程度，保证评价结果的真实性和客观性。

② 以人为本 在建立建设工程投资项目环境影响评价指标体系的过程中，要坚持以人为本的原则，始终将以人为本作为建立指标体系的出发点和落脚点，体现人本主义精神，实现人与自然的和谐。

③ 可操作性 建立指标体系的目的在于应用，用以指导新时期建设工程投资项目环境保护工作的开展。因而建立指标体系的过程中，指标的选择不但要科学合理，又要结合实际，选择那些既能反映建设工程投资项目环境适宜性，又便于搜集和研究的指标，要有较强的可操作性。

④ 针对性 城市环境是一个有机整体，建设工程投资项目环境影响评价指标的选取不但要全面还应有针对性，对当前城市的热点如噪声问题、电磁辐射影响等应有所涉及。

⑤ 简明性 建设工程投资项目环境影响评价指标体系是一个综合的、多层次、多方位的环境保护目标，既涉及环境质量的各项指标，又要考虑到实现这些指标的基本措施，因而在建立指标体系的过程中，应重点理解和把握建设工程投资项目环境影响评价的基本内容，而不必面面俱到，保证数据收集和加工的有效性、代表性和可操作性。

(3) 我国建设工程投资项目环境影响评价一般方法

① 指数评价法 指数评价法是最早用于环境评价的一种方法，至今广泛应用。假设评价范围内有多种污染物，并且这些污染物之间没有明显的激发或抑制行为，可近似地认为它们是各自独立地发挥作用，那么，环境质量指数可认为是各污染质数之和，即：

$$P = \sum_{i=1}^{n} C_i/S_i$$

式中 C_i——第 i 种污染物在环境中的浓度；

S_i——第 i 种污染物的标准值；

n——污染物的种数。

如果考虑某些污染物之间可发生化学反应，上式可分别乘以修正系数 K；如考虑各污染物在环境系统中占的比例不同，则可以根据环境要素与人类行为发生关系所占比重来确定权重。

② 专家评价法 专家评价法是一种古老的方法，但至今仍有广泛的应用。它是将专家们作为索取信息的对象，组织环境领域或多个领域的专家，运用专业方面的知识和经验对环境质量进行评价的一种方法。最大特点是对于某些难以量化的因素，如社会政治因素、美学因素等，作出定性或定量的评价，这种评价有时可以在缺乏足够原始资料的情况下进行。

③ 公众评价法 我国《环境影响评价法》对公众参与环境影响评价作了明确的规定。第五条规定："国家鼓励有关单位、专家和公众以适当方式参与环境影响评价。"第十一条规定："专项规划的编制机关对可能造成不良环境影响并直接涉及公众环境权益的规划，应当在该规划草案报送审批前，举行论证会、听证会，或者采取其他形式，征求有关单位、专家和公众对环境影响报告书草案的意见。但是，国家规定需要保密的情形除外。编制机关应当认真考虑有关单位、专家和公众对环境影响报告书草案的意见，并应当在报送审查的环境影响报告书中附具对意见采纳或者不采纳的说明。"在对建设项目的环境影响评价中，也作了基本相同的规定，即在第二十一条规定："除国家规定需要保密的情形外，对环境可能造成重大影响、应当编制环境影响报告书的建设项目，建设单位应当在报批建设项目环境影响报告书前，举行论证会、听证会，或者采取其他形式，征求有关单位、专家和公众的意见。"

④ 其他评价法　建设工程投资项目环境影响评价中有时还会用到类比法、模糊综合评价法、经济学评价法及运筹学评价法等，在建设工程投资项目环境影响评价中就使用经济学评价法，它是从经济角度评价人类活动对环境的影响，突出环境质量的经济价值。最常用的是效益-费用分析法。

8.5.4　环境影响的经济损益分析

环境影响的经济损益分析，也称环境影响的经济评价，即估算某一项目、规划所引起的环境影响的经济价值，并将环境影响的价值纳入项目、规划的经济分析（即费用-效益分析）中，判断这些环境影响对项目、规划的可行性产生多大的影响。对负面的环境影响，应估算出环境成本；正面的环境影响应估算出的是环境效益。

建设项目环境影响经济损益分析包括建设项目环境影响经济评价和环保措施的经济损益评价。后者是环境保护措施的经济论证，要估算环境保护措施的投资费用、运行费用、取得的效益，用于多种环境保护措施的比较，选择费用比较低的环境保护措施。环境保护措施的经济论证不能代替建设项目环境影响的经济损益分析。

(1) 环境保护措施及其技术、经济论证

环境保护措施及其技术、经济论证包括以下 4 个方面内容。

① 环保措施技术经济可行性论证　根据建设项目产生的污染物特点，调查同类企业现有环保处理方案的技术经济运行指标，按照技术先进、可靠、可达和经济合理的原则，对建设项目可研阶段所提出的环境保护措施进行多方案比选，推荐最佳方案。若所提措施不能满足环保要求，则需提出切实可行的改进完善建议，包括替代方案。

② 污染处理工艺达标排放可靠性　对于建设项目的关键性环境保护设施，应调查国内外同类措施实际运行的技术经济指标，结合建设项目排放污染物的基本特点，分析、论证建设项目环保设施运行参数是否合理，有无承受冲击负荷能力，能否稳定运行，确保污染物排放达标的可靠性，并提出进一步改进的意见。

③ 环保投资估算　按工程实施不同时段，分别列出其环保投资额，分析其合理性。计算环保投资占工程总投资的比例，给出各项措施及投资估算一览表。

④ 依托设施的可行性分析　对改扩建项目，原有工程的环保设施有相当一部分是可以利用的，如现有污水处理厂、固废填埋厂、焚烧炉等，原有环保设施是否能满足改扩建后的要求，需要认真核实，分析依托的可靠性。

随着经济的发展，依托公用环保设施已经成为区域环境污染防治的重要组成部分。对于项目依托的公用环保设施，也应分析其工艺合理性、接纳可行性等。

(2) 环境影响经济损益分析

任何建设项目在实施过程中都要支出费用。包括生产成本、社会付出的代价和环境受到的损害等，所得到的效果包括经济效果、社会效果和环境效果。

环境影响经济损益分析，就是在费用-效益分析方法中体现出环境影响的作用，把环境受到的损害货币化后计入费用（外部费用），把得到的环境效果货币化后计入效益（外部效益），然后进行费用-效益分析。

环境影响经济损益分析一般按以下四个步骤来进行。

① 筛选环境影响。环境影响被筛选为三大类：一类是被剔除、不再做任何评价分析的影响，如内部的、小的以及能被控制的影响；另一类是需要做定性说明的影响，如那些大的

但可能很不确定的影响;最后一类是那些需要并且能够量化和货币化的影响。

② 量化环境影响。将前一阶段已经预测的环境影响,转化为易于下一步进行价值评估的量化方式,如将污染物浓度转化为发病率、死亡率的增加值。

③ 评估环境影响的货币化价值(环境成本或环境效益)。目前评估环境价值的方法主要有旅行费用法、隐含价格法、调查评价法、成果参照法、医疗费用法、人力资本法、生产力损失法、恢复或重置费用法、影子工程法、防护费用法、反向评估法、机会成本法等。

④ 将货币化的环境影响纳入项目的经济分析。将估算出的环境影响价值纳入经济费用效益流量表,计算出净现值和内部收益率这两个重要的项目可行性指标,以判断是否改变和多大程度上改变了原有的可行性评价指标,从而判断项目的环境影响在多大程度上影响了项目的可行性。

(3) 环境经济评价方法

上述环境影响经济损益步骤中,最重要的是对环境影响的货币化价值进行评估。

① 环境价值 环境的总价值包括环境的使用价值和非使用价值。环境的使用价值,是指环境被生产者或消费者使用时所表现出的价值,通常包括直接使用价值、间接使用价值和选择价值。环境的非使用价值,是指人们虽然不使用某一环境物品,但该环境物品仍具有的价值,根据不同动机,可分为遗赠价值和存在价值。

价值的恰当量度是人们的最大支付意愿,即一个人为获得某件物品(服务)而愿意付出的最大货币量。影响支付意愿的因素有:收入、替代品价格、年龄、教育、个人独特偏好以及对该物品的了解程度等。市场价格在有些情况下(如对市场物品)可以近似地衡量物品的价值,但不能准确度量一个物品的价值。市场价格是由物品的总供给和总需求来决定的,它通常低于消费者的最大支付意愿,两者之差是消费者剩余。三者的关系为:

$$价值=支付意愿=价格×消费量+消费者剩余$$

人们在消费许多环境服务或环境物品时,常常没有支付价格,因为这些环境服务或物品没有市场价格,那么这些环境服务的价值就等于人们享受这些环境服务时所获得的消费者剩余,有些环境价值评估技术,就是通过测量这一消费者剩余来评估环境的价值。环境价值也可以根据人们对某种特定的环境退化而表示的最低补偿意愿来度量。

② 环境价值评估方法 面对千差万别的环境对象,人们使用过许多方法来评估环境的价值,同时在不断发明新的环境价值评估技术。现简要介绍环境价值评估技术(方法)。

a. 旅行费用法 一般用来评估户外游憩地的环境价值。其基本思想是:消费者为了获得娱乐享受或消费环境商品所付出代价为旅行费用;旅行费用越高,来该地游玩的人越少,旅行费用越低,来该地游玩的人越多;所以,旅行费用成了旅游地环境服务价格的替代物。据此,可以求出人们在消费该旅游地环境服务时获得的消费者剩余。旅游地门票为零时,该消费者剩余就是这一景观的游憩价值。

b. 隐含价格法 可用于评估大气质量改善的环境价值,也可用于评估大气污染、水污染、环境舒适性和生态系统环境服务功能等的环境价值。

其基本思想是,以上环境因素会影响建设工程的价格。市场中形成的建设工程价格,包含了人们对其环境因素的评估。由于建设工程价格受周围环境因素影响的同时,还受自身建筑特点(如面积、朝向、建成时间)、所在区域特点(如离商店的远近、当地学校质量、交通状况、犯罪率)等影响,通过回归分析,可以从建设工程价格中分离出环境因素引起的那部分建设工程价格变化,从而确定人们对环境因素的估价。

隐含价格法对环境质量的估价一般需要建立隐含价格方程和建立环境质量需求方程后求解。

隐含价格法应用条件：建设工程价格在市场中自由形成；可获得完整的、大量的市场交易记录以及长期的环境质量记录。

c. 调查评价法　可用于评估几乎所有的环境对象，如大气污染的环境损害、户外景观的游憩价值、环境污染的健康损害、人的生命价值、特有环境的非使用价值。其中环境的非使用价值，只能使用调查评价法来评估。

调查评价法通过构建模拟市场来揭示人们对某种环境物品的支付意愿，从而评价环境价值。它通过人们在模拟市场中的行为，而不是在现实市场中的行为来进行价值评估，通常不发生实际的货币支付。

调查评价法应用的关键在于受到严格检验的实施步骤。从市场设计、问题提问、市场操作、抽样，一直到结果分析，每一步都需要精心设计。成功的设计要依靠实验经济学、认知心理学、行为科学以及调查研究技术的指导。

d. 成果参照法　成果参照法是把旅行费用法、隐含价格法、调查评价法的实际评价结果作为参照对象，用于评价一个新的环境物品，该法相当于类比分析法。其最大的特点是节省时间、费用。做一个完整的旅行费用法、隐含价格法或调查研究法实例研究，通常要花费6~8个月、5万~10万美元（在发达国家）。因此环境影响经济评价中最常用的就是成果参照法。

成果参照法有三种类型：直接参照单位价值；参照已有案例研究的评估函数，代入要评估的项目区变量，得到项目环境价值；进行 Meta 分析（又称汇总分析、集成分析，是一种运用定量方法汇总多个研究结果进行总体效应评价的一种系统评价方法），以环境价值为因变量，以环境质量特性（E）、人口特性（P）、研究模型（M）等为自变量，进行 Meta 回归分析（利用回归模型进行 Meta 分析），得到环境价值（V）的计算函数：

$$V = f(E, P, M, \cdots)$$

e. 恢复或重置费用法　用于评估水土流失、重金属污染、土地退化等环境破坏造成的损失。

用恢复被破坏的环境（或重置相似环境）的费用来表示该环境的价值。

如果这种恢复或重置行为确会发生，则该费用一定小于该环境影响的价值，该费用只能作为环境影响的最低估计值。如果这种恢复或重置行为可能不会发生，则该费用可能大于或小于环境影响价值。

f. 影子工程法　用于评估水污染造成的损失、森林生态功能价值等。

用复制具有相似环境功能的工程的费用来表示该环境的价值，是重置费用法的特例。

如果这种复制行为确会发生，则该费用一定小于该生态环境的价值，只能作为该价值的最低估计值；如果这种行为可能不会发生，则该费用可能大于或小于环境价值。

g. 防护费用法　用于评估噪声、危险品和其他污染造成的损失。

用避免某种污染的费用来表示该环境污染造成损失的价值。

如果这种防护行为确会发生，则该费用一定小于该损失的价值，只能作为该损失的最低估计值。如果这种行为可能不会发生，则该费用可能大于或小于损失价值。

h. 反向评估法。反向评估不是直接评估环境影响的价值，而是根据项目的内部收益率或净现值反推，推算出项目的环境成本不超过多少时，该项目才是可行的（数据严重不足时，可考虑使用）。

i. 机会成本法。机会成本法也是一种反向评估法。它对项目只进行财务分析，先不考虑外部环境影响，计算出该项目的净收益。这时，提出这样一个问题：该项目占用的环境资源的价值，大于还是小于该收益。

================================= 课后习题 =================================

1. 简述建设工程投资社会评价的作用。
2. 简述社会评价重点关注的人群范围。
3. 简述社会影响评价的步骤。
4. 简述建设工程投资社会影响分析的范围。
5. 简述社会信息收集的基本程序和步骤。
6. 根据所在地区的某项重点工程的情况，依据编写规范，拟定社会影响评价提纲。
7. 简述投资项目环境影响评价过程应该能够满足的条件。
8. 简述我国环境影响评价的法规体系。
9. 简述建设项目环境影响报告书内容。
10. 简述建设项目环境影响评价工作程序。
11. 简述常用的环境价值评估方法。

第 9 章　Excel 在建设工程投资分析中的应用

9.1　Excel 的简介与基本操作

9.1.1　Excel 的简介

Excel 是美国微软公司发布的 Office 办公套装软件家族中的核心软件之一，它是一个电子表格软件，可以用来制作电子表格，完成许多复杂的数据运算，进行数据的分析和预测并且具有强大的制作图表的功能。它的界面更加直观、操作更加简单、使用更加方便，对用户来说学习更加轻松，办公也更加方便、快捷，特别适用于建设工程投资分析中对数据的分析与处理。

9.1.2　Excel 的基本知识与基本操作

（1）Excel 窗口

Excel 启动成功后，就出现了 Excel 窗口，如图 9-1 所示，各组成部分的功能和作用

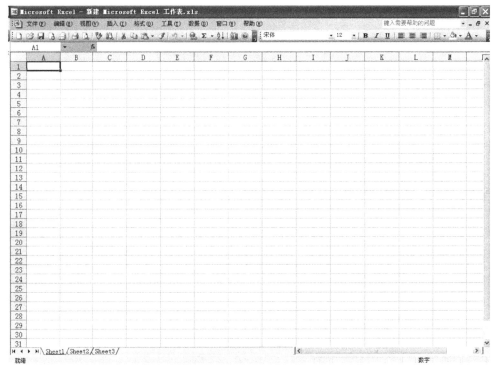

图 9-1　Excel 窗口的组成

如下。

① 标题栏　与所有 Windows 的应用程序一样，标题栏中显示窗口的名字，并有控制按钮可以让用户对窗口进行移动、关闭、缩小、放大、最大化、最小化等操作。

② 菜单栏　菜单栏中给出了若干菜单项，单击某菜单项就会出现相应的下拉菜单。

③ 工具栏　Excel 的工具栏有很多种，主要的有：常用工具栏、格式工具栏、绘图工具栏、Web 工具栏、任务窗格等。这些工具栏可以设置成显示或隐藏（选菜单【视图】→【工具栏】的相应项可以调出），系统的默认设置是显示常用工具栏和格式工具栏。

④ 编辑栏　编辑栏的左边是名称框，用于显示活动单元格或区域的地址（或名称），右边是编辑区，可以在该编辑区输入、修改数据，如图 9-2 所示。

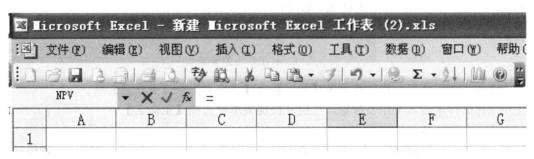

图 9-2　编辑栏

⑤ 状态栏　状态栏位于屏幕的底部，用于显示各种状态信息以及其他非常有用的信息，特别对 Excel 的新用户来说，经常关注状态栏的信息是非常有益的。

例如，状态栏经常显示信息"就绪"，它表明 Excel 已为新的操作准备就绪；当 Excel 正在执行某一操作，如保存工作簿，状态栏上就会有一个相应的状态指示器；有时状态栏还会显示下一步要做什么的说明。

⑥ Excel 工作区　在 Excel 工作区中显示的是 Excel 工作簿窗口（即文档窗口），在工作区中可以有一个或多个工作簿窗口，也可以没有。工作簿窗口由标题栏、工作表标签栏、列号标志、行号标志、水平和垂直滚动条以及工作表区域组成。当 Excel 工作簿窗口最大化时，工作簿窗口和 Excel 应用程序窗口共用一个标题栏，而工作簿窗口的控制按钮则在 Excel 应用程序窗口相应控制按钮的正下方。一个工作簿可以由多张工作表组成。启动 Excel 后，工作簿窗口中，通常包含三张工作表。其中白色的工作表选项卡表示的是当前工作表。在一个工作簿中当前工作表只能有一张。用户可以自行插入和删除工作表从而改变工作表的张数。

（2）Excel 的基本操作

① 选择工作表　要对某一个工作表进行操作，必须先选中（或称激活）它，使之成为当前工作表。操作方法是：用鼠标单击工作簿底部的工作表标签，选中的工作表以高亮度显示，则该工作表就是当前工作表。

如果要选择多个工作表，可在按＜Ctrl＞键的同时，用鼠标逐一单击所要选择的工作表标签。若要取消选择，可松开＜Ctrl＞键后，单击其他任何未被选中的工作表标签即可。

如果所要选择的工作表标签看不到，可按标签栏左边的标签滚动按钮。这四个按钮的作用按自左至右次序为：移动到第一个、向前移一个、向后移一个、移动到最后一个。

② 工作表的重新命名　在实际的应用中，一般不要使用 Excel 默认工作表名称，而是要给工作表起一个有意义的名字。有三种方法可以用来对工作表改名（图 9-3）。

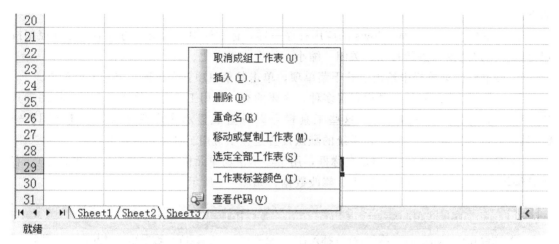

图 9-3　Excel 工作表的编辑

先选择一个工作表，然后选菜单【格式】→【工作表】→【重命名】项。

用鼠标右键单击某工作表标签，然后从快捷菜单中选择【重命名】。

双击工作表标签。

这三种方法都会使标签上的工作表名高亮度显示，此时可以键入新名称，再按回车键即可。

③ 插入工作表　要在工作簿中插入新的工作表，可以选菜单【插入】→【工作表】项（图 9-3），这样，一个新的工作表就插入在原来当前工作表的前面，并成为新的当前工作表。

也可以用鼠标右键单击工作表标签，然后从快捷菜单中选择【插入】项插入工作表。

④ 删除工作表　要删除一个工作表，先选中该表，然后选菜单【编辑】→【删除工作表】项（图 9-3），此时弹出对话框要求用户确认，经确认后才删除。同样也可以单击鼠标右键，在快捷菜单中选择【删除】项。

9.2　常用公式与函数

在电子表格中，不仅可以存放数据信息，还可以对表格中的信息进行汇总分析和建立分析模型，有些工作是利用公式完成的。使用公式可以进行各种数值计算，包括加减乘除，还可处理文字，查看表中所需要的数值。

9.2.1　公式

（1）公式及其输入

一个公式是由运算对象和运算符组成的一个序列。它由等号（＝）开始，公式中可以包含运算符，以及运算对象常量、单元格引用（地址）和函数等。Excel 有数百个内置的公式，称为函数。这些函数也可以实现相应的计算。一个 Excel 的公式最多可以包含 1024 个字符。

Excel 中的公式有下列基本特性。

① 全部公式以等号开始。

② 输入公式后，其计算结果显示在单元格中。

③ 当选定了一个含有公式的单元格后，该单元格的公式就显示在编辑栏中。

编辑公式与编辑数据相同，可以在编辑栏中，也可以在单元格中。双击一个含有公式的单元格，该公式就在单元格中显示。如果想要同时看到工作表中的所有公式，可按<Ctrl>＋<>（感叹号左边的那个键），可以在工作表上交替显示公式和数值。

（2）公式中的运算符

Excel的运算符有三大类，其优先级从高到低依次为：算术运算符、文本运算符、比较运算符。

① 算术运算符　Excel所支持的算术运算符的优先级从高到低依次为：％（百分比）、^（乘幂）、*（乘）和/（除）、＋（加）和－（减）。

② 文本运算符　Excel的文本运算符只有一个用于连接文字的符号&。

例如：公式=" Computer" &" Center"　　　　　　结果：Computer Center

③ 比较运算符　Excel中使用的比较运算符有六个，其优先级从高到低依次为：=（等于）、<（小于）>（大于）、<=（小于等于）、>=（大于等于）、<>（不等于）。

比较运算的结果为逻辑值TRUE（真）或FALSE（假）。

（3）单元格引用

在公式中引用单元格或区域，公式的值会随着所引用单元的值的变化而变化。

公式中可以引用另一个工作表的单元格和区域，甚至引用另一工作簿中的单元格和区域。若要引用另一工作簿的单元格或区域，只需在引用单元格或区域的地址前冠以工作簿名称。

（4）复制公式

公式的复制与数据的复制的操作方法相同。但当公式中含有单元格或区域引用时，根据单元地址形式的不同，计算结果将有所不同。当一个公式从一个位置复制到另一个位置时，Excel能对公式中的引用地址进行调整。

① 公式中引用的单元格地址是相对地址　当公式中引用的地址是相对地址时，公式按相对寻址进行调整。例如A3中的公式=A1+A2，复制到B3中会自动调整为=B1+B2。

公式中的单元格地址是相对地址时，调整规则为：

新行地址＝原行地址＋行地址偏移量

新列地址＝原列地址＋列地址偏移量

② 公式中引用的单元格地址是绝对地址　不管把公式复制到哪儿，引用地址被锁定，这种寻址称作绝对寻址。如A3中的公式=$A$1+$A$2复制到B3中，仍然是=$A$1+$A$2。

③ 公式中的单元格地址是混合地址　在复制过程中，如果地址的一部分固定（行或列），其他部分（列或行）是变化的，则这种寻址称为混合寻址。如：A3中的公式=$A1+$A2复制到B4中，则变为：=$A2+$A3，其中，列固定，行变化（变换规则和相对寻址相同）。

④ 被引用单元格的移动　当公式中引用的单元格或区域被移动时，因原地址的数据已不复存在。Excel根据它移动的方式及地点，将会出现不同的后果。

不管公式中引用的是相对地址、绝对地址或混合地址，当被引用的单元格或区域移动后，公式的引用地址都将调整为移动后的地址。即使被移动到另外一个工作表也不例外。例如，A1中有公式=$B6*C8，把B6移动到D8，把C8移动到Sheet2的A7，则A1中的公式变为=$D8*Sheet2!A7。

⑤ 移动公式　当公式被移动时，引用地址还是原来的地址。例如，C1 中有公式＝A1＋B1，若把单元格 C1 移动到 D8，则 D8 中的公式仍然是＝A1＋B1。

⑥ 公式中的出错信息　当公式有错误时，系统会给出错误信息。表 9-1 中给出了一些常见的出错信息。

表 9-1　公式中常见的出错信息

出错信息	可能的原因
♯DIV/0!	公式被零除
♯N/A	没有可用的数值
♯NAME?	Excel 不能识别公式中使用的名字
♯NULL!	指定的两个区域不相交
♯NUM!	数字有问题
♯REF!	公式引用了无效的单元格
♯VALUE!	参数或操作数的类型有错

9.2.2　函数

函数是随 Excel 附带的预定义或内置公式。函数可作为独立的公式而单独使用，也可以用于另一个公式中甚至另一个函数内。一般来说，每个函数可以返回（而且肯定要返回）一个计算得到的结果值，而数组函数则可以返回多个值。

Excel 共提供了九大类，300 多个函数，包括：财务函数、数学与三角函数、统计函数、数据库函数、逻辑函数等。函数由函数名和参数组成，格式如下：

函数名（参数1，参数2，…）

函数的参数可以是具体的数值、字符、逻辑值，也可以是表达式、单元地址、区域、区域名字等。函数本身也可以作为参数。如果一个函数没有参数，也必须加上括号。

函数的输入与编辑如下。

函数是以公式的形式出现的，在输入函数时，可以直接以公式的形式编辑输入，也可以使用 Excel 提供的【插入函数】工具。

① 直接输入　选定要输入函数的单元格，键入"＝"和函数名及参数，按回车键即可。例如，要在 H1 单元格中计算区域 A1：G1 中所有单元格值的和。就可以选定单元格 H1 后，直接输入＝SUM(A1：G1)，再按回车键。

② 使用"插入函数"工具　每当需要输入函数时，就选菜单中的 ƒx。此时会弹出一个"插入函数"对话框，如图 9-4 所示。

对话框中提供了函数的搜索功能，并在"选择类别"中列出了所有不同类型的函数，"选择函数"中则列出了被选中的函数类型所属的全部函数。选中某一函数后，单击【确定】按钮，又会弹出一个【函数参数】对话框（图 9-5），其中显示了函数的名称、它的每个参数、函数功能和参数的描述、函数的当前结果和整个公式的结果。

③ 函数出错信息　当输入的函数有错误时，Excel 会提示出错信息，表 9-2 给出了几种常见的出错信息。

第 9 章　Excel 在建设工程投资分析中的应用

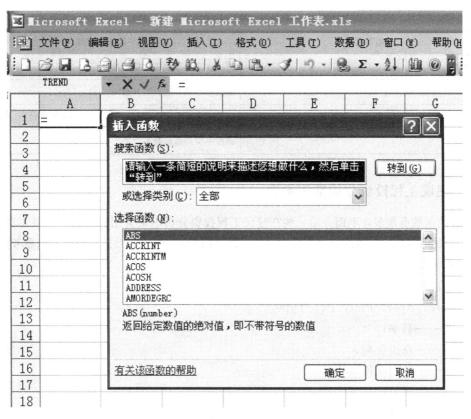

图 9-4　【插入函数】对话框

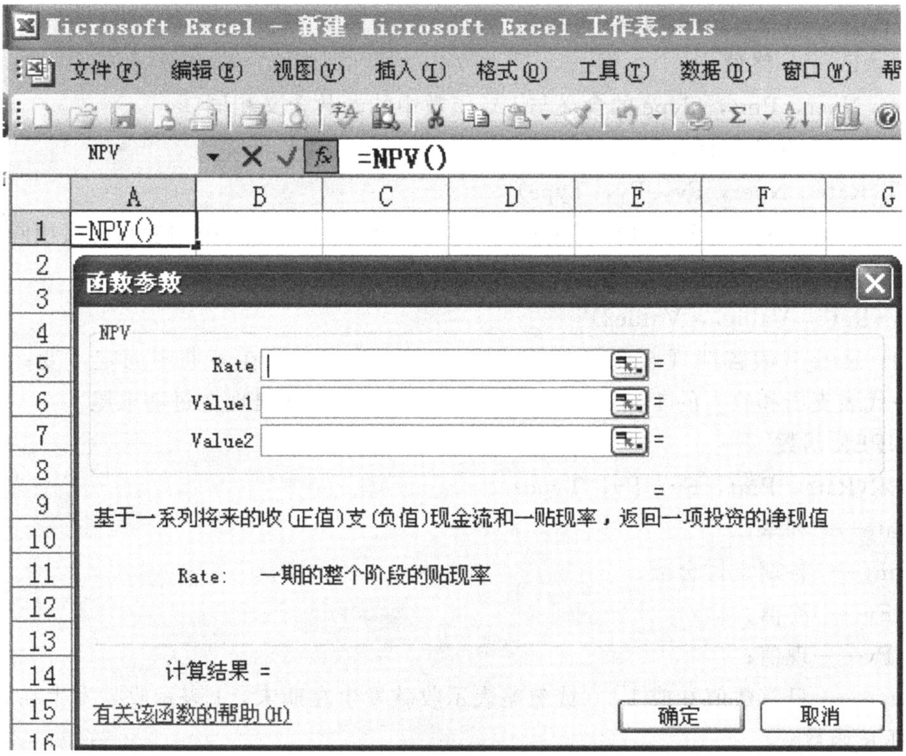

图 9-5　【函数参数】对话框

表 9-2 函数出错信息

出错信息	可能的原因
#NAME!	把文本作为函数的数值型参数
#NUM!	函数中出现非法数值参数
#REF!	函数中引用了一个所在列或行已被删除的单元格
#VALUE!	函数中引用的参数不合适

9.2.3 建设工程投资分析常用函数

Excel 的函数有很多，下面介绍一些在建设工程投资分析中最常用的函数。如果在实际应用中需要使用其他函数及函数的详细使用方法，可以参阅 Excel 的【帮助】系统或其他参考资料。

（1）财务函数

① 终值函数

FV(Rate，Nper，Pmt，Pv，Type)

其中　Rate——利率；

　　　Nper——总投资期；

　　　Pmt——各期支付金额；

　　　Pv——现值；

　　　Type——只有数值 0 或 1，0 或忽略表示收款期末。

② 现值计算函数

PV(Rate，Nper，Pmt，Fv，Type)

其中　Fv——终值。

Rate，Nper，Pmt，Type 的含义与 FV 函数中的参数含义相同。

③ 偿债基金和资金回收计算函数

PMT(Rate，Nper，Fv，Pv，Type)

其中，Rate，Nper，Fv，Pv，Type 的含义与 FV 和 PV 函数中的参数含义相同。

④ NPV 函数

NPV(Rate，Value1，Value2)

其中，Rate 代表各期现金流量折算成当前值的贴现率，在各期中固定不变；Value1，Value2…代表支出和收入的 1 到 29 个参数，时间均匀分布并出现在每期末尾。

⑤ NPER 函数

NPER(Rate，Pmt，Fv，Pv，Type)

其中　Rate——利率；

　　　Pmt——各期支付金额；

　　　Fv——终值；

　　　Pv——现值；

　　　Type——只有数值 0 或 1，0 或忽略表示收款发生在期末，1 表示收款发生在期初。

⑥ IRR 函数

IRR(Values，Guess)

其中　Values——一个数组，或对数字单元格区的引用；
　　　Guess——内部报酬率的猜测值。如果忽略，则为 0.1。
IRR 函数计算的是返回一组现金流的内部收益率。

(2) 统计函数

① AVERAGE(x1，x2，…)　返回所列范围中所有数值的平均值。最多可有 30 个参数，参数 x1，x2，…可以是数值、区域或区域名字。

② COUNT(x1，x2，…)　返回所列参数（最多 30 个）中数值的个数。函数 COUNT 在计数时，把数字、文本、空值、逻辑值和日期计算进去，但是错误值或其他无法转化成数据的内容则被忽略。

③ COUNTA(x1，x2，…)　返回所列参数（最多 30 个）中数据项的个数。在这里，"数据"是广义的概念，计数值可以是任何类型，它们可以包括空字符（" "）。

④ COUNTIF(x1，x2)　计算给定区域 x1 满足条件 x2 的单元格的数目。条件 x2 的形式可以为数字、表达式或文本。

⑤ COUNTBLANK(x)　计算指定区域 x 中空白单元格的数目。

说明：含有返回值为" "（空文本）的公式单元格也计算在内，但包含零值的单元格不计算在内。例如：假设工作表中的区域 B2：C5 中有两个空单元（没有输入任何内容），则 COUNTBLANK(B2：C5) 等于 2。

⑥ 求最大值函数 MAX(List)　返回指定 List 中的最大数值，List 可以是一数值、公式或包含数字或公式的单元格范围引用的表。例如，MAX(87，A8，B1：B5) MAX(D1：D88)。

⑦ MIN(List)　返回 List 中的最小数。List 的意义同 MAX。例如，MIN(C2：C88)。

⑧ 求和函数 SUM(x1，x2，…)　返回包含在引用中的值的总和。x1，x2 等可以是单元格、区域或实际值。如：SUM(A1：A5，C6：C8) 返回区域 A1 至 A5 和 C6 至 C8 中的值的总和。

⑨ SUMIF(x1，x2，x3)　根据指定条件 x2 对若干单元格求和。其中，x1 为用于条件判断的单元格区域；x2 为确定哪些单元格将被相加求和的条件，其形式可以为数字、表达式或文本。

(3) 回归分析函数

Excel 中提供了 9 个函数用于建立回归模型和预测。这 9 个函数分别如下。

① INTERCEPT　返回线性回归模型的截距。

② SLOPE　返回线性回归模型的斜率。

③ RSQ　返回线性回归模型的判定系数。

④ FORECAST　返回一元线性回归模型的预测值。

⑤ STEYX　计算估计的标准误。

⑥ TREND　计算线性回归的趋势值。

⑦ GROWTH　返回指数曲线的趋势值。

⑧ LINEST　返回线性回归模型的参数。

⑨ LOGEST　返回指数曲线模型的参数。

9.3 建设工程投资分析 Excel 计算演示

9.3.1 财务指标

(1) 净现值 NPV 的计算

【例 9-1】 某建设工程开发项目,其各时期的现金流量如表 9-3 所示,年利率为 5%。求其净现值。

表 9-3 年份现金流量表

年份	1	2	3	4	5
现金流量	−100	50	200	300	350

计算过程如下。

① 建立一个工作表。选中单元格,输入"=",在函数类别中选择【财务】,然后在【选择函数】中选择【NPV】(见图 9-6)。

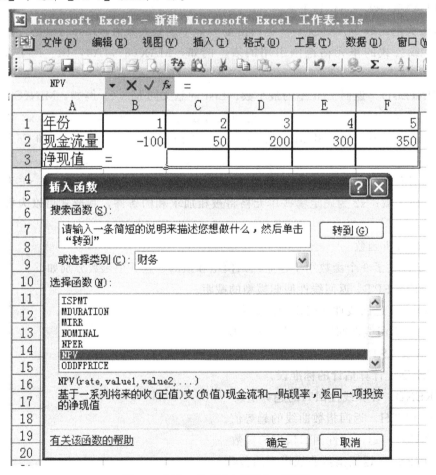

图 9-6 【例 9-1】【插入函数】对话框

② 在【函数参数】对话框中【Rate】中输入利率值5%，在【Value】中输入所要计算的现金流量的区域（见图9-7）。

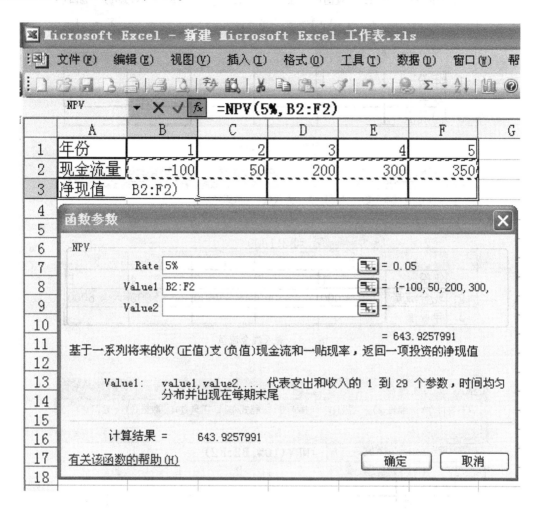

图9-7 【函数参数】对话框

显示结果为643.925。

【例9-2】 某建设工程企业预投资一建设工程项目，预计投资期为5年。第一年投资费为2000万元，以后逐年增加1000万元，年利率为10%。试计算该项目的投资现值。

计算过程如下。

建立一个工作表。

输入年份，在B1中输入1，按住<Ctrl>拖拽鼠标直至出现5（图9-8）。

③ 输入现金流量，在B2中输入2000，在C2中输入"=B2+1000"拖动<F2>右下角的填充柄至最后（图9-9）。

④ 计算净现值，在E9中输入"="，在函数类别中选择【财务】，然后在【选择函数】中选择【NPV】。在【函数参数】对话框中【Rate】中输入利率值5%，在【Value】中输入所要计算的现金流量的区域。单击【确定】，在目标单元格中显示结果141443.38（见图9-10）。

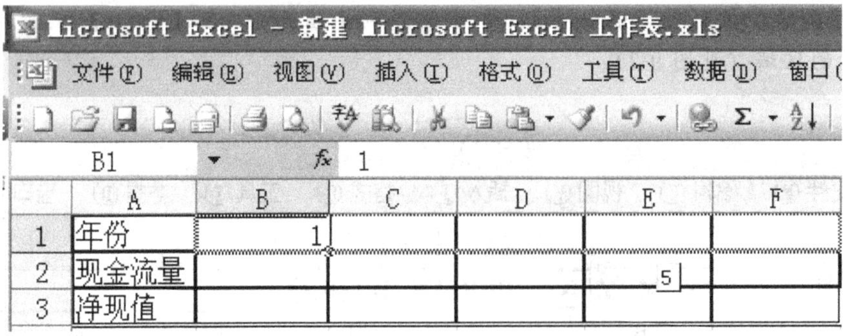

图 9-8 工作表制作

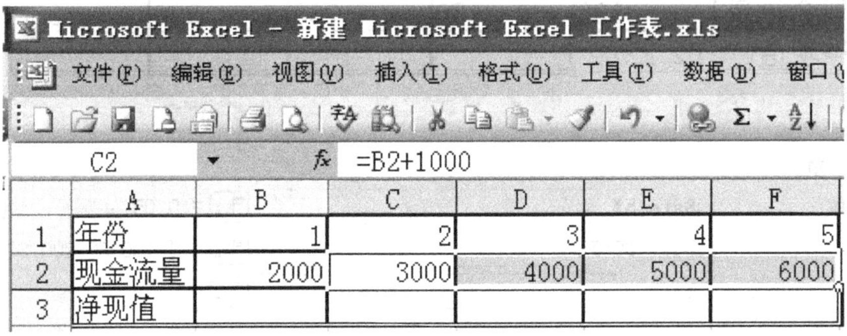

图 9-9 输入现金流量

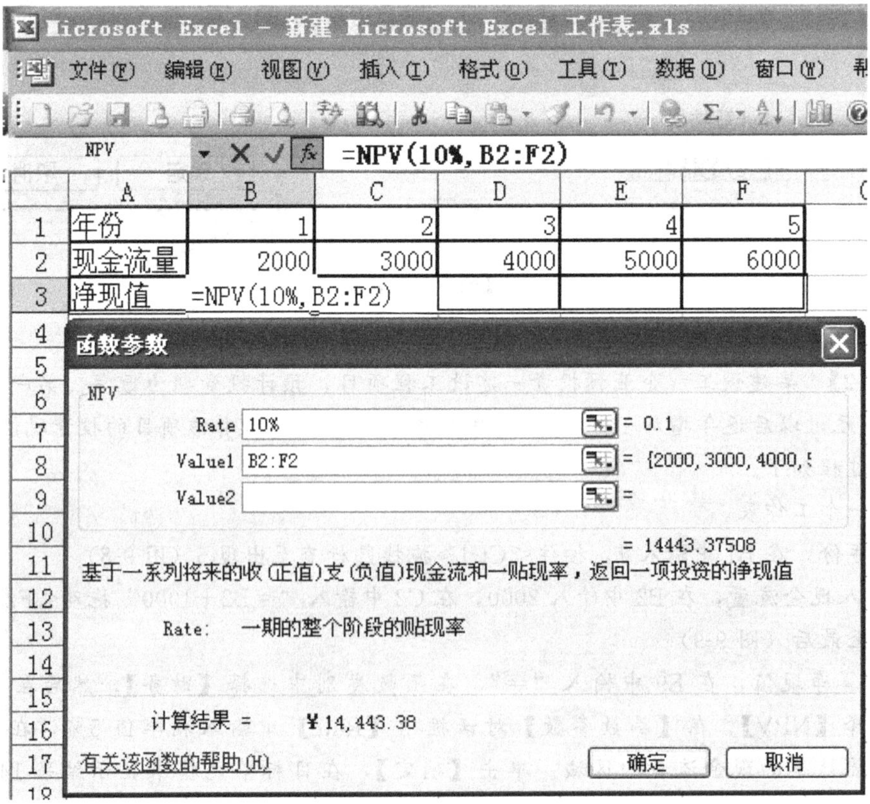

图 9-10 计算净现值

(2) 内部收益率 IRR 的计算

【例 9-3】 某建设工程企业各年的收益的现金流量如表 9-4 所示，求该企业的内部收益率为多少。

表 9-4　某建设工程企业各年收益现金流量表

年份	1	2	3	4	5
现金流量	−100	50	200	300	350

计算过程如下。

① 建立一个工作表。按提示要求制作一个现金流量表。

② 计算净现值，在 B3 中输入"＝"，在函数类别中选择【财务】，然后在【选择函数】中选择【IRR】。在【函数参数】对话框中的【Value】中输入所要计算的现金流量的区域。单击【确定】，在目标单元格中显示结果（见图 9-11）。

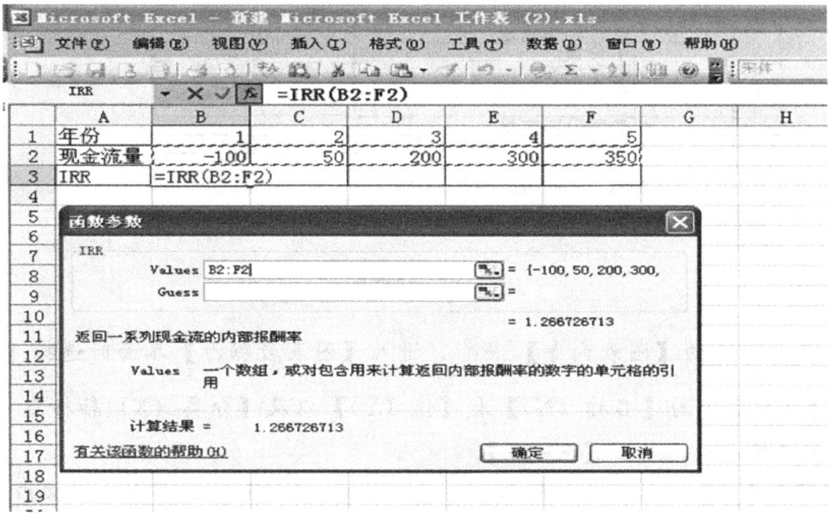

图 9-11　计算净现值

9.3.2　风险分析

(1) 盈亏平衡分析

【例 9-4】 某建设工程项目今年计划开发一个建设工程项目，其建设期为 1 年，经营期为 2 年。建设期投资 30000 万元，计划建成后第一年为设计销售量的 50％年，第二年达到设计销售量 4000 户，每户售价 50 万元，期间年经营成本为 35 万元。以产量、生产能力利用率、销售价格、单位变动成本表示盈亏平衡点，并以产量为研究对象绘制盈亏平衡分析图。

解　计算过程如下。

① 建立一个工作表。按提示要求制作一个表格（如图 9-12 所示）。

② 在目标单元格"C7"输入"＝C4/(C3−C5)"，单击回车即会显示结果。以下各项均按各自的公式输入公式。得出各自结果，盈亏平衡产量为 2000 户，盈亏平衡生产能力利用率 50％，盈亏平衡价格为 42.5 万元，盈亏平衡产品变动成本为 42.5 万元（见图 9-13）。

③ 绘制盈亏平衡分析图。

a. 为了作图需要，我们应界定销售量的开始值和终止值。本例设开始值为 0，终止值为 4000。

序号	项目	数量			单位
1	固定成本	30000	30000	30000	万元
2	单位产品可变成本	35	35	35	万元
3	单位产品售价	50	50	50	万元
4	产量	0	2000	4000	户
5	收入	0	100000	200000	万元
6	成本	30000	100000	170000	万元
7	利润	-30000	0	30000	万元

图 9-12　制作表格

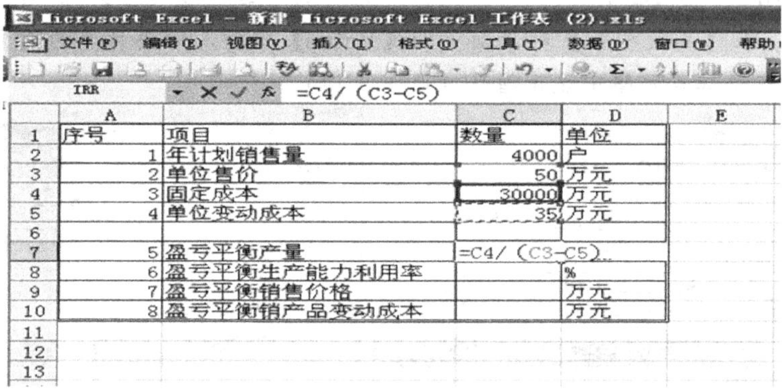

图 9-13　结果显示

b. 点击工具栏上的【图表向导】，进入【图表数据源】界面时选择【系列】，点击编辑【系列】中的【名称（N）】和【值（Y）】以及【分类（X）轴标志（T）】。将所有的选项编辑完成后，点击【下一步】。

c. 在【图表选项】中按提示编辑各个选项（如图 9-14 所示），等所有所需内容编辑完成后点击下一步，在图表中编辑插入位置和所插入的工作表，之后点击【完成】。

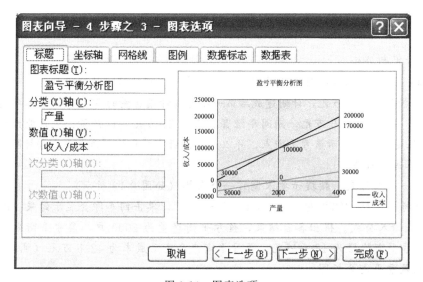

图 9-14　图表选项

(2) 敏感性分析

【例 9-5】 某建设工程项目今年计划开发一个建设工程项目，其建设期为 1 年，经营期为 2 年。建设期投资 30000 万元，计划建成后第一年为设计销售量的 50%年，第二年达到设计销售量 4000 户，每户售价 50 万元，期间年经营成本为 35 万元。由于对未来影响经济因素把握不大，投资额、经营成本、销售收入均有可能在±20%的范围内变动。对上述三个不确定因素作单因素敏感性分析。

计算过程如下。

① 建立一个工作表。按提示要求制作一个编制敏感性分析表（如图 9-15 所示）。

敏感性分析表				
			20%	6000
			10%	3000
销售量		2000	0	0
			−10%	−3000
			−20%	−6000
			20%	20000
			10%	10000
收入		100000	0	0
			−10%	−10000
			−20%	−20000
			20%	−20000
			10%	−10000
成本		100000	0	0
			−10%	10000
			−20%	20000

图 9-15 敏感性分析表

② 绘制敏感性分析图。

a. 单击【图表向导】  ，选择折线图（如图 9-16 所示），点击【下一步】。

b. 进入【图表数据源】界面时选择【系列】，点击  编辑【系列】中的【名称（N）】和【值（Y）】以及【分类（X）轴标志（T）】。将所有的选项编辑完成后，点击【下一步】（见图 9-17）。

c. 在【图表选项】中按提示编辑各个选项（如图 9-18 所示），等所有所需内容编辑完成后点击【下一步】，在图表中编辑插入位置和所插入的工作表（见图 9-19），之后点击【完成】。

d. 显示所需敏感性分析图（见图 9-20）。

9.3.3 项目预测与决策分析

【例 9-6】 某建设工程开发公司对过去一段时间内，一个建设工程项目的销售额和花费在该项目上的广告费用之间的关系进行分析，其有关历史数据如下（表 9-5）。

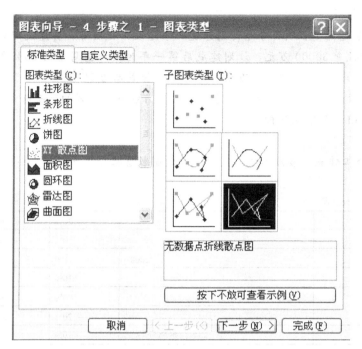

图 9-16　图表类型选项

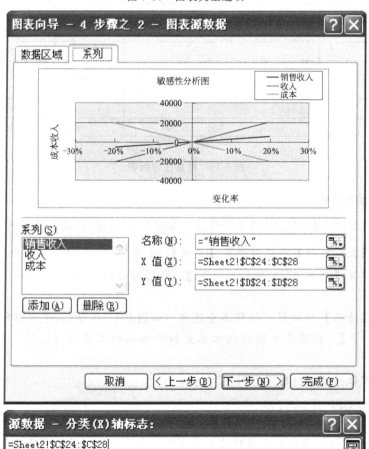

图 9-17　图表数据源选项

第 9 章　Excel 在建设工程投资分析中的应用

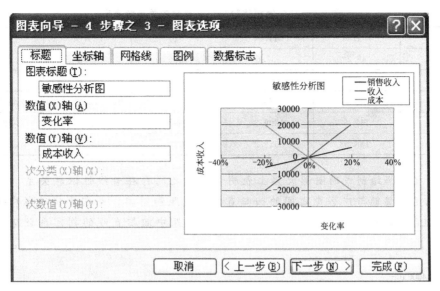

图 9-18　图表选项

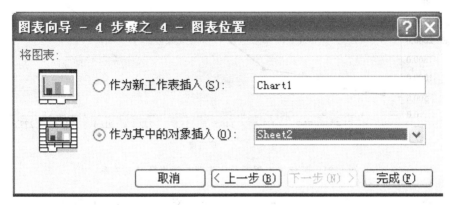

图 9-19　图表位置选项

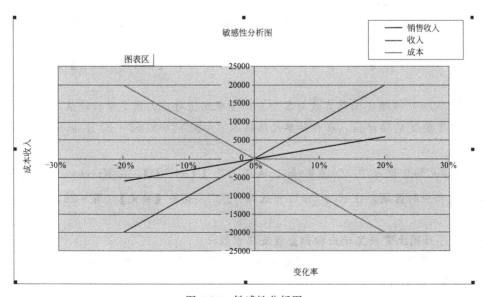

图 9-20　敏感性分析图

表 9-5 某公司销售额与广告费对应关系数据表

年份	广告费	销售额	年份	广告费	销售额
1990	49.2	537.6	1995	49.2	537.6
1991	51.4	706.2	1996	51.4	706.2
1992	71.2	1073.9	1997	71.2	1073.9
1993	111.4	1209.3	1998	111.4	1209.3
1994	146.5	2055.2	1999	146.5	2055.2

居于这些数据绘制成的图形大体上表明了两者之间存在着线性依赖关系（图 9-21），现在需要确定销售额与广告费之间的回归直线的截距和斜率，并需要确定当广告费用等于 160 与 300 时的销售额。此外，还需要确定本问题中回归直线的判定系数与估计误差的标准。

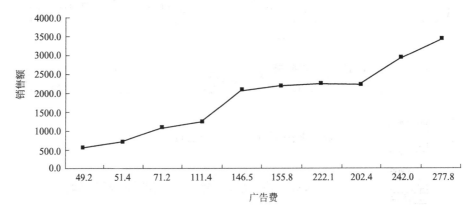

图 9-21 某建设工程项目广告费与销售额对应关系

解 打开 Excel 工作表，输入广告费用观测值（Xi）和销售观测值（Yi）（见图 9-22）。在此基础上计算两者之间的回归直线的截距与斜率。

计算回归系数 a，b。点击 b（斜率）的目标单元"D2"点击，选择函数【SLOPE】（图 9-23），在 Known_y's 和 Known_x's，选定相应的区域。点击【确定】。a（截距）的计算过程和 b（斜率）类似。在目标单元格中选择函数【INTERCEPT】进行编辑求解（图 9-24）。

用 TREND() 来确定回归直线与各个自变量观测值对应的因变量估计值（ýi）。

先求因变量 Y 的估计值，在目标单元格键入 "=$E$2+$D$2*B2"，拖动填充柄至 F11（图 9-25）。

在 G2 单元格中键入 "="点击 f_x，选择函数【TREND】，在 Known_y's 和 Known_x's，选定相应的区域，在 New_x's 中选择"B2"。点击【确定】（图 9-26）。拖曳填充柄至 G11。

在时间序列图上直接显示出回归直线及其方程。

① 选择所要预测的区域，点击【图表向导】，选择【标准类型】，选择 XY 散点图，点击【下一步】（图 9-27）。

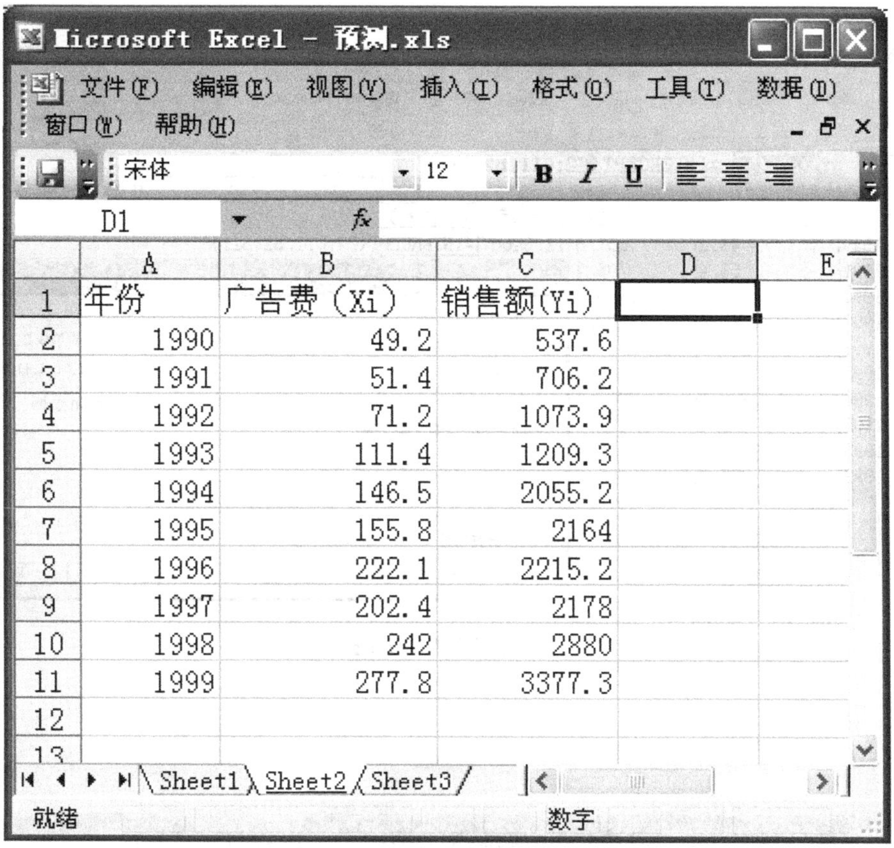

第 9 章　Excel 在建设工程投资分析中的应用

图 9-22　制作表格

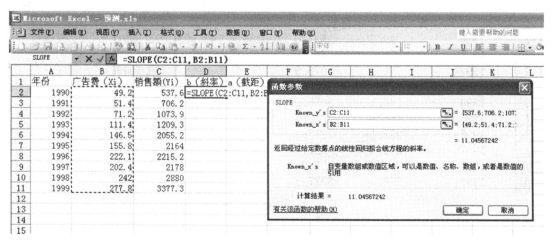

图 9-23　"SLOPE"函数

	A	B	C	D	E
1	年份	广告费(Xi)	销售额(Yi)	b(斜率)	a(截距)
2	1990	49.2	537.6	11.04567	=INTERCEPT(C2:C11,B2:B11)
3	1991	51.4	706.2		
4	1992	71.2	1073.9		
5	1993	111.4	1209.3		
6	1994	146.5	2055.2		
7	1995	155.8	2164		
8	1996	222.1	2215.2		
9	1997	202.4	2178		
10	1998	242	2880		
11	1999	277.8	3377.3		

图 9-24 【INTERCEPT】函数

	A	B	C	D	E	F	G
1	年份	广告费(Xi)	销售额(Yi)	b(斜率)	a(截距)	估计值1	估计值2
2	1990	49.2	537.6	11.04567	149.903	693.3501	
3	1991	51.4	706.2			717.6506	
4	1992	71.2	1073.9			936.3549	
5	1993	111.4	1209.3			1380.391	
6	1994	146.5	2055.2			1768.094	
7	1995	155.8	2164			1870.819	
8	1996	222.1	2215.2			2603.147	
9	1997	202.4	2178			2385.547	
10	1998	242	2880			2822.956	
11	1999	277.8	3377.3			3218.391	

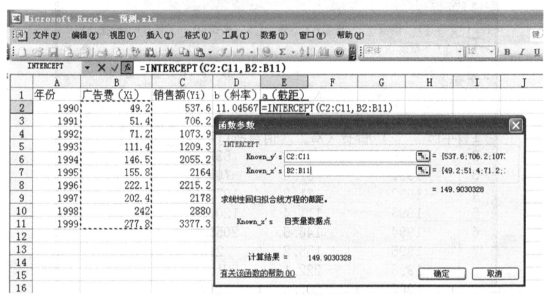

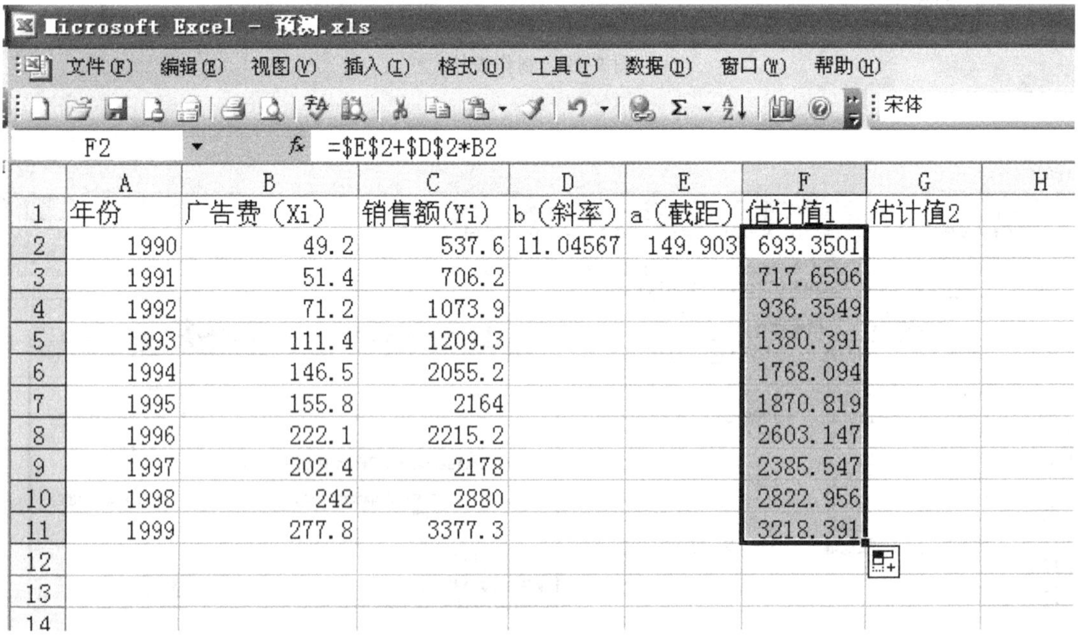

图 9-25 计算“估计值 1”

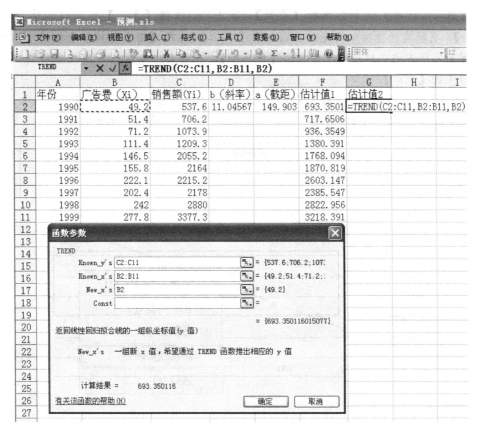

图 9-26 函数参数

图 9-27 图表类型

②【图表数据源】界面时选择【系列】,点击 编辑【系列】中的【名称(N)】和【值(Y)】。将所有的选项编辑完成后,点击【下一步】。在【图表选项】中按提示编辑各个选项,等所有所需内容编辑完成后点击【下一步】,在图表中编辑插入位置和所插入的工作表,之后点击【完成】。

③ 在完成的散点图后,选择图中的任意一个数据点单击右键,选择【添加趋势线】,选择【线性 L】。单击【确定】(见图 9-28、图 9-29)。图 9-30 为操作生成的结果。

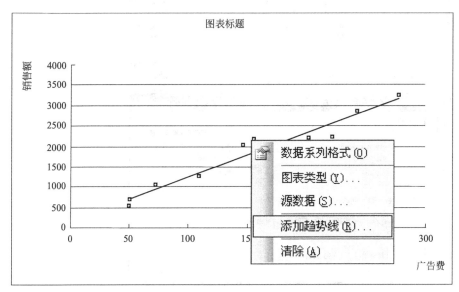

图 9-28 添加趋势线

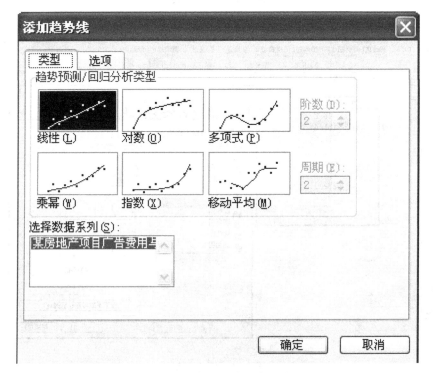

图 9-29 【添加趋势线】类型选项

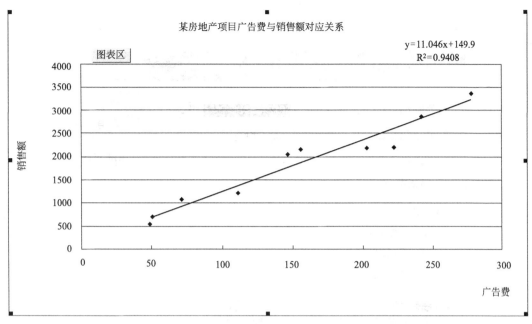

图 9-30 生成结果

生成回归分析报告。

选择菜单命令【工具】,选择【数据分析】,然后在【数据分析】的对话框中选择【回归】(图 9-31)。并点击【确定】。

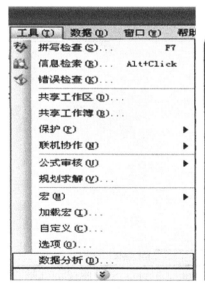 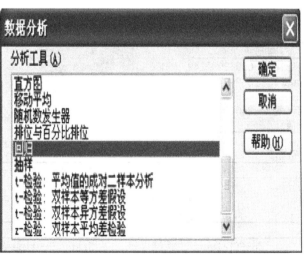

图 9-31 数据分析

编辑回归中的各个选项(图 9-32),并单击【确定】。

在指定区域内生成回归分析报告(图 9-33)。

计算广告费等于 160 万元和 300 万元时的销售额。

编制销售额预测表,将 ESS、RSS、TSS、R2、Se 代入(图 9-34 所示)表中。

利用 FORECAST 函数计算销售额预测值。在做预测的目标单元格中选择函数【FORECAST】(图 9-35)。

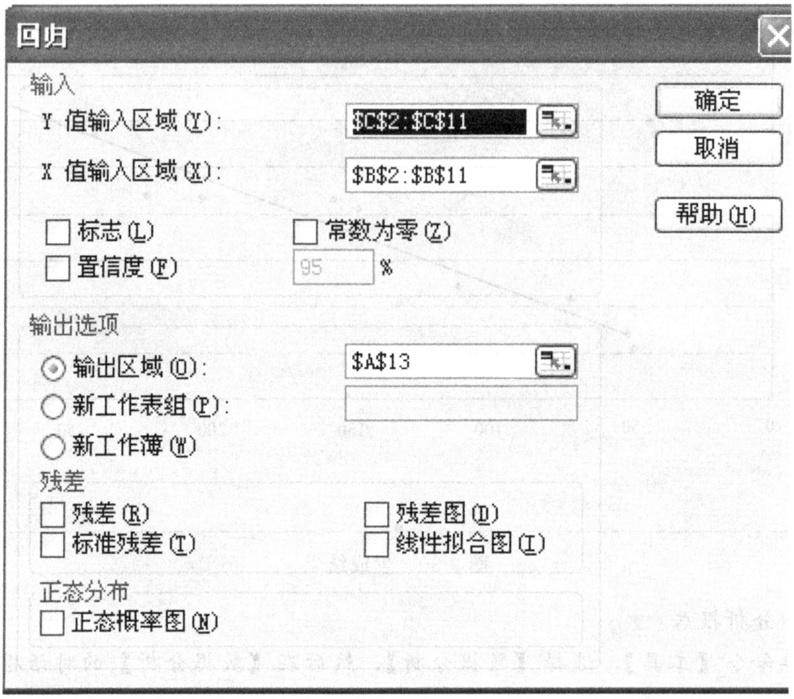

图 9-32 回归

SUMMARY OUTPUT

回归统计	
Multiple	0.969932249
R Square	0.940768568
Adjusted	0.933364639
标准误差	240.5851685
观测值	10

方差分析

	df	SS	MS	F	gnificance F
回归分析	1	7354586.394	7354586	127.0634	3.45E-06
残差	8	463049.7865	57881.22		
总计	9	7817636.181			

	Coefficients	标准误差	t Stat	P-value	Lower 95%	Upper 95%	下限 95.0%	上限 95.0
Intercept	149.9030328	168.1061418	0.891717	0.398571	-237.75	537.5565	-237.75	537.5565
X Variabl	11.04567242	0.979900283	11.27224	3.45E-06	8.786018	13.30533	8.786018	13.30533

图 9-33 回归分析报告

第 9 章 Excel 在建设工程投资分析中的应用

图 9-34 销售额预测表

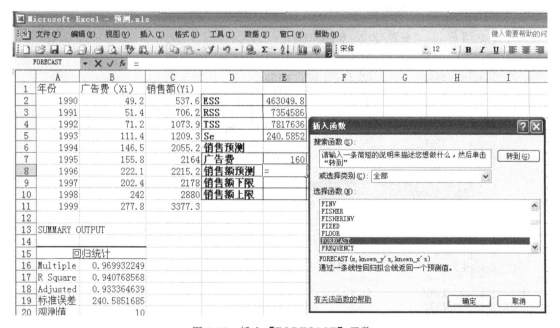

图 9-35 插入【FORECAST】函数

在"X"中输入预测的数据点广告费160,在Kown_x's,Kown_y's输入指定的区域(图9-36)。

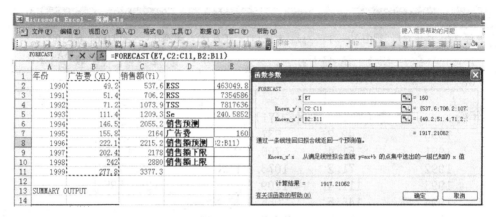

图 9-36 函数参数

计算预测额的上、下限(图9-37)。根据统计学的预测值有大约95%的可能性在预测值加减两倍的Se的范围内。所以当广告费为160时,其上限值=E8-2*\$E\$5,下限值=E8+2*\$E\$5。广告费为300时,计算方法相同。

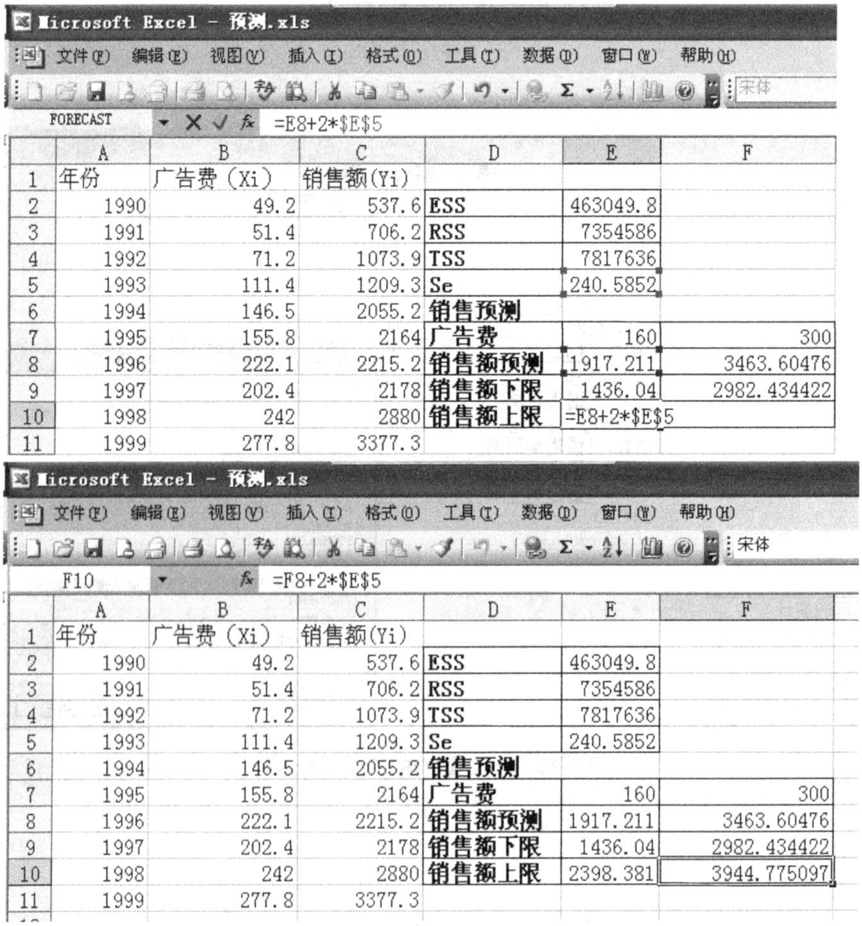

图 9-37 计算预测额的上、下限

参考文献

[1] 全国一级建造师执业资格考试用书编写委员会．建设工程经济．第 4 版．北京：中国建筑工业出版社，2014．
[2] 国家发改委，建设部．建设项目经济评价方法与参数．第 3 版．北京：中国计划出版社，2006．
[3] 全国造价工程师执业资格考试培训教材编审委员会．建设工程造价管理．北京：中国计划出版社，2014．
[4] 全国注册咨询工程师（投资）资格考试教材编写委员会．项目决策分析与评价．北京：中国计划出版社，2011．
[5] 全国投资建设项目管理师考试专家委员会．投资建设项目决策．北京：中国计划出版社，2011．
[6] 中国房地产估计师与房地产经纪人学会．房地产开发经营与管理．北京：中国建筑工业出版社，2013．
[7] 中国国际工程咨询公司．投资项目可行性研究指南．北京：中国电力出版社，2002．
[8] 尼尔．卡恩等．建设工程市场分析方法与应用．北京：中信出版社，2005．